बिदाय दे मा!

सुधीर विद्यार्थी

राजपाल

स्थापित 1912
100 वर्षों की
श्रेष्ठ प्रकाशन परम्परा
राजपाल

₹ 325

ISBN : 9789389373905

पहला संस्करण : 2024

BIDAY DE MA (Memoirs) by Sudhir Vidyarthi

मुद्रक : शीतल प्रिंट्स, दिल्ली

राजपाल एण्ड सन्ज़

1590, मदरसा रोड, कश्मीरी गेट, दिल्ली–110006

फोन : 011–23869812, 23865483, 23867791

e-mail : sales@rajpalpublishing.com

www.rajpalpublishing.com

www.facebook.com/rajpalandsons

काकोरी केस के क्रांतिकारी राजकुमार सिन्हा की पुत्री
चित्रलेखा घोष (कनाडा), क्रांतिकारिणी सुशीला घोष के
बेटे प्रदीप घोष (जर्मनी),
बंगाल की विप्लवी सुनीति चौधरी की बेटी
भारती सेन (मुंबई) और क्रांतिकारी विजय कुमार सिन्हा की
पुत्रवधू शांता सिन्हा (सिकन्दराबाद) के लिए

क्रम

जो कहीं दर्ज नहीं होगा

देश के स्वतंत्रता-युद्ध में अपना भाग तय करने में महिलाएँ कभी पीछे नहीं रहीं। शुरुआती सत्तावनी संग्राम में झाँसी की रानी लक्ष्मीबाई की चर्चा हम इस अर्थ में नहीं करते कि उनके व्यक्तित्व और कृतित्व को केन्द्र बनाकर वृन्दावनलाल वर्मा ने एक महान उपन्यास की रचना की थी, बल्कि हमारे लिए यह जानना अधिक महत्त्वपूर्ण है कि सुभद्रा कुमारी चौहान ने उन पर लिखी अपनी अमर कविता का आधार उस लोक-स्मृति को बनाया जिसे उन्होंने बुन्देले हरबोलों के मुँह से सुना था। कोई जीवनगाथा लोक के भीतर गहरे पैठकर कब उसकी चेतना का हिस्सा बन जाती है, इसे निरे बौद्धिक नज़रिए से जान-समझ पाना सम्भव नहीं है। सत्तावनी क्रांति के बाद भी स्वतंत्रता आंदोलन का इतिहास उन असंख्य महिलाओं के मूक बलिदान से भरा पड़ा है, जिन्हें स्मरण करने का हमने कभी प्रयास नहीं किया। मुक्ति-युद्ध के 90 वर्ष के लंबे सफ़रनामे में देश की आधी आबादी की हिस्सेदारी एक भिन्न अध्याय है जिसे रेखांकित करने में हर बार हमसे चूक हो जाती रही। उनमें कुछ नाम तो जाने-पहचाने हैं। दुर्गा भाभी, सुशीला दीदी, प्रीतिलता, शांति घोष, सुनीति (घोष) चौधरी, कनकलता बरुआ, बीणा दास, उनकी बहन कल्याणी दास, कल्पना दत्त (जोशी), वनलता दास गुप्ता, कैप्टन लक्ष्मी सहगल, मानवती आर्य्या, वसुमति शुक्ल, रानी गादेन्ल्यू, लज्जावती, शन्नो देवी, मीरा दत्त गुप्ता, इन्दुमती सिंह, मृणालिनी देवी, लाला पिण्डीदास की पुत्रियों लीला और स्वदेश आदि को हम ऐसी वीरांगनाओं में शामिल कर सकते हैं। पर हम यहाँ कुछ शहीदों और क्रांतिकारियों की माँओं की चर्चा करना चाहते हैं जिनका योगदान इतिहास में जगह पाने से नितान्त दूर ठिठका खड़ा रहा जबकि उन्होंने अपने बेटों को मुक्ति-संग्राम में भेज कर न केवल असहनीय कष्ट सहे बल्कि उनके व्यक्तित्व के निर्माण में भी उनका विपुल योगदान रहा था। वे उस सशस्त्र लड़ाई

में हरदम उनकी सर्वाधिक भरोसेमंद सहयोगिनी बनी रहीं। 'काकोरी काण्ड' (9 अगस्त, 1925) के नायक रामप्रसाद बिस्मिल की माँ मूलमती की कष्ट भरी जीवन-झांकी तो हमें कई बार विचलित भी कर देती है। 19 दिसम्बर, 1927 को बिस्मिल की शहादत के बाद बिस्मिल की माँ और उनके पिता नितांत कठिन और दयनीय स्थितियों में जीने को अभिशप्त बने रहे। वे कब, कहाँ और कैसे मरे यह भी किसी को नहीं पता। हमारी स्मृति से जैसे विलुप्त हो चुकीं उनकी तस्वीरों को उनके शहर के किसी सभागार में जगह नहीं दी गई। 1992 में जिन दिनों मैं शाहजहाँपुर के खिरनी बाग मुहल्ले में 'रामप्रसाद बिस्मिल उद्यान' का निर्माण करा रहा था तब मैंने बिस्मिल की आदमकद संगमरमर की प्रतिमा के एक ओर माँ मूलमती की समाधि भी बनवा दी जिस पर गोरखपुर जेल में बिस्मिल से उनकी मिलन-कथा दर्ज है। बिस्मिल की माँ और पिता के अंतिम दिन मुझे बेहद खामोश कर देते हैं जबकि उस शहीद की माँ को अपने बेटे बिस्मिल के जन्म का घर भी बेचना पड़ा और अपने छोटे बेटे की क्षयरोग से इलाज के अभाव में असमय मृत्यु भी ऐसा तीखा सवाल है जिसका सामना करने से हर बार हम कतराते रहे हैं।

काकोरी काण्ड के दूसरे क्रांतिकारी अशफ़ाक़उल्ला खां को फ़ैज़ाबाद जेल में 19 दिसम्बर, 1927 को ब्रितानिया हुकूमत ने फाँसी पर चढ़ा दिया था। उनकी माँ मजहरउलनिसा बेगम की अशफ़ाक़ के व्यक्तित्व के निर्माण में बड़ी भूमिका थी जिनके साहित्य और शिक्षा से गहरे लगाव का अशफ़ाक़ के जीवन पर बहुत प्रभाव पड़ा। अशफ़ाक़ के जेल से माँ के नाम लिखे पत्र इसका बेहतरीन साक्ष्य हैं जहाँ वे देश और समाज के बड़े सवालों पर भी माँ से गुफ़्तगू करते हैं, लेकिन वे तो शहादत के रास्ते पर जाकर अपनी माँ से पहले ही इस संसार से विदा हो गए। उस माँ ने बाद को शाहजहाँपुर लाई गई कफ़न ओढ़े अपने बेटे अच्छू (अशफ़ाक़ का बचपन का नाम) की लाश को कैसे देखा होगा। उस रोज़ ज़रूर उसने अपने शहीद बेटे की कभी न टूटने वाली नींद में सोये चेहरे को चूम कर ज़ार-ज़ार आँसू बहाये होंगे। बाद को वह माँ भी एक दिन अपने क्रांतिकारी बेटे की कब्र की बगल में चुपचाप जाकर सो गई। अशफ़ाक़ की माँ के नाम के हरूफ़ भले ही आज किसी को याद न रहें, पर कोई यह नहीं विस्मृत कर सकेगा कि 'शहीदे-वतन' कहा जाने वाला वह नौजवान एक बहादुर माँ का बहादुर बेटा था। इतिहास के लिए इतना ही काफ़ी है।

काकोरी केस में राजेन्द्र नाथ लाहिड़ी को फाँसी दिलाने वाले सीआईडी के जितेन्द्र बनर्जी पर गोली चलाकर उसका बदला लेने वाले बनारस के क्रांतिकारी मणीन्द्रनाथ बनर्जी को पकड़े जाने के बाद सज़ा देकर केन्द्रीय कारागार फतेहगढ़ भेजा गया था जहाँ वे लंबे अनशन में शहीद हो गए। वहाँ उन्होंने मन्मथनाथ गुप्त की गोद में अपने प्राण त्यागे। उन्हें अंतिम समय में अपनी मृत्यु का कोई पछतावा नहीं था बल्कि वे अपने विचारों में पूरी तरह दृढ़ बने रह कर ईश्वर के अस्तित्व को नकारते रहे। उनकी शहादत 20 जून, 1933 को हुई। फतेहगढ़ में जिन दिनों मैं रहा तब मुझे मणीन्द्र की शहादत के साथ माँ सुनयनी देवी की बार-बार याद आती रही। मैं अक्सर केन्द्रीय कारागार के परिसर में लगी मणीन्द्र की प्रतिमा पर पहुँच जाता। मणीन्द्र, उनके दूसरे भाइयों तथा परिवारीजन के साथ माँ सुनयनी देवी की भी एक तस्वीर मणीन्द्र के भाई बसन्त बाबू ने एक रोज़ फतेहगढ़ में मुझे भेंट की थी। इस परिवार से मिला स्नेह मेरे जीवन की अमूल्य थाती है।

काकोरी के क्रांतिकारी राजकुमार सिन्हा और लाहौर षड्यंत्र केस में काला पानी की सज़ा पाए भगतसिंह के साथी विजय कुमार सिन्हा की माँ शरत कुमारी सिन्हा बहुत साहसी महिला थीं। दोनों बेटे जेल में और वे हैं कि निडरतापूर्वक कष्टों का सामना करती रहकर उनके क्रांतिकारी अभियान में मदद के लिए हौसले से जुटी रहीं। वे कहा भी करती थीं, ''मुझे देखो, मैं दो-दो बाघों की माँ हूँ।'' इस माँ की बाद की ज़िंदगी भी बहुत कष्टों भरी रही, और अब तो कानपुर के उनके उस 'मार्कण्डेय भवन' का भी नामो-निशान नहीं रहा जहाँ रहकर दोनों बेटों को उन्होंने पाला-पोसा और क्रांति के मार्ग पर भेजने में अपनी पूरी शक्ति लगा दी।

क्रांतिकारी दल के सेनापति चन्द्रशेखर आज़ाद की शहादत ब्रिटिश पुलिस से सन्मुख युद्ध करते हुए इलाहाबाद के अल्फ्रेड पार्क में 27 फरवरी, 1931 को हुई। यह मुक्ति-युद्ध के इतिहास का सर्वाधिक रोमांचकारी अध्याय है। आज़ाद की माँ जगरानी देवी का तो पूरा जीवन अभावों और कष्टों में व्यतीत हुआ। आज़ाद भयंकर गरीबी में मध्य प्रदेश के झाबुआ ज़िले के भावरा गाँव में पैदा हुए। बाद में वे असहयोग के सिपाही बन कर देश के स्वाधीनता आंदोलन से जुड़े लेकिन जल्दी ही मुक्ति-प्राप्ति के इस मार्ग से उनका मोहभंग हो गया। इसके बाद वे काकोरी में ट्रेन के सरकारी खज़ाने की लूट में हिस्सेदारी करने

के बाद ऐसे फ़रार हुए कि पुलिस उन्हें ढूँढ़ती रह गई। 8-9 अप्रैल, 1928 को दिल्ली के फ़ीरोजशाह कोटला के खंडहरों में क्रांतिकारियों की गुप्त बैठक में आज़ाद को सर्वसम्मति से दल का कमाण्डर-इन-चीफ़ बना दिया गया। आज़ाद ने इसके बाद अपने घर-परिवार की ओर मुड़ कर नहीं देखा। उनकी माँ जगरानी देवी अपने पुत्र के क्रांति-पथ से सर्वथा अपरिचित थीं और स्वाधीनता संग्राम के महत्त्व से भी उनका कोई सरोकार नहीं था। उस माँ ने अत्यंत कष्टपूर्ण जीवन जिया। उन्हें बाद में भी भरोसा ही नहीं होता था कि उनका पुत्र अंग्रेज़ों की पुलिस से सन्मुख युद्ध में लड़ते हुए शहीद हो गया। वे कहती थीं कि उनका बेटा लौटेगा। पुत्र की वापसी के लिए मनौती मानते हुए उन्होंने अपने एक हाथ की दो उँगलियाँ धागे से बाँधकर रखी थीं। हम बहुत चाहने पर भी उन्हें कभी राष्ट्रीय शहीद की माँ होने के गौरवबोध से नहीं भर पाए। वैसे आज़ाद को उनके क्रांतिकारी जीवन में मदद करने वाले अनेक परिवार थे जिनके कारण वे फ़रारी की हालत में सुरक्षित बने रहे। उनके साथी क्रांतिकारी भगवानदास माहौर की माँ तो आज़ाद से पुत्रवत स्नेह रखती थीं। आज़ाद की माँ की उनके अंतिम दिनों में सेवा करने वाले क्रांतिकारी सदाशिव राव मलकापुरकर थे जो आज़ाद के सर्वाधिक विश्वस्त मित्रों में थे। उन्हीं के हाथों माँ का झाँसी में अंतिम संस्कार हुआ।

भगतसिंह के परिवार में उनकी माँ विद्यावती देवी के योगदान को जानना हर बार हमें गौरव और प्रेरणा से भर देता है। इस वीर माँ को पंजाब सरकार ने 'पंजाब माता' की उपाधि भी दी, लेकिन वे तो हमारी 'राष्ट्रीय माता' थीं। इस देशभक्त परिवार की सभी महिलाओं ने देश की आज़ादी में अपना गहरा योग दिया था। सभी का सपना मुल्क की आज़ादी था जिसके लिए वहाँ कई पीढ़ियाँ कुर्बान हो गईं। इनके साथ ही इस पुस्तक में हम ग़दर पार्टी के क्रांतिकारी सोहन सिंह भकना, लाहौर षड्यंत्र केस में फाँसी पाने वाले शहीद सुखदेव की माँ रल्लीदेई, क्रांतिकारी दल के नेता और 'हिन्दुस्तान प्रजातंत्र संघ' का संविधान रचने वाले शचीन्द्रनाथ सान्याल की माँ क्षीरोदवासिनी देवी, बनारस षड्यंत्र केस में पकड़े गए क्रांतिकारी प्रताप सिंह बारहठ जिनकी शहादत 24 मई, 1918 को बरेली सेंट्रल जेल में यातनाओं से हुई। उनकी माँ माणिक कंवर की कहानी सचमुच बहुत प्रेरक है। शहीद खुदीराम बोस की माँ लक्ष्मीप्रिया देवी, सिन्हा-बंधुओं (काकोरी केस के राजकुमार सिन्हा तथा लाहौर मामले

के विजय कुमार सिन्हा) की माँ शरत कुमारी सिन्हा तथा नेताजी सुभाष चन्द्र बोस की माँ प्रभावती देवी के साथ देशबंधु चितरंजन दास की पत्नी बासंती देवी के कुछेक पत्रों में उस मातृ-पुत्रवत स्नेह को मैं तलाश करता रहा जिन्हें सुभाष बाबू ने अपनी माँ मान लिया था। इन सब माँओं की ये संक्षिप्त जीवन गाथाएँ उनके अब तक के अनकहे संघर्ष का बहलफ बयान भी हैं। मैं जानता हूँ कि ये कहानियाँ इतिहास का हिस्सा न होकर भी हमारा इतिहास ही हैं जिनका पाठ ज़रूरी है। मुझे नहीं पता कि मौजूदा स्त्री-विमर्श के भीतर इन महिला किरदारों के अथक अभियान की कोई जगह हो सकती है जबकि उन्होंने उस बड़ी लड़ाई में अपना भाग तय किया था जो देश की मुक्ति के लिए दीर्घ समय तक इस ज़मीन पर लड़ा गया था। मेरे भीतर बार-बार यह सवाल कौंधता है कि स्त्री-विमर्श के प्रचलित मुहावरे के बिना ये स्त्री-कथाएँ क्या आपसे कुछ नहीं कहतीं?

बिदाय दे मा! के कुछ छूट गए अध्यायों में हम शहीद प्रीतिलता की माँ प्रतिभा माई देवी, लाहौर षड्यंत्र मामले में फाँसी पाने वाले शहीद शिवराम हरि राजगुरु की माँ पार्वती बाई, शहीद हरिकिशन व क्रांतिकारी भगतराम तलवार की माँ मथुरा देवी जैसी क्रांतिकारी माँओं की तस्वीरों के कुछ हिस्से ही देख पाए जबकि उनका विस्तृत विवरण हमें उपलब्ध नहीं हो सका। चटगाँव मामले की शहीद प्रीतिलता के पिता और माँ का संयुक्त चित्र हमें उपलब्ध हो सका जबकि बांग्ला भाषा में इनकी विस्तृत जीवन गाथा ज़रूर कहीं छपी होगी। इसके साथ बंगाल के शहीद दिनेश गुप्ता (शहीद-त्रयी बादल-दिनेश-विनय, जिन्होंने कलकत्ता की राइटर्स बिल्डिंग में जेलों में भारतीय कैदियों के साथ अमानवीय व्यवहार करने वाले इंस्पेक्टर जनरल ऑफ़ प्रिजन एनएस सिप्सन को मार गिराया) की शहादत से 7 दिन पहले 30 जून, 1931 को सेंट्रल जेल, अलीपुर से अपनी माँ के नाम लिखा एक ख़त ही हमें प्राप्त हुआ है, जो 19 वर्ष के इस नौजवान की लिखावट में मृत्यु से भयभीत न होने की अनोखी इबारत है—

> प्यारी माँ,
>
> यद्यपि मैं यह सोच रहा हूँ कि कल सुबह आप आएँगी, फिर भी मुझसे आपको यह पत्र लिखे बिना नहीं रहा गया। आप शायद सोच रही हैं कि ईश्वर ने आपकी इतनी कातर प्रार्थनाएँ नहीं सुनीं। वह निश्चय पत्थर हैं, जिन तक किसी का कातर आर्तनाद

नहीं पहुँचता। ईश्वर क्या है, यह मैं नहीं जानता, उनके स्वरूप के बारे में कल्पना करना भी मेरे लिए संभव नहीं है। इसके बावजूद मैं इतना समझता हूँ कि उनकी बनाई इस सृष्टि में कभी अन्याय नहीं हो सकता। उनकी अदालत का दरवाज़ा हमेशा खुला रहता है, उनके यहाँ न्याय करने का काम निरंतर चल रहा है। उनके न्याय पर कभी अविश्वास मत कीजिए, उनके फ़ैसले को संतुष्ट होकर, सिर झुकाकर स्वीकार कीजिए। क्या देकर वह क्या करना चाहते हैं, यह हम सब भला कैसे समझ पाएँगे? मृत्यु को हम इतना बड़ा मानकर चलते हैं, इसी कारण मृत्यु हमें डराने में सक्षम होती है। यह भय उसी तरह का है, जैसे छोटा बच्चा किसी झूठी और अस्तित्व में न होने वाली चीज़ से डर जाता है। जिस मृत्यु का वरण हम सबको एक न एक दिन करना होगा, उसके कुछ दिन पहले आ जाने से ही क्या हममें इतना विक्षोभ, इतनी चंचलता है?

जो मृत्यु अचानक बिना बताए आती है, उसके बताकर आने के कारण ही क्या हम उसे अपना दुश्मन समझें? यह पूरी तरह गलत है। 'मृत्यु' मित्र के रूप में ही मुझसे मिलने आ रही है। मेरा प्रणाम स्वीकार करें।

आपका—नसु

'नसु' शहीद दिनेश गुप्ता का बांग्ला में घर का नाम था। यह बता दें कि दिनेश गुप्ता ने 7 जुलाई, 1930 को अपनी शहादत के पहले केंद्रीय जेल, अलीपुर से अपनी भाभी, मणि दी, खुकू दी और प्यारे बेल्टू भाई को भी पत्र लिखे थे, जिन्हें हम पृथक से क्रांतिकारियों के लिखे पत्रों से जुड़ी अपनी पुस्तक में समाहित कर रहे हैं।

यहाँ हम उन सभी माँओं का भी सादर स्मरण कर रहे हैं जिनकी कथाएँ इस फ़ेहरिस्त में शामिल नहीं की जा सकीं। उनके प्रति हमारा विनम्र प्रणाम निवेदित है।

20 नवंबर, 2023 **—सुधीर विद्यार्थी**

दिल्ली

क्रांतिकारी
रामप्रसाद बिस्मिल

9 अगस्त, 1925 के दिन क्रांतिकारी रामप्रसाद बिस्मिल के नेतृत्व में उत्तर प्रदेश में लखनऊ स्टेशन के निकट काकोरी में 8 डाउन सवारी गाड़ी को रोक कर गार्ड के डिब्बे से सरकारी खज़ाना लूट लिया गया। 1921 के असहयोग आंदोलन की वापसी के बाद यह सर्वाधिक उल्लेखनीय विप्लवी घटना थी जिसका स्वतंत्रता आंदोलन पर दूरगामी प्रभाव पड़ा। इस योजना में सम्मिलित होने वाले नौजवानों में बिस्मिल के साथ अशफ़ाक़उल्ला खां, राजेन्द्र नाथ लाहिड़ी, मन्मथनाथ गुप्त, शचीन्द्रनाथ बख्शी, मुकुन्दी लाल, कुन्दन लाल, बनवारी लाल, केशव चक्रवर्ती और मुरारी लाल थे। दस युवकों के इस साहसपूर्ण अभियान ने तब ब्रिटिश सरकार को हिला कर रख दिया था। सुराग मिलते ही गिरफ़्तारियाँ होने पर 40 से ऊपर लोग जेल में डाल दिए गए। लखनऊ की अदालत में 18 महीने मुकदमा चलने के बाद बिस्मिल, अशफ़ाक़, रोशन सिंह और लाहिड़ी को फाँसी की सज़ाएँ तजवीज़ की गईं जिनमें लाहिड़ी को 17 दिसम्बर, 1927 को गोंडा तथा शेष तीन को क्रमशः गोरखपुर, फ़ैज़ाबाद तथा इलाहाबाद की मलाका जेल में 19 दिसम्बर, 1927 को फाँसी पर लटका दिया गया। शेष क्रांतिकारी लम्बी सज़ाएँ देकर विभिन्न जेलों में डाल दिए गए जहाँ उन्होंने सर्वथा नए हथियारों से साम्राज्यवाद के विरुद्ध अपने संग्राम को अनवरत जारी रखा। हमारे इतिहास में बिस्मिल और अशफ़ाक़ की साझी शहादत कौमी एकता की सबसे बड़ी विरासत है जो हमें निरंतर प्रेरित करती है। मरने से पूर्व बिस्मिल ने कहा

भी था—"मरते बिस्मिल, रोशन, लहरी, अशफ़ाक़ अत्याचार से,
होंगे पैदा सैकड़ों उनके रुधिर की धार से।"

बिस्मिल ने गोरखपुर जेल की काल कोठरी में मृत्यु से तीन दिन पहले तक लिखी अपनी आत्मकथा में अपनी माँ को गहरी आस्था के साथ याद किया है। उनके क्रांतिकारी जीवन की निर्मिति में माँ का अतुलनीय योगदान था। फाँसी से एक दिन पूर्व गोरखपुर जेल में अपने बेटे बिस्मिल से मिलने पहुँची इस माँ के साहस को देखकर जेल अधिकारी भी अचंभित रह गए थे।

रामप्रसाद बिस्मिल की माँ मूलमती

जिनके बेटे से ब्रिटिश सरकार डरती थी

मैजिनी की तरह काकोरी काण्ड के नायक रामप्रसाद बिस्मिल की माँ ने भी उन्हें क्रांतिकारी कार्यों में बहुत सहयोग किया था। बिस्मिल के व्यक्तित्व के निर्माण में उस बहादुर माँ का बड़ा योगदान था। खास बात यह है कि बिस्मिल ने अपनी माँ को गोरखपुर जेल के फाँसीघर में बैठकर याद करते हुए कहा है कि उनके कुल में कन्याओं को मार दिया जाता था। पहली बार माँ ने ही नवजात बालिकाओं का पोषण किया। मौजूदा स्त्री-विमर्श से बहुत पहले स्त्री की स्वाधीनता, अधिकार और संघर्ष की ऐसी इबारतें तब भी लिखी जाती रहीं जब देश गुलाम था और इसे रचने में स्त्रियाँ मज़बूती से खड़ी थीं।

नाम उनका मूलमती था। पर उनका चेहरा और चर्चा सामने आने पर मैं उन्हें बिस्मिल की माँ ही कह पाता हूँ।

वे मुरलीधर की पत्नी और अपनी संतानों रामप्रसाद, शास्त्री देवी, भगवती देवी, ब्रह्मा देवी, सरस्वती देवी तथा सुशील चन्द्र (रमेश) की माँ थीं। बिस्मिल ने अपनी आत्मरचना में माँ को बहुत आदर और आत्मीयता के साथ याद किया है। उनके व्यक्तित्व के निर्माण में माँ का बड़ा हाथ था। वे प्रारम्भ में ही लिखते हैं, 'मेरे बाद पाँच बहनों और तीन भाइयों का जन्म हुआ। दादी जी ने बहुत कहा कि कुल प्रथा के अनुसार कन्याओं को मार

डाला जाये। किन्तु माता जी ने इसका विरोध किया और कन्याओं के प्राणों की रक्षा की। मेरे कुल में यह पहली ही बार था कि कन्याओं का पोषण हुआ। पर इनमें से दो बहनों और दो भाइयों का देहान्त हो गया। शेष एक भाई जो इस समय (1927) दस वर्ष का है और तीन बहनें बचीं। माता जी के प्रयत्न से तीनों बहनों को अच्छी शिक्षा दी गई और विवाह बड़ी धूमधाम से किए गए। इसके पूर्व हमारे कुल की कन्याएँ किसी को नहीं ब्याही गईं क्योंकि वे जीवित ही नहीं रखी जाती थीं।'

बिस्मिल ने अपनी कुमारावस्था की चर्चा करते हुए आगे कहा है, 'जब मैं उर्दू का चौथा दर्जा पास करके पाँचवें में आया उस समय मेरी अवस्था लगभग चौदह वर्ष की होगी। इसी बीच मुझे पिता जी के सन्दूक से रुपये-पैसे चुराने की आदत पड़ गई थी। इन पैसों से उपन्यास खरीद कर खूब पढ़ता। पुस्तक विक्रेता महाशय पिता जी के जान-पहचान के थे। उन्होंने पिता जी से शिकायत की। अब मेरी कुछ जाँच होने लगी। मैंने उन महाशय के यहाँ से किताबें खरीदना छोड़ दिया। मुझमें दो-एक खराब आदतें भी पड़ गईं। मैं सिगरेट पीने लगा। कभी-कभी भंग भी जमा लेता था। कुमारावस्था में स्वतंत्रतापूर्वक पैसे हाथ में आ जाने से और उर्दू के प्रेमरस पूर्ण उपन्यासों तथा ग़ज़लों की पुस्तकों ने आचरण पर भी अपना कुप्रभाव दिखाना आरम्भ कर दिया। घुन लगना आरम्भ ही हुआ था कि परमात्मा ने बड़ी सहायता की। एक रोज़ मैं भंग पीकर पिताजी की संदूकची से रुपये निकालने लगा। नशे की हालत में हाथ हिलने के कारण संदूकची खटक गई। माता जी को संदेह हुआ। उन्होंने मुझे पकड़ लिया। चाभी पकड़ी गई। मेरी संदूकची की तलाशी ली गई, बहुत से रुपये निकले और सारा भेद खुल गया। मेरी किताबों में अनेक उपन्यास आदि पाए गए जो उसी समय फाड़ डाले गए।

'परमात्मा की कृपा से मेरी चोरी पकड़ ली गई, नहीं तो दो-चार वर्ष में न दीन का रहता न दुनिया का। इसके बाद मैंने बहुत घातें लगाईं, किन्तु पिता जी ने सन्दूकची का ताला बदल दिया था। मेरी कोई चाल न चल सकी। अब जब कभी मौका मिल जाता तो माता जी के रुपयों पर हाथ फेर देता था। इसी प्रकार के कुटेवों के कारण दो बार मिडिल की परीक्षा में उत्तीर्ण न हो सका। तब मैंने अंग्रेज़ी पढ़ने की इच्छा प्रकट की। पिता जी मुझे अंग्रेज़ी पढ़ाना न चाहते थे और किसी व्यवसाय में लगाना चाहते थे, किन्तु माता जी की कृपा

से मैं अंग्रेज़ी पढ़ने भेजा गया।'

बिस्मिल ने बहुत विस्तार से माँ के प्रति अपनी कृतज्ञता को दर्ज किया है। वे कहते हैं, 'मेरी माता मेरे धर्म-कार्यों में तथा शिक्षादि में बड़ी सहायता करती थीं। वह प्रात:काल चार बजे ही मुझे जगा दिया करती थीं। मैं नित्यप्रति नियमपूर्वक हवन किया करता था। मेरी छोटी बहन की शादी करने के निमित्त माता जी और पिता जी ग्वालियर गए। मैं और श्री दादी जी शाहजहाँपुर में रह गए क्योंकि मेरी वार्षिक परीक्षा थी। परीक्षा समाप्त करके मैं भी बहन के विवाह में सम्मिलित होने को गया। बारात आ चुकी थी। मुझे ग्राम के बाहर ही मालूम हो गया कि बारात में वैश्या आई है। मैं घर न गया और न बारात में सम्मिलित हुआ। मैंने विवाह में कोई भाग न लिया। मैंने माता जी से थोड़े रुपये माँगे। माता जी ने मुझे लगभग 125 रुपये दिए जिनको लेकर में ग्वालियर गया। वह अवसर रिवॉल्वर खरीदने का अच्छा लगा। मैंने सुन रखा था कि रियासत में बड़ी आसानी से हथियार मिल जाते हैं। बड़ी खोज की। टोपीदार बन्दूक तथा पिस्तौल तो मिलते थे, किन्तु हथियारों का कहीं पता नहीं लगा। पता लगा भी तो एक महाशय ने मुझे ठग लिया और 75 रुपये में टोपीदार पाँच फ़ायर करने वाला एक रिवॉल्वर दिया। रियासत की बनी हुई बारूद और थोड़ी-सी टोपियाँ दे दीं। मैं इसी को लेकर बड़ा प्रसन्न हुआ। सीधा शाहजहाँपुर पहुँचा। रिवॉल्वर को भर कर चलाया तो गोली केवल पन्द्रह या बीस गज की दूरी पर ही गिरी, क्योंकि बारूद अच्छी न थी। मुझे बड़ा खेद हुआ। माता जी भी जब लौटकर शाहजहाँपुर आईं तो उन्होंने मुझसे पूछा कि क्या लाए। मैंने कुछ कह कर टाल दिया। रुपये सब खर्च हो गए। शायद एक गिन्नी बची थी, सो मैंने माता जी को लौटा दी। मुझे जब किसी बात के लिए धन की आवश्यकता होती तो मैं माता जी से कहता और वह मेरी माँग पूरी कर देती थीं। मेरा स्कूल घर से एक मील दूर था। मैंने माता जी से प्रार्थना की कि मुझे साइकिल ले दें। उन्होंने लगभग एक सौ रुपये दिए। मैंने साइकिल खरीद ली। उस समय मैं अंग्रेज़ी के नौवें दर्जे में आ गया था। किसी धार्मिक या देश सम्बन्धी पुस्तक पढ़ने की इच्छा होती तो माता जी से ही दाम ले जाता। लखनऊ कांग्रेस में जाने के लिए मेरी बड़ी इच्छा थी। दादी जी और पिता जी तो विरोध करते रहे, किन्तु माता जी ने मुझे खर्च दे ही

दिया। उसी समय शाहजहाँपुर में सेवा समिति का आरम्भ हुआ था। मैं बड़े उत्साह के साथ सेवा समिति में सहयोग देता था। पिता जी और दादी जी को मेरे इस प्रकार के कार्य अच्छे न लगते थे, किन्तु माता जी मेरा उत्साह भंग न होने देती थीं जिसके कारण उन्हें बहुधा पिता जी की डाँट-फटकार तथा दण्ड भी सहन करना पड़ता था। वास्तव में मेरी माता जी स्वर्गीय देवी हैं। मुझमें जो कुछ जीवन तथा साहस आया, वह मेरी माता जी तथा गुरुदेव श्री सोमदेव जी की कृपा का ही परिणाम है। दादी जी तथा पिता जी मेरे विवाह के लिए बहुत अनुरोध करते, किन्तु माता जी यही कहतीं कि शिक्षा पा चुकने के बाद ही विवाह करना उचित होगा। माता जी के प्रोत्साहन तथा सद्‌व्यवहार ने मेरे जीवन में वह दृढ़ता उत्पन्न की कि किसी आपत्ति तथा संकट के आने पर भी मैंने अपने संकल्प को न त्यागा।

'ग्यारह वर्ष की उम्र में माता जी विवाह कर शाहजहाँपुर आई थीं। उस समय वह नितान्त अशिक्षित, एक ग्रामीण कन्या सदृश थीं। शाहजहाँपुर आने के थोड़े दिनों बाद श्री दादी जी ने अपनी छोटी बहन को बुला लिया। उन्होंने माता जी को गृहकार्य की शिक्षा दी। थोड़े दिनों में माता जी ने घर के सब कामकाज को समझ लिया और भोजनादि का ठीक-ठीक प्रबन्ध करने लगीं। मेरे जन्म होने के पाँच या सात वर्ष बाद उन्होंने हिन्दी पढ़ना आरम्भ किया। पढ़ने का शौक उन्हें खुद ही पैदा हुआ था। मुहल्ले की सखी-सहेली जो घर आया करती थीं, उन्हीं में से जो कोई शिक्षित थीं, माता जी उनसे अक्षर बोध करतीं। इस प्रकार घर का सब काम कर चुकने के बाद जो कुछ समय मिल जाता, उसमें पढ़ना-लिखना करतीं। परिश्रम के फल से थोड़े दिनों में ही वह देवनागरी पुस्तकों का अवलोकन करने लगीं। मेरी बहनों को छोटी आयु में माता जी ही शिक्षा दिया करती थीं। जब मैंने आर्य समाज में प्रवेश किया तब माता जी से खूब वार्तालाप होता। उस समय की अपेक्षा अब उनके विचार भी कुछ उदार हो गए हैं। यदि मुझे ऐसी माता न मिलतीं तो मैं भी अति साधारण मनुष्यों की भाँति संसार-चक्र में फँसकर जीवन निर्वाह करता। शिक्षादि के अतिरिक्त क्रांतिकारी जीवन में भी उन्होंने मेरी वैसी ही सहायता की है, जैसी मैजिनी की उनकी माता ने की थी। यथासमय मैं उन सारी बातों का उल्लेख करूँगा। माता जी का सबसे बड़ा आदेश मेरे लिए यही था कि किसी की प्राणहानि न हो। उनका कहना था कि अपने शत्रु को भी कभी प्राणदंड न देना।

उनके इस आदेश की पूर्ति करने के लिए मुझे मजबूरन दो-एक बार अपनी प्रतिज्ञा भी भंग करनी पड़ी थी।

'जन्मदात्री जननी! इस जीवन में तो तुम्हारा ऋण-परिशोधन करने के प्रयत्न का भी अवसर न मिला। इस जन्म में तो क्या यदि अनेक जन्मों में भी प्रयत्न करूँ तो भी तुमसे उऋण नहीं हो सकता। जिस प्रेम तथा दृढ़ता के साथ तुमने इस तुच्छ जीवन का सुधार किया है, वह अवर्णनीय है। मुझे जीवन की प्रत्येक घटना का स्मरण है कि तुमने किस प्रकार अपनी देववाणी का उपदेश देकर मेरा सुधार किया है। तुम्हारी दया से ही मैं देश सेवा में संलग्न हो सका। धार्मिक जीवन में भी तुम्हारे ही प्रोत्साहन ने सहायता दी। जो कुछ शिक्षा मैंने ग्रहण की उसका भी श्रेय तुम्हीं को है। जिस मनोहर रूप से तुम मुझे उपदेश करती थीं, उसका स्मरण कर तुम्हारी मंगलमयी मूर्ति का ध्यान आ जाता है और मस्तक नत हो जाता है। तुम्हें यदि मुझे ताड़ना भी देनी हुई, तो बड़े स्नेह से हर बात को समझा दिया। यदि मैंने धृष्टतापूर्वक उत्तर दिया तब तुमने प्रेम भरे शब्दों में यही कहा कि तुम्हें जो अच्छा लगे, वह करो, किन्तु ऐसा करना ठीक नहीं, इसका परिणाम अच्छा न होगा। जीवनदात्री! तुमने इस शरीर को जन्म देकर केवल पालन-पोषण ही नहीं किया किन्तु आत्मिक, धार्मिक तथा सामाजिक उन्नति में तुम्हीं मेरी सदैव सहायक रहीं। जन्म-जन्मान्तर परमात्मा ऐसी माँ दे।

'महान से महान संकट में भी तुमने मुझे अधीर नहीं होने दिया। सदैव अपनी प्रेम भरी वाणी को सुनाते हुए मुझे सांत्वना देती रहीं। तुम्हारी दया की छाया में मैंने जीवन भर कोई कष्ट अनुभव न किया। इस संसार में मेरी किसी भोग-विलास तथा ऐश्वर्य की इच्छा नहीं। केवल एक तृष्णा है, वह यह कि एक बार श्रद्धापूर्वक तुम्हारे चरणों की सेवा करके अपने जीवन को सफल बना लेता। किन्तु यह इच्छा पूर्ण होती नहीं दिखाई देती और तुम्हें मेरी मृत्यु का दुःख-संवाद सुनाया जायेगा। माँ! मुझे विश्वास है कि तुम यह समझकर धैर्य धारण करोगी कि तुम्हारा पुत्र माताओं की माता—भारत माता की सेवा में अपने जीवन को बलिवेदी पर भेंट कर गया और उसने तुम्हारी कोख को कलंकित न किया, अपनी प्रतिज्ञा पर दृढ़ रहा। जब स्वाधीन भारत का इतिहास लिखा जायेगा, तो उसके किसी पृष्ठ पर उज्ज्वल अक्षरों में तुम्हारा भी नाम लिखा जायेगा। गुरु गोविन्दसिंह की धर्मपत्नी ने जब अपने पुत्रों की मृत्यु का

संवाद सुना था, तो बहुत हर्षित हुई थीं और गुरु के नाम पर धर्म–रक्षार्थ अपने पुत्रों के बलिदान पर मिठाई बाँटी थी। जन्मदात्री! वर दो कि अंतिम समय भी मेरा हृदय किसी प्रकार विचलित न हो और तुम्हारे चरणों को प्रणाम कर मैं परमात्मा का स्मरण करता हुआ शरीर त्याग करूँ।'

काकोरी के मुकदमे के दौरान और बाद को फाँसी की सज़ा सुनाए जाने पर बिस्मिल की माँ को किन संकटों और पीड़ा से गुज़रना पड़ा, इसकी कल्पना ही की जा सकती है। कैसे सुना होगा उन्होंने मुकदमे के फ़ैसले को जिसमें बिस्मिल के साथ उनके तीन और सहयोगियों को मृत्युदंड का फ़रमान सुनाया गया था।

...और फिर वह दिन भी करीब आ गया जब बिस्मिल को फाँसी के फंदे पर झूलना था। फ़ैसला सुनाए जाने के बाद ही वे लखनऊ से गोरखपुर की जेल में भेजे जा चुके थे जहाँ कालकोठरी में बैठकर दीर्घ समय तक उन्होंने मृत्यु की प्रतीक्षा की।

फाँसी से एक दिन पहले अंतिम मुलाकात का समय निश्चित था। समाचार पाकर पिता गोरखपुर पहुँच गए। माँ को इसलिए नहीं लाए कि शायद वे इस आघात से अपने को सँभाल नहीं पायें। लेकिन पिता जेल के फाटक पर पहुँचे तो देखा कि माँ वहाँ पहले से मौजूद हैं और उन्होंने बेटे से मिलने की व्यवस्था भी कर ली है। साहस देखिए कि क्रांतिकारी दल के एक युवक को वे अपनी बहन का लड़का बता कर अन्दर भी लेती गईं। माँ को देखा तो बिस्मिल रो पड़े, लेकिन माँ तो अडिग और अटल खड़ी थीं। पहाड़ की तरह। उनकी आँखों में आँसुओं की झलक भी न थी। माँ ने ऊँचे स्वर में कहा, "मैं तो समझती थी कि मेरा बेटा बहादुर है, जिसके नाम से अंग्रेज़ी सरकार काँपती है। मुझे नहीं पता था कि वह मौत से डरता है। यदि रोकर ही मरना था तो व्यर्थ इस काम में आए।"

बिस्मिल ने अपने आँसू पोंछ कर आश्वासन दिया, "माँ! ये आँसू मौत के डर से नहीं आए हैं। यह तुम्हारे प्रति मोह के आँसू हैं...अब मुझे तुम्हारी जैसी माँ कहाँ मिलेगी। मौत से मैं नहीं डरता माँ, तुम विश्वास रखो।"

माँ ने तुरन्त ही पार्टी के उस युवक को आगे कर दिया। कहा, "पार्टी के बारे में जो चाहो इनसे कह सकते हो।"

उस समय माँ का यह रूप देखकर जेल अधिकारी भी कहने को बाध्य हुए कि बहादुर माँ का बेटा ही बहादुर हो सकता है।

लेकिन उस वीर माँ की कथा यहीं समाप्त नहीं होती। 19 दिसम्बर 1927 का वह सवेरा जब वह अपने बेटे की लाश को लेने के लिए गोरखपुर जेल के दरवाज़े के बाहर निश्चल खड़ी थी, न रोयी, न उसका कलेजा काँपा और न ही पैर थरथराए उसके। किस मिट्टी की बनी थी वह माँ। 'भारत माता की जय' और 'ब्रिटिश साम्राज्यवाद का नाश हो' जैसे नारों का उद्घोष करते हुए बिस्मिल फाँसी के फंदे पर झूल गए। अधिकारियों ने शहीद की लाश को शाहजहाँपुर ले जाने की इजाज़त नहीं दी। वहीं गोरखपुर में आर्यसमाजी रीति से अंतिम संस्कार के लिए अर्थी चल पड़ी...

भीड़ थी चारों ओर और 'शहीद रामप्रसाद बिस्मिल अमर रहें' के नारों से आसमान गूँज रहा था। अर्थी जब गोरखपुर के उर्दू बाज़ार में पहुँची तो उसे रुकवा दिया और एक स्टूल मँगाया। बेटे की अर्थी के पास उस स्टूल को रखकर माँ उसके ऊपर चढ़ गई। जुलूस को सम्बोधित करते हुए उसने ऊँची आवाज़ में कहा, "मेरे बेटे ने न केवल मेरी कोख की लाज रखी है, बल्कि आप सबको वह रास्ता दिखाया है, जिस पर चलकर आप एक-न-एक दिन देश को अवश्य आज़ाद करा लेंगे। मेरे पास देश को देने के लिए और कुछ नहीं है। हाँ, छोटा बेटा है जिसे मैं जयदेव कपूर को सौंपती हूँ और उनसे कहती हूँ कि वे इसे भी ऐसा ही बनायें, जैसा कि उसका बड़ा भाई था, वह भी अपने बड़े भाई के पदचिन्हों पर चलकर हँसते-हँसते फाँसी पर झूल जाए, यही मेरी अभिलाषा है।"

बिस्मिल की शहादत के बाद उनकी माँ का समय कैसे व्यतीत हुआ, यह जानने के लिए माँ के साथ गोरखपुर जेल में बिस्मिल से मिलने गए क्रांतिकारी दल के शिव वर्मा की डायरी को पढ़ना पर्याप्त होगा। 23 फरवरी, 1946 को उन्होंने लिखा था—

> 'माँ फिर रो पड़ीं।
>
> अशफ़ाक़ और बिस्मिल का यह शहर कॉलेज के दिनों में मेरी कल्पना का केन्द्र था। फिर क्रांतिकारी पार्टी का सदस्य बनने के बाद काकोरी के मुखबिर की तलाश में काफ़ी दिनों तक इसकी धूल छानता रहा

था। अस्तु, यहाँ आने पर पहली बार इच्छा हुई, बिस्मिल की माँ के पैर छूने की। काफ़ी पूछताछ के बाद पता चला कि छोटे-से मकान की एक कोठरी में दुनिया की आँखों से अलग वीर प्रसविनी अपने जीवन के अंतिम दिन काट रही है...

'पास जाकर मैंने पैर छुए। आँखों की रोशनी प्रायः समाप्त-सी हो चुकने के कारण पहचाने बिना ही उन्होंने मेरे सिर पर हाथ रखकर आशीर्वाद दिया और पूछा, "तुम कौन हो?" क्या उत्तर दूँ, कुछ समझ में नहीं आया। थोड़ी देर बाद उन्होंने फिर पूछा, "कहाँ से आए हो बेटा?" इस बार साहस करके मैंने परिचय दिया, "गोरखपुर जेल में अपने साथ किसी को ले गई थीं, अपना बेटा बनाकर।" अपनी ओर खींचकर सिर पर हाथ फेरते हुए माँ ने पूछा, "तुम वही हो बेटा। कहाँ थे अब तक। मैं तो तुम्हें बहुत याद करती रही, पर जब तुम्हारा आना एकदम ही बन्द हो गया तो समझी कि तुम भी कहीं उसी रास्ते पर चले गए।" माँ का दिल भर आया। कितने ही पुराने घावों पर एक साथ ठेस लगी। अपने अच्छे दिनों की याद, जवान बेटे की जलती हुई चिता की याद और न जाने कितनी यादों से उनके ज्योतिहीन नेत्रों में पानी भर आया। वह रो पड़ीं। बात छेड़ने के लिए मैंने पूछा, "बिस्मिल का छोटा भाई कहाँ है?" मुझे क्या पता था कि मेरा प्रश्न उनकी आँखों में बरसात भर लायेगा। वे ज़ोर से रो पड़ीं। बरसों का रुका बाँध टूट पड़ा सैलाब बनकर। कुछ देर बाद अपने को सँभाल कर उन्होंने कहानी सुनानी शुरू की...आरम्भ में लोगों ने पुलिस के डर से उनके घर आना छोड़ दिया। वृद्ध पिता की कोई बँधी हुई आमदनी न थी। कुछ साल बेटा बीमार रहा। दवा-इलाज के अभाव में बीमारी जड़ पकड़ती गई। घर का सब कुछ बिक जाने पर भी इलाज न हो पाया। पथ्य और उपचार के अभाव में तपेदिक का शिकार बनकर एक दिन वह माँ को निपूती छोड़कर चला गया। पिता को कोरी हमदर्दी दिखाने वालों से चिढ़ हो गई। वे बेहद चिड़चिड़े हो गए। घर का सब कुछ तो बिक ही चुका था। अस्तु, फाकों से तंग आकर एक दिन वे भी चले गए, माँ को संसार में अनाथ और अकेली छोड़कर। पेट में दो दाना अनाज

तो डालना ही था। अस्तु, मकान का एक भाग किराए पर उठाने का निश्चय किया। पुलिस के डर से कोई किरायेदार भी नहीं आया और जब आया तब पुलिस का ही एक आदमी। लोगों ने बदनाम किया कि माँ का संपर्क तो पुलिस से हो गया है।

उनकी दुनिया से बचा हुआ प्रकाश भी चला गया। पुत्र खोया, लाल खोया, अन्त में बचा था नाम, सो वह भी चला गया।

उनकी आँखों से पानी की धार बहते देखकर मेरे सामने गोरखपुर फाँसी की कोठरी घूम गई। तब माँ ने कितनी बहादुरी से बेटे की मृत्यु (फाँसी) का सामना किया था। उस दिन समय पर विजय हुई थी माँ की और आज माँ पर विजय पाई है समय ने। आघात पर आघात देकर उसने उनके बहादुर हृदय को भी कातर बना दिया है। जिस माँ की आँखों के दोनों ही तारे विलीन हो चुके हों उसकी आँखों की ज्योति यदि चली जाए तो इसमें आश्चर्य ही क्या है। वहाँ तो रोज़ ही अंधेरे बादलों से बरसात उमड़ती रहेगी।

' "कैसी है यह दुनिया," मैंने सोचा। एक ओर "बिस्मिल ज़िंदाबाद" के नारे और चुनाव में वोट लेने के लिए "बिस्मिल द्वार" का निर्माण और दूसरी ओर उनके घरवालों की परछाईं तक से भागना और उनकी निपूती, बेवा माँ पर बदनामी की मार। एक ओर शहीद परिवार फ़ण्ड के नाम पर हज़ारों का चंदा और दूसरी ओर पथ्य और दवा-दारू के लिए पैसों के अभाव में बिस्मिल के भाई का टीबी से घुटकर मरना। क्या यही है शहीदों का आदर और उनकी पूजा।

' "फिर आऊँगा माँ," कह कर मैं चला आया, मन पर न जाने कितना बड़ा भार लिए।'

इस माँ के संकट के उन दिनों को बिस्मिल की बहन शास्त्री देवी के शब्दों में देखिए, 'पिता जी की हालत दुःख से खराब हुई। तब विद्यार्थी जी पन्द्रह रुपये मासिक खर्च देने लगे। उससे कुछ गुज़र चलती रही। फिर विद्यार्थी जी भी शहीद हो गए। मुझे भी बहन से ज़्यादा समझते थे। समय-समय पर खर्चा भेजते थे। माता-पिता, दादी, भाई, दो गाय थीं। रहने के लिए हरगोविन्द ने एक टूटा-फूटा मकान बता दिया था, उसमें गुज़र करने लगे। वर्षा में बहुत

मुसीबत उठानी पड़ी। फिर पाँच सौ रुपये जवाहरलाल जी ने भेजे। तब माता जी ने कहा कि कुछ जगह ले लो। एक छप्पर की कोठरी थी। उसमें गुज़र की। पिता जी भी चल बसे। माता जी बहुत दु:खी हुईं। एक महीने बाद मैं भी विधवा हो गई। अब दोनों माँ-बेटी दु:खी थीं। मेरे पास तीन साल का एक पुत्र था। माता जी बोलीं कि मैं तो शरीर से कमज़ोर हूँ किस तरह मज़दूरी करूँ। बिटिया अब क्या करना चाहिए। मैंने कहा कि जहाँ तक मुझसे होगा, माता जी आपकी सेवा करूँगी, आप धीरज धरो। ईश्वर की यही इच्छा थी। माता जी के पास रामप्रसाद जी के सोने के तीन तोले के बटन थे। उन्होंने किसी को नहीं बताया, छिपाए रहीं। जाने कैसा समय हो, इसलिए कुछ तो पास रखना चाहिए। पिता जी के स्टाम्प खज़ाने में दाखिल किए, दो सौ रुपये मिले। फिर बटन बेच दिए। फिर मैंने ईंट-लकड़ी लगाकर एक तिचारा तथा उसके ऊपर एक अटारी बनवाई। ऊपर माता जी ने गुज़र की। नीचे का हिस्सा आठ रुपये में किराए पर उठा दिया। आठ रुपये में मैं, माता जी तथा बच्चा रहते थे, बहुत ही मुसीबत से। एक समय वह भी था कि कभी-कभी खाना प्राप्त होता था। मैंने एक डॉक्टर के यहाँ खाना बनाने का काम छह रुपये में कर लिया। कपड़े की कमी से बहुत ही दु:खी रहे। बच्चा सयाना हुआ। माता जी ने सब से फ़रियाद की कि कोई इस बच्चे को पढ़ा दो। कुछ कर खायेगा। मगर शाहजहाँपुर में किसी ने ध्यान नहीं दिया।'

कहाँ थे तब बिस्मिल के शहर के राजनेता और समाजसेवी। किसी ने बिस्मिल की माँ और उनके पिता को सहारा नहीं दिया। वे कब, कहाँ और कैसे मरे यह भी किसी को नहीं पता। कोई यादगार नहीं शाहजहाँपुर की धरती पर उनके पिता मुरलीधर और माँ मूलमती की। इस शहर के किसी सभागार में इनकी तस्वीरें नहीं लटकाई गईं। 1992 में जब मैं इस शहर के खिरनी बाग मुहल्ले में रामप्रसाद बिस्मिल उद्यान का निर्माण करा रहा था तब मैंने बिस्मिल की आदमकद संगमरमर की प्रतिमा के एक ओर माँ मूलमती की समाधि भी बनवा दी जिस पर गोरखपुर जेल में बिस्मिल से माँ के मिलने की कथा दर्ज है।

बिस्मिल की माँ और पिता के अंतिम दिन इस शहर के माथे पर कलंक की तरह लगते हैं मुझे। आखिर कौन माफ़ करेगा हमें। क्या हम बिस्मिल के एक भाई और उनके माता-पिता को स्वाभिमान से जीने और मरने लायक सुविधा देने के लायक भी नहीं थे।

क्रांतिकारी
अशफ़ाक़उल्ला खां

9 अगस्त, 1925 के ऐतिहासिक काकोरी के घटनाक्रम में रामप्रसाद बिस्मिल के नेतृत्व में जिस क्रांतिकारी की सर्वाधिक उल्लेखनीय भूमिका थी, वह उनके शहर के अत्यंत उत्साही युवक अशफ़ाक़उल्ला खां थे। उम्र सिर्फ़ 27 साल। इस मुकदमे के फ़ैसले में अंग्रेज़ जज ने भी उन्हें बिस्मिल का 'लेफ़्टीनेन्ट' करार दिया और उन्हें फाँसी की सज़ा सुनाई। अशफ़ाक़ उन्हें मिले इस 'पुरस्कार' पर बेहद प्रसन्न थे। मरने से पहले उन्होंने एक शे'र में कहा था कि "कुछ आरजू नहीं है, है आरज़ू तो यह है, रख दे कोई ज़रा सी खाके वतन कफ़न में।" अशफ़ाक़ शायर भी थे। उन्होंने अनेक ग़ज़लें लिखीं तथा फ़ैज़ाबाद जेल में रहते हुए अपनी डायरी के साथ वालिदा के नाम दीर्घ पत्र भी अपनी उर्दू हस्तलिपि में भेजते रहे जो ऐतिहासिक दस्तावेज़ हैं। काकोरी के मामले में अशफ़ाक़ की गिरफ़्तारी देर से हुई जबकि लखनऊ की अदालत में चलने वाले मुकदमे की कार्यवाही काफ़ी आगे बढ़ चुकी थी। तब बाद में पकड़े जाने वाले काकोरी काण्ड के ही उनके साथी शचीन्द्रनाथ बख्शी के साथ उन पर पृथक पूरक केस चलाया गया जिसमें उन्हें फाँसी तथा बख्शी को आजीवन कारावास की सज़ा मिली। फ़ैज़ाबाद जेल में 19 दिसम्बर, 1927 को फाँसी के तख्ते पर जाने से पूर्व अशफ़ाक़ ने कहा था, "तंग आकर हम भी उनके ज़ुल्म के बेदाद से, चल दिए सूये अदम ज़िंदाने फ़ैज़ाबाद से।"

अशफ़ाक़ की माँ पढ़ी-लिखी महिला थीं। उस ज़माने में उनकी

चारपाई पर सिरहाने डाक से आए अख़बार और किताबें रखी रहती थीं। अशफ़ाक़ के बचपन पर इसका बहुत प्रभाव पड़ा और पढ़ने की ओर उनकी दिलचस्पी हो गई। वे काकोरी के क्रांतिकारियों में अत्यंत विचारवान युवक थे जिन्होंने अपने समय में मज़दूरों और किसानों की खुली हिमायत की। समाजवादी सिद्धांतों के आधार पर शोषणविहीन समाज के निर्माण की उनकी पक्षधरता सर्वाधिक दृष्टव्य है जो क्रांतिकारी दल में आगे चलकर भगतसिंह की वैचारिक आधारभूमि बनी। उनकी डायरी के पन्ने इसका सबसे बड़ा साक्ष्य हैं।

अशफ़ाक़ को सर्वाधिक प्रेरित करने वाली उस माँ का आज कोई चित्र हमारे पास उपलब्ध नहीं है जिसने उन्हें जन्म देने के साथ इन्कलाब के रास्ते पर मज़बूत बने रहने का हरदम हौसला दिया था। उस जननी की कतिपय दुर्लभ छवियाँ सिर्फ़ उन ख़तों में दर्ज हैं जिन्हें जेल की अंधेरी कालकोठरी में बैठकर अशफ़ाक़ तन्हाई के लम्हों में अपनी कलम से उकेरते रहे।

अशफ़ाक़उल्ला खां की माँ मजहरउलनिसा बेगम

मजहरउलनिसा बेगम तुम्हें सलाम!

काकोरी शहीद अशफ़ाक़उल्ला खां की माँ का नाम मजहरउलनिसा बेगम था। अशफ़ाक़ के पिता मुहम्मद शफ़ीक़उल्ला खां सब-इन्सपेक्टर पुलिस थे। वे अशफ़ाक़ की पैदाइश से पहले ही नौकरी से त्यागपत्र दे चुके थे। अशफ़ाक़ कम उम्र के ही थे तभी उनके पिता का देहान्त हो गया। अशफ़ाक़ के सबसे बड़े भाई शर्फउल्ला खां, मँझले रियासउल्ला खां और सँझले शहनशाह खां थे। एक बहन भी थी उनकी, साफिया। अशफ़ाक़ की शहादत से पहले सब भाइयों और बहन की शादी हो चुकी थी।

अशफ़ाक़ अपने माँ-बाप के सबसे छोटे बेटे थे, इसलिए अधिक चहेते भी। घर में सब उन्हें 'अच्छू' कह कर बुलाते थे।

अशफ़ाक़ की माँ की खानदान में बहुत इज़्ज़त थी। वे पूरे मुहल्ले में अपना प्यार बाँटती थीं। लोगों की मदद करना उनके जीवन का ध्येय था। वे बहुत समझदार महिला थीं। उन्हें किताबें पढ़ने का शौक था, साथ ही अख़बार पढ़ने में उनकी बहुत रुचि थी। बताया जाता है कि वे पान बहुत खाया करती थीं और उनके पलंग पर एक तरफ़ किताबें रखी रहती थीं। अदब और पढ़ाई से उनके गहरे रिश्ते का असर अशफ़ाक़ पर भी पड़ा। अपनी डायरी में एक जगह उन्होंने लिखा है, 'मेरी माँ की तालीमी हालत अच्छी-खासी थी और

वह निहायत अक्लमंद थीं। उन्होंने हम लोगों को ऐसी तर्बियत दी कि आज हम जवान होने पर चारों भाई उनसे इतना डरते हैं कि उनके ख़िलाफ़ हुक्म कुछ भी नहीं कर सकते...। मेरी वालिदा जो बाकायदा तालीम हासिल किए हुए थीं, बराबर अख़बार की मुस्तकिल खरीदार बन गईं और मैं भी अख़बार पढ़ने लगा। तब मैंने जाना कि मुसलमान और भी कहीं हैं, क्योंकि उस वक्त जुगराफ़िया से नावाकिफ़ था और महज़ हिन्दुस्तान को ही मुकम्मल दुनिया ख़याल करता था। जैसे मेंढक कुएँ को ही तसव्वुर (ख़याल) करता है।...'

अशफ़ाक़ बचपन से ही स्वस्थ थे और खेल-कूद में उनकी दिलचस्पी थी। उन्हें मेले से अगर कोई चीज़ लाने का शौक था तो वह टीन की तलवार होती थी। एक बार उन्होंने अपने पिता से कहा कि मियां आप मुझे एक तलवार मोल ला दें। वे बोले, "बेटा! तुमसे कोई छीन लेगा।" अशफ़ाक़ ने उत्तर दिया, "आप चाँदी की तलवार न लाएँ बल्कि लोहे की ला दें। वह कोई न छीनेगा।" यह सुनकर पिता और माँ दोनों हँस पड़े और कहा, "अच्छा।"

अपने उन दिनों को याद करते हुए अशफ़ाक़ ने लिखा है कि जैसा मैं लड़ने वाला था वैसा ही फ़ैयाज़ (सखी, दानी) भी था। अपनी माँ का दूध दूसरों को पिलवा देता था, यही बात मेरी माँ भी बता देंगी। उन्होंने अपनी डायरी में यह भी दर्ज किया है कि मेरे बचपन के वाकियात मेरी माँ और मेरे भाइयों से मालूम हो सकते हैं और वही इसमें इज़ाफ़ा कर सकते हैं।

मुझे नहीं पता कि अशफ़ाक़ के शुरुआती दिनों को जानने के लिए किसी ने उनकी माँ से कोई बातचीत की हो या उनके भाइयों से कुछ दरयाफ़्त किया हो। ऐसा कहीं हमें दर्ज नहीं मिलता। शायद अशफ़ाक़ की माँ के विचारों अथवा उनके ज़िन्दगीनामे में किसी की दिलचस्पी रही हो यह भी हमें तलाश करने पर नहीं मिला।

अशफ़ाक़ प्रारम्भ से ही पढ़ने-लिखने में तेज़ थे। अपनी पढ़ाई की 'रस्म' शुरू होने से पहले ही वे 'कायदे' की किताब खत्म कर चुके थे। मौलवी ने उन्हें उसी पुराने तरीके से पढ़ाना शुरू किया, पर वे जल्दी ही उर्दू और फ़ारसी पढ़ना सीख गए। माँ के पास उर्दू की बहुत-सी पुरानी किताबें थीं और वे सब अशफ़ाक़ ने पढ़ डालीं जिनमें किस्से-कहानियों की किताबें ज़्यादा थीं।

अशफ़ाक़ के व्यक्तित्व के निर्माण में माँ मजहरउलनिसा का बड़ा योगदान

था। जेल से अशफ़ाक़ ने अपनी माँ को तीन पत्र बहुत विस्तार से लिखे हैं। खास बात यह है कि वे देश और समाज के बड़े सवालों पर अपनी माँ से गुफ़्तगू करते हैं। ये पत्र इस बात का नमूना हैं कि गंभीर मसलों पर वे बहुत खुलेपन से माँ से गुफ़्तगू कर लेते थे। इन पत्रों में देश के प्रति उनके मज़बूत इरादों की झलक और कुर्बानी का बेमिसाल जज्बा है। माँ को वे लिखते हैं, '4 जून को मुकदमे की सुनवाई खत्म हो गई और असेसरान की राय ले ली गई। यह सुनकर आपको बहुत दुःख होगा कि मोअज़्ज़ज़ हिन्दुस्तानी असेसरान ने क्या राय दी। मैं आपको हरगिज़ न लिखता मगर मैं इसको अपना फ़र्ज़ ख़याल करता हूँ कि अपने मुकद्दमे के हालात से आपको काफ़ी तौर पर आगाह कर दूँ। यह तो आप जानती ही हैं कि चार असेसरों में से एक का इन्तकाल हो गया था और तीन बाकी रह गए थे, जिनमें से एक खुदातरस बूढ़े ने हम दोनों को बिलकुल बेकसूर कहा और दो ने न सिर्फ़ खुफ़िया साज़िश करने वाला ही कहा, बल्कि डाकू भी कहा। खैर, इसका अफ़सोस मुझे तो कुछ भी नहीं, आप करें तो करें। यह हिन्दुस्तानी ही तो हैं, जो हम पर ज़ुल्म कर रहे हैं और वह भी हिन्दुस्तानी ही थे, जिन्होंने मुझको इस मुकद्दमे में ख़्वाहमख़्वाह घसीटा। अगर अंग्रेज़ आज मेरे खिलाफ़ हों और मुझ पर ज़्यादती करें हक बजानिब है, क्योंकि अपने मुल्क को फ़ायदा वह इसी हालत में पहुँचा सकते हैं कि हम पर हुकूमत करें, मगर तआज्जुब तो इन हिन्दुस्तानियों पर है जो इस तरह ख़्वाहमख़्वाह बगैर समझे-बूझे महज़ खुशनुदीए मिज़ाज की खातिर हाँ में हाँ मिला देते हैं। वह यह नहीं जानते कि हकीकतन उनकी क्या इज़्ज़त अंग्रेज़ कौम के दिल में है। अंग्रेज़ किसी भी ऐसे इन्सान को पसन्द नहीं करते, जो काम निकालने की खातिर उनकी पीठ ठोंक दिया करते हैं। खैर, मुझे इस मसले पर बहस नहीं करनी है। मुझे तो आपको समझाना है। आपसे इस बात के लिए कहना है, जो आप जैसी जईफ के लिए न सिर्फ़ बेजा बल्कि ज़ुर्म होगा। यानी सबरोसुकून के बारे में। बज़ाहिर सब्र तल्ख़ मालूम होता है मगर बाद को मीठा फल लाता है। मैं बचपन से आपकी सब्र आज़मा तबीयत देखता चला आ रहा हूँ और आपको एक साबिर और राज़ीबरजाए मौला (ईश्वर की इच्छा पर राज़ी) पाया। आपकी उम्र का आखिरी हिस्सा निहायत अफ़सोसनाक और तकलीफ़ से भरा हुआ है। मगर यह सब महज़ इस वजह से कि खुदा का हुक्म यही है। आराम व राहत, तकलीफ़ व मसाइब सब उसके हुक्म के

ताबे से हैं। तारीखे मज़हबी पर एक सरसरी नज़र डालिए। अच्छा, वाकए करबला को ही लीजिए। क्या किसी मज़हब की ऐसी दर्दनाक और खूनी तारीख मिलेगी कि ख्वातीन खानदाने नबी को अपने बच्चों और घरवालों के जनाजे देखने पड़ें। क्या उनकी दानिस्त और इल्म में नेजों, तलवारों और तीरों का निशाना न बनाये गए। सब कुछ हुआ और क्यों। महज़ इसलिए कि आइन्दा जब किसी पर दुःख और तकलीफ़ आये, वह इस मिसाल को अपने सामने रखें और सब्र करें। आपको इस किस्म की मिसालें देना, मेरी हिमाकत होगी, क्योंकि बफजले तआला आप मुझसे ज़्यादा लायक और वाकिफ़ हैं।'

इसी पत्र में अशफ़ाक़ कहते हैं, 'अब सुनिए आपको मालूम हो जाना चाहिए कि खैरात नबी ने साफ़ अलफाज़ में कह दिया है कि इन्तहाई सज़ा मिलेगी (यानी सज़ाए मौत) मेरे लिए तो यह एक बड़े मज़े की बात है। मेरे लिए इससे ज़्यादा फ़ख्र की बात कौन-सी हो सकती है। मेरी माँ से बढ़कर मेरे खानदान में कौन-सी माँ हो सकती है, जिसका बेटा जवांमर्दी और बहादुरी से, इस्तकामत (साहस और दृढ़ता) व इस्तकलाल (पक्के और सत्य विचार) से रास्तबाजी (सत्यता) के साथ, मासूमियत का जामा पहने हुए, कुरबानगाहे वतन पर कुरबान हो जाए। मेरे लिए सुकून व इत्मीनान यूँ है कि मैं अपने को मासूम (निरपराध) समझता हूँ और आपके भी सब्र के लिए यह काफ़ी है कि आपका मासूम लड़का एक ऐसे मकसद की खातिर जान से जायेगा जो बड़ा ऊँचा और नेक व पाक है।'

माँ को वे धैर्य बँधाते हुए कहते हैं, 'आप खुदा पर शाकिर रहिए। सब्र कीजिए और मेरे लिए दुआ फ़रमाइए और अगर मुझे शहादत की इज़्ज़त देना मकसूद है, तो अजमो इस्तकलाल, जुरअत व हिम्मत भी अदा करे और इम्तिहान के दिन मुझे बहादुर बनाये। आप कभी अफ़सोस न करें कि मैंने मेजिस्ट्रेट ऐनुद्दीन साहब और तसद्दुक साहब के कहने पर अमल नहीं किया। क्या वह इस बात की गारंटी कर सकते थे कि मैं कभी न मरूँगा। नहीं, मौत व ज़िन्दगी खुदाबन्द करीम के हाथ में है और दुनियावी ताकतों के बालातर एक ताकत है जो निज़ामे आलम को सँभाले हुए है।

'मौत और ज़िन्दगी का साथ है—जो दुनिया में आया वह एक रोज़ ज़रूर मरेगा—फिर एक ऐसी चीज़ से, जिसका आना लाज़िमी है, ज़रूरी है गम करना या खौफ़ खाना फ़िज़ूल व अबस है। मैं अप्रूवर हो सकता था, मैं

इकबाली बन सकता था, मगर दूसरों की जान फँसाने के लिए और अपनी ज़िन्दगी बचाने के लिए। वह इन्सान जो अपनी ज़िन्दगी की खातिर कमीनी हरकत करता है, क्या वह आने वाली नस्लों के लिए बाइसे-नाज़ हो सकता है—नहीं, कभी नहीं।

'मुझे इत्मीनान है—मुझे खुशी है कि आने वाली नस्ल मुझको डरपोक और कमीना न कहेगी, बल्कि सच्चा और बहादुर कहेगी। दुनिया महज़ इसी पर मरती है कि मरने के बाद उसको बुरे अल्फ़ाज़ से न याद किया जाए। मस्जिदें, तालाब, मदरसा, कुएँ बनाकर छोड़ जाते हैं ताकि बाद में याद रखे जाएँ। मेरी मासूमियत भी कभी फ़रामोश नहीं की जा सकती। बस, मुझे कुछ लिखना नहीं। आपको फ़ख्र करना चाहिए कि आपका बच्चा बहादुरी की मौत मरेगा। अगर मौत से मुकाबला करना पड़ा तो आपको भी एक बहादुर माँ साबित करना होगा। क्या आपकी रगों में खालिस अफ़गानी खून नहीं है। क्या आप मेरी माँ नहीं हैं। आप पठान हैं, आप मेरी माँ हैं। यह आपके ही दूध का असर है, जो मैं इंतहाई खौफ़नाक बातों पर भी हँस देता हूँ। आप मुझसे मिलने को आयेंगी ? बोलो। व भाभी आएँगी ? मगर बहादुर बनकर आएँ, जैसी पहले बनकर आई थीं। मुझको बहादुर बनाकर वापस जाएँगी। मैं आपसे एक बार ज़बानी बातचीत करना चाहता हूँ। क्या मौत से पहले खुदा के हुक्म के बिना मुझको कोई मार सकता है या तकलीफ़ में डाल सकता है। नहीं, कभी भी नहीं। फिर जो कुछ है सब मिनजानिब अल्लाह है। इस पर सब्र करना शाने बन्दगी है। चन्द बन्द किसी के याद आ गए लिखे देता हूँ। उनको पढ़ लीजिए। लल्लू भैया जब इतवार को आएँ तो महबूब से मिलते आएँ। अगर वह आएँ तो हमराह लेते आएँ और बिस्तरबन्द भी ज़रूर लाएँ ताकि सामान व बिस्तर वगैरह बाँध कर दे दूँ, बिस्तरबन्द भूलें नहीं—

है अर्ज आज मादरे नाशाद के हुजूर
मायूस क्यों हैं आप अलग का है क्यों वफूर
सदमा यह शक आलमे पीरी में है ज़रूर
लेकिन न दिल से कीजिए सबको-करार दूर
शायद खिजां से शक्ल अयां हो बहार की
कुछ मसलहत इसी में हो परवरदिगार की

‘इन अशआर को जो किसी शायर ने लिखे हैं, पढ़िए और खुदा से मदद माँगिये। आप कभी भी यह ख़याल न कीजिए कि आप नुकसान में हैं। यहाँ पर मुझे एक किस्सा याद आ गया। इंग्लैण्ड के एक बड़े शख़्स हिन्दुस्तान आए। वह अपनी बीवी के हमराह आगरा गए। जब ताजमहल में पहुँचे तो उनकी बीवी ने कहा कि अगर कोई वायदा करे कि मेरे मरने के बाद ऐसी आलीशान इमारत, जैसा यह ताजमहल है, बनाकर मुझे दफ़्न करेगा तो मैं इसी वक्त अपने को गोली मारने को तैयार हूँ। यह बात उस औरत ने कैसे कही, महज़ इस वजह से कि मरने के बाद वह ख़्वाहिशमन्द थी कि याद की जाए। हर शख्स की ख़्वाहिश होती है कि मर जाने के बाद लोग उसको भूलें नहीं और याद करें। मैं भी फ़ख्र करता हूँ कि ख़्वाह मैं इस लायक था, या न था मगर लोग मुझको समझते हैं और हरगिज़ फ़रामोश न करेंगे। मैं सीआईडी का मश्कूर हूँ कि उसने हमेशा की ज़िन्दगी दे दी, मेरे खांनदान को फ़ख्र करना चाहिए। जो मैं हूँ, वह मैं खुद जानता हूँ, और सीआईडी भी खूब जानती है। खैर! अब खत्म करता हूँ, खुदा आपको सब्र अता फ़रमाए और मुझको इस्तकलाल दे।’

एक और खत में वे जनाबा वालिदा साहिबा को लिखते हैं, ‘बखैरियत हूँ और जनाबा की खैरियत का ख्वाहां हूँ। कल फ़ैसला सुनाया जाएगा। खुदा मुझको हिम्मत दे। ताकत, इत्मीनान दे। सुकूने कल्ब अता फ़रमाये। आप सबको सब्र दे। बीवी! दुनिया सराय-फानी है। कौन रहा है और कौन रह जाएगा। अज आदम साईदम मौत व जीस्त का सिलसिला चला आ रहा है और चला जाएगा। कहाँ तक गम, कहाँ तक रंज किया जाए। मुझे अपनी सज़ा का कोई गम नहीं, कोई रंज नहीं। सज़ाये मौत या सज़ाये कैद या कोई भी हो मेरा ईमान है कि सब मिनजानिब अल्लाह होगी। *फिर सरे तस्लीम खम है जो मिज़ाजे यार में आए।* मगर जो दु:ख है वह तुम्हारी जईफी का है। तकलीफ़ है वह तुम्हारी कमज़ोर और काबिले रहम हालत पर। खुदा वाकिफ़ है कि इस इतवार की मुलाकात के बाद किसी घड़ी किसी पल तुम्हारा कमज़ोर चेहरा और नाउम्मीदी से भरे हुए अल्फ़ाज़ फ़रामोश नहीं कर सका। खैर! जो मर्ज़ी मौला। मेरी गुज़ारिश और आखिरी गुज़ारिश यह है कि अगर खुदा ने ज़िन्दा मुझको बाहर निकाला, तो आपकी जईफ़ी देखकर जिसकी मुझको उम्मीद तो है नहीं, वैसे दुआ है कि खुदा आपको उम्रेनूह अता फ़रमाये।’

जेल के भीतर बैठे अशफ़ाक़ अपनी माँ के लिए नूह पैगम्बर की आयु

की दुआ करते हैं। अशफ़ाक़ के इन पत्रों के भीतर झाँकता उस माँ का चेहरा साफ़-साफ़ पढ़ा जा सकता है जिसका बेटा मौत के दरवाज़े पर खड़ा है और जो अपने जीने-मरने की चिन्ता न कर अपनी माँ को बार-बार ढाढ़स बँधाता है, उसे ज़िन्दगी के मायने समझाता है। आज अशफ़ाक़ की उस माँ मजहरउलनिसा की कोई तस्वीर हमारे सामने नहीं है। बहुत खोजने पर भी हमें नहीं मिल सकी। पर उसकी ज़रूरत क्या है। दुनिया की सारी माँओं के चेहरे एक जैसे ही होते हैं—दुलार भरे, नेह से भरपूर। बेटे को देखकर प्यार लुटाती माँओं की आँखों को कौन नहीं जानता। अशफ़ाक़ ने अपनी माँ से कहा भी था, ''आप अपनी तस्वीर हिगू से खिंचवा लीजिएगा। आप कुछ फ़िक्र न करें। वह आपका दामाद है और सामने आता है यानी साफिया का खाविन्द। कम-अज-कम बाहर आकर आपकी तस्वीर से कुछ तसल्ली होगी। आप बखूबी वाकिफ़ हैं कि आपको बिना देखे मैं दो रोज़ भी नहीं रह सकता। मगर यह मसला मजबूरी और इज़्ज़त व ज़िल्लत का था।''

कितने बेचैन हैं अशफ़ाक़ अपनी माँ के लिए। वे यह भी सोचते थे कि अगर मौत (फाँसी) से बच गए तो लम्बी कैद की सज़ा काटनी पड़ेगी। तब वे बाहर आए भी लेकिन माँ कहाँ होगी तब। वह तो इस दुनिया से जा चुकी होगी। तब वे माँ की तस्वीर को निहारा करेंगे। लेकिन अशफ़ाक़ तो माँ से पहले ही इस संसार से विदा हो गए। क्या उस माँ ने बाद को लखनऊ स्टेशन पर उतारी गई कफ़न ओढ़े अपने बेटे अच्छू की लाश की वह तस्वीर देखी होगी जिसे फ़ोटोग्राफर परसी शाह ने अपने कैमरे से उतारा था। उसे देखकर उसने ज़रूर अशफ़ाक़ का न टूटने वाली नींद में सोया हुआ चेहरा चूम लिया होगा और ज़ार-ज़ार रोई होगी वह। शाहजहाँपुर के उस खानदानी कब्रिस्तान में दफ़नाने के लिए जब अशफ़ाक़ को लाया गया होगा तब कैसे सामना किया होगा उसने बेटे की सूरत का। ज़रूर उस माँ की छातियों से दूध उतर आया होगा।

बाद को एक दिन अशफ़ाक़ की कब्र की बगल में वह माँ भी आकर चुपचाप लेट गई। अपने बेटे को सीने से चिपकाकर, जिसके बारे में अशफ़ाक़ ने कहा था, ''काश कि खुदा एक मौका अता करता कि आपकी खिदमत करूँ और कदमों से जुदा न होऊँ। मैं निहायत बदकिस्मत हूँ कि आपकी खिदमत करने का जब मेरा वक्त आया तो आपके कदमों से दूर हूँ।''

अशफ़ाक़ बार-बार माँ से माफ़ी माँगते हैं। कहते हैं, ''खैर खुदा की मर्ज़ी यही थी। आप भी सब्र कीजिए और मेरे लिए दुआ कीजिए। आपको जईफी में मुझसे जो दुःख पहुँचा, आप खुदारा मुझे माफ़ी फ़रमाइयेगा। तब मेरे दिल को तस्कीन होगी।''

पर माँ से अशफ़ाक़ वह भी कहते हैं जो उन्होंने अपने मुकदमे के दिनों में देखा और अनुभव किया था। दर्द उनके भीतर था, शिकायत उन्हें भी थी लोगों से। उन्होंने कहा, ''हाँ, एक बात और यह है कि मेरे फ़ैसले के बाद लोगों को ढोंग न फैलाने देना, जो बिहीख्वाह (शुभचिन्तक) और दोस्त थे, सब मालूम हो गए। आपके खानदान वालों को भी देख लिया और अपने खानदान वालों को भी देख लिया। मेरा खानदान मेरे हकीकी भाई, मेरी भावज, बहन व बहनोई हैं। और मुल्क के हिन्दू और मुसलमान मेरे भाई व बुज़ुर्ग हैं। और किसी बदमाश से वास्ता नहीं। जो मुसीबत में शरीक थे, वे बहादुर व दोस्त हैं। बाकी सब कमीने हैं, जो आरामो आसाइश के साथी और दुःख-दर्द पर अलग-अलग। मैं कसम खाकर कहता हूँ कि मैं उन सबसे नाराज़ हूँ। अगर बाहर निकलने का मौका मिल गया तो उनसे कितातआल्लुक करके जानवरों से दोस्ती कर लूँगा। सांपों से प्यार करूँगा। भेड़ियों के गिरोह में बैठा रहूँगा, मगर इन अजीज़ों से अलग रहूँगा। फीअमानिल्लाह!''

यहाँ अशफ़ाक़ ने अपनी माँ के खानदान यानी ननिहाल को याद करते हुए यह भी कहा है, 'ननिहाल यानी माँ के खानदान के हालात अच्छे हैं। गदर 1857 ई. से लेकर इस वक्त तक सरकारी ओहदों पर चले आते हैं और गदर के बाद से तो सरकार की नाक के बाल हो गए हैं। मेरी माँ के दादा और उनके भाई सब जज और डिप्टी कलक्टर थे। जबकि गदर शुरू हुआ तो उन्होंने मुल्क का साथ न दिया। न नवाब साहब का साथ दिया, बल्कि जासूसी का काम किया। जो मुझको जेल की किताब से मालूम हुआ और जो कुछ मैंने सुना यह लिखते हुए अब शर्म नहीं आती, हाँ केस के कब्ल अगर मुझको ज़रूरत महसूस होती तो हरगिज़ भी न लिखता क्योंकि जहाँ तक मेरा ताल्लुक है, मैं इसको बायसे सदनंग (शर्मिंदगी का कारण) समझता हूँ कि जब मुल्क के लोगों को एहसासे आज़ादी पैदा हो और वह अपना खून मिस्ल पानी बहायें, अपने बच्चों की कुर्बानी कुर्बानगाहे वतन पर चढ़ायें, अपनी दौलत, आबरू, मकान, गरज कि हर शय हँसी-खुशी के साथ आज़ादी और महज़ आज़ादी-

ए-मज़हब के लिए निसार कर दें, फिर उनके साथ फ़रेब करना, उनके खिलाफ़ साज़िश करना, उनकी स्कीमों को तहस-नहस करने की कोशिश करना और वतनी दुश्मनों की इमदाद करना अगर शर्म और हज़ार शर्म की बात नहीं तो और क्या है। मुझे जमानये तालिबेइल्मी अपने चन्द दोस्तों से हमेशा ज़िल्लत उठानी पड़ी, जब वे कहते थे कि तुम खानयीने वतन की औलाद हो, मैं उन अहबाब का नाम लिखना नहीं चाहता हूँ। चूँकि उनको शर्म आयेगी कि वे इस वक्त अपने गले में गुलामी का पट्टा डाले हुए हैं या सरकारी कचहरियों में कुंजड़ों और कुंजड़ियों की तरह बार रूम में दुकानें लगाए हुए बैठे हैं। उस वक्त उनको फ़ख्र था कि उनके आबा व अजदाद (बाप-दादे) उस गिरोह के एक रुक्न (सदस्य) थे। खैर मैंने अपनी कुर्बानी से इस धब्बे को, जो 1857 ई. में मेरे ननिहाल के बुज़ुर्गों ने अस्मते वतन पर लगाए थे, अपने खून से और नौजवान व मासूम खून से धो डाला। क्या इस खानदान का इसको कफ्फारा (प्रायश्चित) समझा जा सकता है। ख़्वाह यह हो या न हो मेरी आने वाली नस्ल पर यह एतराज़ न होगा कि यह उस खानदान से ताल्लुक रखते हैं, जो खाएन था। बल्कि मेरी कुर्बानी से लोग रहम करेंगे और उनको अशफ़ाक़ के खानदान का एक मेम्बर ख़याल करके बुज़ुर्गों की गलतियाँ फिर अस्सरे नौ याद न करेंगे। मुझे ननिहाल के खानदान के बारे में बस इतना ही लिखना है, अब मुझको अन्देशा है कि यह खानदान अब तरक्की के काबिल न हो सके। चूँकि अब नौजवान तरक्की करने के बजाय अपने बुज़ुर्गों पर ही नाज़ करने को अपना शआर (आदत) बनाये हुए हैं। और यही सिममे कातिल (मार डालने वाला ज़हर) है कि बुज़ुर्गों की तारीफ़ में लगे रहें या उन पर फ़ख्र करते रहें। इन्सान को खुद इम्तयाज़ी (विशेषता) हासिल करनी चाहिए। बुज़ुर्गों पर फ़ख्रो-मुबाहत (घमण्ड करना) की ज़रूरत नहीं। यूँ मैं दादा की तरफ़ से कौम परस्त और ननिहाल की तरफ़ से अंग्रेज़ परस्त पैदा हुआ, मगर माँ का खून कमज़ोर था, यूँ वतनी आज़ादी का जज़्बा ताकतवर रहा। और वतन, प्यारे वतन के लिए आज मौत के तख्ते पर खड़ा हुआ हूँ।'

फाँसी से तीन दिन पहले 15 दिसम्बर, 1927 को अशफ़ाक़ अपनी माँ के नाम फाँसी की कोठरी से आखिरी खत लिखते हैं, 'दुखिया और बूढ़ी माँ की खिदमत में उसके मरते हुए फ़रजन्द का सलाम पहुँचे, जो इसी हफ़्ते इस फानी दुनिया को अलविदा कहकर उस मुल्क जावेदां को जा बसायेगा, जहाँ

कि उससे पहले भी सब जा चुके हैं और हर जी रूह उसके बाद भी जायेगा।'

वे माँ को समझाते हैं, 'आप भी बखूबी वाकिफ़ हैं और तालीमयाफ़्ता हैं मगर यह ज़रूर है कि बूढ़ी सिनरसीदा दुखिया माँ के लिए यह सदमा ज़रूर बड़ा है कि उसका जवान बेटा नामुराद दुनिया से उठ जाए और वह उसकी लाश पर दो आँसू भी न डाल सके या उसकी मरी हुई सूरत देख सके। मगर यह तो बताओ, यह हुक्म किसका है। क्या दुनिया के किसी इन्सान का हुक्म है। क्या कोई मुझे हुक्म के बिला मार सकता है। उसने रोजअजल से ऐसा ही लिखा था कि अशफ़ाक़ तुझको फाँसी पर मरना है और जब तू मरेगा तो कोई तेरे पास तेरे आहज्जा व अकरूबा (रिश्तेदार) व अहबाब में से न होगा। पर हुक्म खुदाबन्दी पूरा होकर रहेगा और ऐसा ही होता चला आया है।'

अशफ़ाक़ बार-बार माँ से यह कहते हैं, 'मुझे डर है कि आप घबरा न उठें और यह न कह बैठें कि जवान औलाद मर जाये वह कैसे सब्र करे तो सुनिए, मेरी माँ! खुदा ने मुझको आपके शिकम (पेट) से पैदा किया था। मेरी पैदाइश पर खुशियाँ मनायी गई थीं। शुकराने अदा किए गए थे। और किस्सा मुख़्तसर यह कि मुझको आँखों का नूर और दिल का सुरूर समझा जाता था। आपने इस सिले में खुदा को क्या दिया कि उसने आपको इस इन्सान की शक्ल में औलाद दी। आपसे जो भी पूछता था आप यही कहती थीं कि खुदा का बन्दा है, खुदा ने दिया है। उसी की अमानत है और मैं अमानतदार हूँ। बस अब मालिक अपने गुलाम को तलब करता है। अमानत रखाने वाला अपनी अमानत तलब करता है। आप ख़यानत न करें, न आपकी चीज़ थी न आपसे छीनी गई। इतने दिन के वास्ते आपको दी गई थी कि रखो, बाद को हम वापस ले लेंगे। अब वापस लिया जा रहा है। फिर आपको क्या हक है कि रद्दोकद करें। क्या आपने हमेशा से यह सोचा था कि मुझे मौत कभी न आयेगी। अरे! तुम भी जानती थीं और मुझे भी मालूम था हम तुम सब मरेंगे कोई आगे कोई पीछे। या तो मुझको रोना पड़ता तुम्हारे लिए, या तुम्हें मेरे लिए। उनकी मंशा यह थी कि बूढ़ी माँ जवान औलाद को रोयेगी और बकीया तीन भाई अपने छोटे भाई का मातम करेंगे। तो क्या कोई आज इस दुनिया में इतनी ताकत वाला है कि खुदाबन्द के अहकाम को पलट दे। कोई नहीं! अपने खानदान में ही कितनी ऐसी माँएँ हैं, जो बुढ़ापे में जवान औलाद का दाग खाए बैठी हैं और कितने ही ऐसे भाई हैं, जो अपनी आँखें अपने भाई के

लिए सुर्ख कर चुके हैं और कितनी ही बहनें, भावजें, भतीजियाँ, भानजियाँ, भानजे हैं जोकि अपने भाई, देवर, चचा, मामू के लिए सीनाकोबी कर चुके हैं। दुनिया का यही धन्धा है। दुनिया नाम ही उसका है।'

माँ को धैर्य बँधाते हुए अशफ़ाक़ कहते हैं, 'आपका सब्र व शुक्र आपको उसके दरबार में मकबूल व मुकर्रब करेगा। और अगर खुदा-ना-ख्वास्ता आप हद से आगे बढ़ गईं तो आप खुद समझदार और पढ़ी-लिखी हैं। आपका नालओशेबन (रोना-धोना), आहवजारी, सीनाकोबी, मुझको ज़िन्दा नहीं कर सकती, न मौत से बचा सकती है। हाँ सब्र करना, कलमा व दरूद पढ़ना और बख़्शना मेरे लिए कुछ सूदमन्द साबित हो सकते हैं। बस मेरी अच्छी माँ मेरी खताएँ माफ़ फ़रमाकर मशगूलेखुदा हो जाओ। उसकी मर्ज़ी यही थी और कौन है जो उसके हुक्म को टाल सके। मुझसे आपको दु:ख पहुँचा। आपका बुढ़ापा बरबाद हो गया। आपकी ज़िन्दगी में जीक पड़ गई, मैंने की। हाँ ज़ाहिर असबाब में से एक मैं भी हूँ। मगर मौला की मर्ज़ी और उसका हुक्म पोशीदा रहता है। समझदार मिनजानिब अल्लाह हर बात को समझते हैं और नासमझ इन्सानों की तरफ़ ख़याल दौड़ाते हैं। इससे कब्ल एक कार्ड फ़ैसले के मुतआल्लिक मिला होगा। कैसे मज़े की बात यह है कि मैं अपनी कलम से अपनी मौत की खबर आपको भेज रहा हूँ। मैंने एक किताब लिखनी शुरू की थी और वह तकमील को न पहुँच सकी। खैर मालिक की मर्ज़ी ही न थी जिसमें मेरा मकसद बच्चों के लिए नसीहत करना था। खैर उनके लिए जो मैदाने अमल हैं और जो सामने आए उस पर गामजन हों। मुझे जो लिखना है थोड़ा-थोड़ा सब लिख दूँगा क्योंकि अब वक्त मेरे पास मजमून निगारी व कलम फ़रसाई का नहीं है। मुख़्तसर-मुख़्तसर सबको लिख दूँगा। सब अपना-अपना मतलब निकाल लें। मुझे तो सबसे ज़रूरी आपको लिखना था।'

पत्र में अशफ़ाक़ यह भी लिखते हैं, 'मैं कोशिश करूँगा कि यह खत तुमको मेरी मौत से पहले ही मिल जाए ताकि तुम्हारे दु:ख में कमी हो जाए और तुम सोच सको कि मरने वाला क्या बात है कि मरते हुए भी मुतमइन व खुश है— *फना है सबके लिए हमपे कुछ मौकूफ, बका है एक फकत किब्रियाय के लिए...।* बस मेरे लिए मौत और यह दिन था। सो मुझे मिला। और तुम्हारे लिए दु:ख, बुढ़ापे का धक्का और सीनाकोबी लिखी थी वह तुम्हें मिल रही है। जो जिसके लिए उसने मुनासिब समझा वह उसे तकसीम कर दिया। बस

कौन है जो शिकवा करे और लब शिकायत के वास्ते खोले।'

और अंत में अशफ़ाक़ ने अपनी माँ से कहा, 'बस उसी पर नज़र रखो और सब्र व करार हाथ से न जाने दो। शुक्र करो उसकी अमानत उसकी तरफ़ जा रही है। और सानआ अपने मसनूअ को बिगाड़ना चाहता है। फिर तुम कौन हो रोने वाली, तुम कौन तड़पने वाली। उसकी चीज़ थी उसको अख़्तियार है। सब्र करो, सब्र करो और बकीया ज़िन्दगी का बेशबहा वक्त मेरे लिए रोने में न सर्फ़ करो बल्कि उस सफ़र की तैयारी में लग जाओ तो एक दिन दरपेश है। इबादत में मगफिरत है। गुनाहों में वक्त न गुज़ार दो क्योंकि यही काम आयेगा। गफलत छोड़ो और उसको पकड़ो। दुनिया फना होने वाली है और तुम्हारा भी बुढ़ापा है। अच्छा मेरी खताएँ माफ़ करो और मुझे अपने हक से सुबुकदोश करो। तुम्हें नेक बीवी और साबिरा बीवी बनाये।'

अशफ़ाक़ के इन खतों के भीतर उनकी माँ का बूढ़ा चेहरा बार-बार झाँकता है। अपने छोटे बेटे को फाँसी के फन्दे की ओर जाते देखती माँ की आँखों में पछाड़ खाता समन्दर तब किसने देखा होगा, किसने अहसास किया होगा कि एक शहीद होने वाले की माँ के सीने पर क्या-क्या गुज़र रही होगी।

माँ मजहरउलनिसा बेगम! देश की आज़ादी के लिए तुमने अपना जवान बेटा कुर्बान कर दिया। तुमने उसे सिर्फ़ अपनी छाती का दूध ही नहीं पिलाया और न ही पाल-पोस कर बड़ा किया, बल्कि उसके किरदार को बनाने में तुम्हारा ही तो योगदान था। तुम्हारी ज़िन्दगी को अंधेरे की तरफ़ बढ़ाकर वह आज़ादी की मशाल को अपना खून देकर रोशन कर गया जो सदियों तक जलती रहेगी। उसे कोई बुझा नहीं सकता।

माँ! तुम्हारे नाम के हरूफ़ भले ही किसी को याद न रहें, पर लोग यह कभी नहीं भूलेंगे कि शहीदे-वतन अशफ़ाक़उल्ला खां एक बहादुर माँ के बहादुर बेटे थे। इतिहास के लिए इतना ही काफ़ी है।

क्रांतिकारी
शचीन्द्रनाथ सान्याल

रासबिहारी बोस की टोली के प्रमुख क्रांतिकारी शचीन्द्रनाथ सान्याल को 1915 के 'बनारस षड्यंत्र केस' में काला पानी की सज़ा मिली थी। अंडमान से जल्दी छूट जाने के बाद उन्होंने 'बन्दी जीवन' पुस्तक की रचना की जिसका क्रांतिकारी आंदोलन के इतिहास में बड़ा स्थान है। यद्यपि उनकी इस अमर कृति में उनके अंडमान के कैदी जीवन की कोई झलक नहीं है बल्कि इसे लिखते समय वे विप्लवी आंदोलन के वैचारिक ताने-बाने को सामने रखते हुए भविष्य की क्रांतिकारी गतिविधियों का ख़ाका बुनते-रचते चले गए। अंडमान से वापस आने के बाद प्रतिभा से उनका विवाह हो गया और संतान भी, लेकिन शचीन्द्र दा इस सबके बाद भी कहीं रुके और कमज़ोर नहीं पड़े बल्कि वे निरंतर उग्र बनते और होते चले गए। वे सपत्नीक और पुत्र सहित क्रांतिकारी कार्यों के लिए बनारस के अपने घर से फ़रार होकर हुगली के किनारे बसे चन्द्रनगर जा पहुँचे और अपनी सक्रिय गतिविधियों से आगे चल कर उन्होंने 'हिन्दुस्तान प्रजातंत्र संघ' का गठन कर उसका महत्त्वपूर्ण संविधान रच डाला। शचीन्द्र दा अपने समय के बड़े विचारवान क्रांतिकारी थे। उनका पूरा परिवार क्रांतिकारी कार्यों में गहराई से संलग्न था। इस अर्थ में उनकी माँ क्षीरोदवासिनी देवी और भाई रवीन्द्रनाथ, जितेन्द्रनाथ और भूपेन्द्रनाथ का योगदान भी कम उल्लेखनीय नहीं है। काकोरी के मुकदमे में पकड़े जाने पर शचीन्द्र दा को आजीवन कारावास का दण्ड मिला जबकि उनके भाई भूपेन्द्र भी इसमें सज़ावार हुए। बनारस उनका घर था। उनकी

माँ ने प्रारम्भ से ही उन्हें क्रांति-मार्ग पर भेजने में कभी संकोच नहीं किया। उनकी पत्नी भी ऐसी ही महिला थीं जो इस कठिन रास्ते पर उनकी अभिन्न सहयोगिनी बनी रहीं।

'बन्दी जीवन' को शचीन्द्र दा ने पहले बांग्ला में लिखा, फिर हिन्दी में। उसके बाद उनकी और भी कई पुस्तकें प्रकाशित हुईं जिनमें 'विचार विनिमय' प्रमुख है। अंडमान के बाद वे देश की विभिन्न जेलों में अनेक वर्षों तक रहे जहाँ लिखी गई उनकी जेल डायरियाँ प्रकाशित कराने का उपक्रम अभी सम्पन्न नहीं हो सका। शचीन्द्र दा का निधन गोरखपुर में 6 फरवरी, 1943 को हुआ था।

शचीन्द्रनाथ सान्याल की माँ क्षीरोदवासिनी देवी

धुंधले कैनवस पर एक स्त्री-कथा

क्रांतिकारी शचीन्द्रनाथ सान्याल की माँ थीं—क्षीरोदवासिनी देवी। नहीं, वे चार बेटों की माँ थीं—बड़े शचीन्द्रनाथ सान्याल, मँझले रवीन्द्रनाथ सान्याल, संझले जितेन्द्रनाथ सान्याल और छोटे भूपेन्द्रनाथ सान्याल। चारों देश की मुक्ति के लिए लड़ने वाले अजेय विप्लवी। माँ क्षीरोदवासिनी देवी स्वयं क्रांतिकारी विचारों से इस तरह सम्पन्न थीं कि अपने बेटों को क्रांति-पथ पर भेजने में उन्होंने कभी संकोच नहीं किया। वे निरन्तर उनकी प्रेरक बनी रहीं। शचीन्द्र दा को उत्तर भारत के पहले मामले 'बनारस षड्यंत्र केस' में काला पानी की सज़ा हो गई। वे 1915 की 26 जून को गिरफ़्तार हुए और 14 फ़रवरी 1916 को उन्हें आजन्म काला पानी के साथ सारी सम्पत्ति ज़ब्त होने का दण्ड मिला। शुरुआत में वे बनारस के कारागार में रहे। उसके बाद उन्हें अगस्त महीने में अंडमान द्वीप पर भेज दिया गया। अगस्त की 18वीं तारीख को वे सागर पार के उस कैदखाने में डाल दिये गये। तब किसे पता था कि वे फ़रवरी 1920 में वहाँ से रिहा कर दिए जायेंगे। यह उनका पहला बन्दी जीवन था। बाद में वे अपने अंडमान के सफ़रनामे की कहानी लिखने चले तो अपनी कैद की कथा कम, बल्कि सम्पूर्ण क्रांतिकारी संग्राम का वैचारिक विश्लेषण और उसके भविष्य की रूपरेखा पर एक विचारपूर्ण पुस्तक की रचना कर डाली जो *बन्दी जीवन* के नाम

से मशहूर हुई जो कालान्तर में युवा क्रांतिकारियों की *गीता* बन गई। इसे उन्होंने पहले बांग्ला भाषा में लिखा और बाद को हिन्दी में।

शचीन्द्र दा उस टोली के सर्वाधिक महत्त्वपूर्ण क्रांतिकारी थे जिसे रासबिहारी बोस ने अपने आस-पास बुना था। उन्हें सब 'रासू दा' कहते थे। बहुत समय तक रासू दा ने शचीन्द्र दा के कहने से बनारस में रहना निश्चित किया और प्राय: एक वर्ष तक उन्होंने यहाँ प्रवास किया। यह उनका क्रांति का ताना-बाना बुनने का सघन समय था। रहे बनारस में लेकिन उनसे मिलने राजपूताना, पंजाब और दिल्ली के साथ पूर्व बंगाल के लोग भी आते थे और वे तब के युक्त प्रदेश में अनेक स्थानों पर विप्लव केन्द्रों की स्थापना की कोशिशों में संलग्न बने रहे। वे एक बड़ा विप्लव करने की तैयारी में थे। इसके लिए शचीन्द्र दा ने पंजाब की यात्रा की। दिल्ली के क्रांतिकारियों से रासू दा का सघन संपर्क बना हुआ था। फ़ौजी छावनियों में जिस बड़ी क्रांति की मज़बूती से तैयारी की गई थी वह एक भेदिए कृपाल सिंह के षड्यंत्र के चलते असफल हो गई। सेना की बारकों में वह नहीं हो पाया जिसका जाल बुनने में क्रांतिकारियों ने अथक परिश्रम किया था। भेद खुलते ही गिरफ़्तारियाँ शुरू हो गईं। विप्लव के इस प्रयास की असफलता पर शचीन्द्र दा ने अपनी पुस्तक में एक अध्याय ही लिखा है। पर वे निराश नहीं थे।

वे अंडमान पहुँचे लेकिन वर्ष 1920 के फ़रवरी महीने की बात है। जाड़े का मौसम था। वे उस समय सेल्युलर जेल में बीमार थे तभी एकाएक उन्हें जेलर ने बुलाया और उनकी रिहाई का समाचार दिया। यह उनके लिए बहुत अप्रत्याशित भी था। उन्होंने उन क्षणों का बहुत मार्मिक और दुर्लभ वर्णन अपने संस्मरणों में दर्ज किया है। छूटकर वे जहाज़ से कलकत्ता आए जो एक तरह से उनका पुनर्जन्म भी था। वहाँ वे अनेक लोगों से मिले जिनमें बनारस मामले की पैरवी करने वाले बैरिस्टर बीसी चटर्जी भी थे जो प्रसिद्ध नेता सुरेन्द्रनाथ बनर्जी के दामाद थे। इसके बाद वे बनारस आए।

अंडमान की कैद में जाने से पूर्व अपने पारिवारिक जीवन में शचीन्द्र दा ने माँ का कोई वर्णन नहीं किया है, लेकिन काला पानी के बन्दी जीवन से छूट कर आने पर वे उन भावुक पलों का ज़िक्र करते हुए पहली बार अपनी माँ की छवि अंकित करते हैं। लिखा है, 'स्टेशन से जब घर की तरफ़ चला तो प्रति क्षण आनन्द की मात्रा बढ़ती गई। लेकिन जिस क्षण मैंने इक्के से उतर कर गली में कदम रखा तो मुझे ऐसा मालूम पड़ा कि कदम के नीचे की भूमि भी मानो कठिन

एवं स्थिर नहीं है। मानो वह भूमि भी आनन्द के स्पर्श से चंचल हो रही थी, हिल-डुल रही थी। मैं चल कर घर नहीं आया बल्कि दौड़ता हुआ घर पहुँचा। क्या हृदयावेग की आकर्षण शक्ति धरित्री की मध्याकर्षण शक्ति ही की तरह अंडमान से जब चले तब से लेकर घर पहुँचने तक यह आकर्षण का वेग बढ़ता ही गया और घर के पास आकर आखिर मुझे दौड़ना ही पड़ा। मकान के नीचे के कमरे का जंगला खुला हुआ था। मैं मुहूर्त-भर जंगले के सामने आकर खड़ा हो गया। कई युवक वहाँ लेटे हुए थे। इनमें से दो भाई रवीन्द्र और जितेन्द्र भी थे। रवीन्द्र मुझे देखते ही हर्षोत्फुल्ल स्वर से नाति-उच्च कण्ठ से चिल्ला उठे, ''अरे, दादा हैं।'' रवीन्द्र बिस्तरे से ऐसे उचक पड़े मानो नीचे से किसी ने ज़ोर का धक्का देकर उन्हें ऊपर फेंक दिया हो। घूमकर दरवाज़े से होते हुए अन्दर आए एवं हर एक को मैंने छाती से ज़ोर से लिपटा लिया। मेरी यह नई ज़िन्दगी थी। मेरा यह नया जन्म प्रारम्भ हुआ। जिस रोज़ मैं घर पहुँचा उसके पहले दिन ही मेरे कनिष्ठ भ्राता का उपनयन-संस्कार हो चुका था। घर में यह किसी को पता न था कि आज यहाँ आ पहुँचूँगा। मैंने सबसे पूछा, माता जी कहाँ हैं? माता जी बगल के मकान में कुछ काम से गई हुई थीं। मैं पूछताछ कर ही रहा था कि इतने में वे आ गईं। मुझे देखते ही आनन्द के मारे रो पड़ीं और कहने लगीं, ''बेटा मेरा, आ गए हो, मेरा बेटा, आ गए हो।'' और मेरे सिर पर, मेरे बदन पर, मेरे कन्धे पर और हाथ पर हाथ फेरने लग गईं। कहने लगीं, ''जाने कितनी मुसीबत तुमने झेली!'' '

शचीन्द्र दा अंडमान से लौटकर फिर देश के काम में लग गए। एक पल को भी रुके नहीं। उन्हें अपने बन्दी साथियों की रिहाई की चिन्ता थी। इसके लिए उन्होंने बहुत दौड़-धूप की। जमशेदपुर में मज़दूरों के संगठन का काम सँभाल लिया। क्रांति-कर्म से विमुख हो जाने की उनकी प्रवृत्ति नहीं थी। उन्होंने विवाह कर लिया। पत्नी थीं प्रतिभा सान्याल। एक संतान भी हो गई लेकिन इस बार क्रांतिकारी आंदोलन के पुनगर्ठन का बड़ा काम उन्होंने अपने हाथ में ले लिया। 'हिन्दुस्तान प्रजातंत्र संघ' का गठन उनका बड़ा उद्यम था जिसका संविधान भी लिखा। यह पूरी कवायद उनके बौद्धिक क्रांतिकारी होने का अद्‌भुत साक्ष्य है। उत्तर भारत में दल के विस्तार के साथ उन्हें फिर गृह-त्याग के लिए विवश होना पड़ा। पर इस बार उनकी स्थिति भिन्न थी। उनका अपना परिवार सम्मुख था। भाई भी सोच में पड़ जाते। माता जी भी

समय-समय पर नाराज़ होतीं। शचीन्द्र दा कहते हैं, 'उस समय माता जी का अधिक दोष नहीं था। बेचारी तीस-बत्तीस वर्ष की अवस्था में ही विधवा हो गई थीं। सांसारिक सुख-शान्ति उन्हें कुछ भी न मिली थी। अंडमान से लौटने के बाद भी मैंने साधारण गृहस्थ जीवन व्यतीत करना नहीं चाहा। माता जी को आशा की थी कि शादी कर लेने से मैं गृहस्थ बन जाऊँगा। माता जी की यह आशा भी पूरी नहीं हुई। आशा-भंग की पीड़ा से एवं भविष्य की आशंका से मेरी माता सदा दुःखी रहती थीं। एक दिन की बात हो, दो दिन की बात हो तो निभा भी लें। लेकिन बारहों माह, तीसों दिन इस पारिवारिक अशान्ति के बीच जीवन व्यतीत करना कितना दुःखदायी है।'

शचीन्द्र दा उलझन में थे। यदि बच्चों को भाइयों के पास छोड़कर फ़रार होते हैं तो उन पर एक भारी बोझ पड़ेगा। यद्यपि जब उन्होंने विवाह किया था उस समय उन्होंने भाइयों से आग्रह किया था कि वे क्रांतिकारी आंदोलन में संलग्न रहेंगे और ज़रूरत पड़ने पर मेरे परिवार का भार वे उठा लेंगे। आखिर शचीन्द्र दा ने यह निश्चय कर लिया कि फ़रारी हालत में भी पत्नी-बच्चों को साथ रखेंगे। वे जब गृह-त्याग के बारे में सोचते तो गहरी चिंता में पड़ जाते। भाइयों से दूर होना और उनको सदा के लिए छोड़ जाना। उन्हें बार-बार स्नेहमयी जननी का चेहरा याद आता। वे कहते हैं, 'और किसकी जननी स्नेहमयी नहीं होती? और किस संतान को अपनी जननी से प्रेम नहीं होता? सदा के लिए ऐसी माँ और भाइयों से अलग होने की संभावना से मैं सदा दुःखी रहता था। अंत में घर से अलग होना पड़ेगा यह मैं जानता था तथापि स्नेह-बन्धन के कारण मैं उस अलग होने के दिन को सदा टालता रहता था। मैं नित्य सोचता था कि अब अलग होना पड़ेगा और फिर अलग होने के दिन को मैं टाल देता था। अपने बाल-बच्चों को तो मैंने साथ लेने का संकल्प कर ही लिया था लेकिन अपनी दुःखिनी, विधवा जननी को मैं किस प्रकार छोड़ जाता। यदि मैं इन स्नेह-बन्धनों को नहीं तोड़ सकता हूँ तो मुझे राजनीति से अलग होना पड़ता है।'

उन्होंने आगे जो कुछ कहा, उसमें माता जी की वेदना का हिला देने वाला प्रसंग है, ''माता जी के चार पुत्र थे। उनमें से एक चला जाएगा। तीन तो माता जी के पास रह जाएँगे। मुझे इतना ही संतोष रह गया था। एक दिन की बात है, माता जी प्रयाग के अर्धकुंभी के अवसर पर कल्पवास कर रही थीं। गंगा के तट पर साधु-सन्तों का जमघट था। नग्न, अर्धनग्न, चन्दन सुशोभित

तरह-तरह के वस्त्र पहने, गौर, श्याम आदि सभी वर्ण के, उच्च कोटि, मध्य कोटि, अथवा निम्नस्तर के नाना प्रकार के सहस्त्रों साधुओं के दर्शन के लिए जिज्ञासु अथवा कौतूहली सैकड़ों व्यक्ति प्रातःकाल से संध्या तक वहाँ घूमा करते थे। मैं भी इन भटकते हुए व्यक्तियों में से एक था। मेरी माता जी भी स्वतंत्र रूप से अपनी टोली के साथ साधु-सन्तों का दर्शन करती थीं। एक गौरवर्ण सौम्य मूर्ति संन्यासी के पास मैं प्रायः जाया करता था। कुछ न कहने पर भी मेरे मन के प्रश्न को यों ही समझकर इन महात्मा जी ने मुझे बहुत-सी बातें बताईं।...मेरी माता जी मेरे पहले ही इन महात्मा जी के पास पहुँची थीं और उनसे उन्होंने अपना दुःखड़ा सुनाया था कि "मेरा लड़का निषिद्ध मार्ग पर चलकर देशसेवा करना चाहता है, हज़ार बार कहती हूँ, वह मानता ही नहीं। जाने क्या धुन सवार है। एक बार आजन्म काले पानी की सज़ा हो गई थी लेकिन परमात्मा की कृपा से चार-पाँच साल में ही छुटकारा मिल गया था। फिर वही काम करना चाहता है। मैं उसे किसी तरह भी समझा नहीं पाई। आप महात्मा हैं, यदि आप दो शब्द कह देंगे तो लड़का अवश्य ही मान जाएगा। मैं बहुत दुःखी हूँ एक घड़ी के लिए भी मेरे मन में शान्ति नहीं है। मैं विधवा हूँ मेरा लड़का ही मेरा सहारा है।"

'ये सब बातें सुनकर संन्यासी जी ने माता जी से कहा कि तुम अपने लड़के को मेरे पास लेती आना। माता जी जानती थीं कि मैं भी साधु-सन्तों के पास आया-जाया करता हूँ। साधु-सन्तों से मेरी अत्यन्त प्रीति है। एक दिन माता जी ने मुझसे कहा कि चलो तुम्हें एक पहुँचे हुए महात्मा के पास ले चलती हूँ। मैं भी बड़ी उत्सुकता से साधु-दर्शन के लिए चल पड़ा तो देखता हूँ कि जिस महात्मा के पास मैं जाया करता था उसी के पास माता जी भी मुझे ले आईं। इनके पास आकर मुझे बड़ी प्रसन्नता हुई। मेरे साथ मेरी माता, मेरी पत्नी और मेरा डेढ़ साल का लड़का था। माता ने मेरी तरफ़ इशारा करने के बाद कहा कि यही मेरे पुत्र हैं जिनके सम्बन्ध में आपसे पहले कह चुकी हूँ। महात्मा जी ने माता जी को बताया कि यह तो मेरे पास पहले ही से आता है। और मुझसे कहा, "आओ पास बैठो।" कुछ बातचीत होने पर संन्यासी जी ने माता जी से कहा कि बेटी! तुम्हारे जब चार लड़के हैं, तब तो तुम्हें एक लड़के को धर्मार्थ देना ही पड़ेगा। चार में जब तीन तुम्हारे पास रहते हैं और एक धर्मार्थ जीवन व्यतीत करना चाहता है तो उस पर तुम्हारा कोई अधिकार

नहीं रह सकता। माता जी के दोनों नयन आँसुओं से भर आए लेकिन माता जी फिर भी हँस रही थीं क्योंकि वे अच्छी तरह जानती थीं कि मेरा मार्ग धर्म का मार्ग था। मैं कोई बुरा काम करने नहीं जा रहा था। माता जी तो स्नेह की पीड़ा से जर्जरित हो रही थीं फिर भी उनकी धर्म की बुद्धि जागृत थी। एक विशिष्ट साधु के मुख से उपर्युक्त वचनों को सुनकर मेरी माता जी को युगपद दु:ख, स्नेह, गौरव इत्यादि की भावनाओं के सम्मिश्रण से एक साथ हर्ष और विषाद की अनुभूति हुई। अश्रुपूर्ण नयनों से मेरी तरफ़ देखकर जब माता जी हँसने लगीं तो मैं भी हर्षोत्फुल्ल नयनों से विजयोल्लास को क्षणिक अनुभूति की दीप्ति से व्यक्त कर रहा था और सौम्य मूर्ति, गौरवर्ण उक्त महापुरुष की तरफ़ देखकर विस्मयपूर्ण, चकित दृष्टि से कृतज्ञता एवं आत्मसमर्पण की भावना को दीनता के साथ व्यक्त कर रहा था। इतने में संन्यासी जी मुझसे कहने लगे कि देखो बेटा! हिन्दू शास्त्र के अनुसार तुम्हारा यह परम कर्त्तव्य है कि जब तुमने विवाह कर लिया है तो पत्नी की अनुमति की उपेक्षा करके तुम कोई धर्म कार्य नहीं कर सकते। यह बात मैं पहले ही से जानता था। मैं यह जानता था कि आर्य धर्म के अनुसार यदि कोई संन्यासी भी होना चाहता है तो उसे न केवल अपने माता-पिता की वरन् अपनी सहधर्मिणी और दूसरे आत्मीय जनों तथा प्रतिवेशियों से भी अनुमति लेने की आवश्यकता है। इस पर मैंने महात्मा जी से कहा कि जिस दिन सर्वप्रथम मुझे अपनी पत्नी से बातचीत करने का अवसर प्राप्त हुआ था, मैंने उसी दिन अपनी सहधर्मिणी से अपना अभीष्ट कार्य करने की अनुमति ले ली थी। मैं आज भी इस बात के लिए प्रस्तुत हूँ कि यदि मेरी पत्नी मेरे अभीष्ट कार्य के लिए मुझे अनुमति नहीं देती है तो मैं उस काम को नहीं करूँगा। आप भी पूछ सकते हैं। स्वामी जी ने मेरी पत्नी से पूछा, क्यों बेटी, तुम अपने पति को इस काम के लिए अनुमति देती हो! उस बेचारी तरुणी ने कम्पायमान देहावयव के इंगित से विकसित कुसुम की नाईं हंसते हुए मुख को हिलाकर अपनी अनुमति प्रकट की लेकिन नयन पल्लवों के द्रुत संचालन के साथ आँखों से दो-चार आँसुओं की बूँदें टपक ही पड़ीं। बाल ब्रह्मचारी परमहंस परिव्राजक संन्यासी भी एक बार विचलित हो गए और बार-बार सिर हिलाकर हँसते हुए मुझसे कहने लगे, "नहीं बेटा! यह लड़की अभी बहुत छोटी है। रोते हुए जो अनुमति इसने दी है यह स्वीकार्य नहीं है।" मैंने कहा कि मैं फिर पूछ लूँगा और यह वचन देता हूँ कि यदि इसने यथार्थ

में अनुमति नहीं दी तो मैं इस काम को नहीं करूँगा।'

आखिर 1924 में शचीन्द्र दा फिर फ़रार हो गए लेकिन इस बार इलाहाबाद के अपने घर से पत्नी और बच्चों को लेकर। वे लिखते हैं, 'मैं जून महीने में इलाहाबाद से फ़रार हुआ था। इस समय मेरे मकान में मेरे सब निकट आत्मीय उपस्थित थे। मेरे मामा थे, मेरी मौसी, मौसी की एक पालित कन्या, मेरे तीनों भाई, मेरे मंझले भाई की पत्नी तथा मेरी पत्नी। कॉलेज में छुट्टी रहने के कारण मेरे मंझले भाई श्री रवीन्द्रनाथ सपरिवार इलाहाबाद आये हुए थे। जब हम सब भाई एकत्र होते थे तो पहला सप्ताह घोर वाद-विवाद में व्यतीत होता था। भोजन के लिए माता जी चिल्लाया करती थीं और हम वाद-विवाद में मस्त रहते थे। सामाजिक और राजनीतिक समस्याओं की मीमांसा किए बिना खाने कौन जाय।...रवीन्द्रनाथ जानते थे कि मैं निषिद्ध मार्ग पर, संकटपूर्ण रास्ते से, राजनीतिक क्षेत्र में अग्रसर हो रहा था। एक दिन रवीन्द्रनाथ से फिर वही पुरानी बहस शुरू हो गई। एक बड़े कमरे में हम पाँच व्यक्ति उपस्थित थे। रवीन्द्रनाथ को छोड़कर मेरे मामा और मेरी माता जी भी बहस में भाग ले रही थीं। मेरी पत्नी कुछ दूरी पर बैठी हुई हम लोगों की बातें ध्यान से सुन रही थी। जैसा हुआ करता है, बातचीत यों ही शुरू हुई और धीरे-धीरे उसने गम्भीर रूप धारण कर लिया। मेरी माता जी एक पढ़ी-लिखी और समझदार स्त्री थीं। राजनीतिक और सामाजिक बातों में भी उनके विचार बहुत स्वच्छ एवं निर्भीक थे। माता जी से स्नेहावरण के कारण सत्यता नहीं छिपती थी। रवीन्द्रनाथ ने यद्यपि इतिहास में एम.ए. पास किया था तथापि राजनीतिक मामलों में उनके विचार माता जी की नाईं स्वच्छ एवं निष्पक्ष नहीं थे। रवीन्द्रनाथ स्नेहावेश में आकर सत्य की मर्यादा का उल्लंघन करते थे। मेरे मामा जी भी परम स्नेहवश रवीन्द्रनाथ के ही पक्ष का समर्थन कर रहे थे। मेरी माता जी, मामा जी एवं रवीन्द्रनाथ मुझे विद्रोही के कठोर, अग्निमय, विनाशकारी मार्ग में जाने से रोकते थे।'

'रवीन्द्रनाथ के बताने पर कि मैं अनुचित मार्ग पर जा रहा हूँ मैंने माता जी से पूछा, "क्यों माता जी! क्या तुम भी ऐसा ही समझती हो?" माता जी ने मृदु-मृदु हँसते हुए कहा कि, "नहीं मैं ऐसा नहीं समझती हूँ। मैं यह नहीं कह सकती कि तुम गलत रास्ते पर जा रहे हो। मैं केवल इतना ही कहना जानती हूँ कि अब मुझसे सहा नहीं जाता। आज भी मेरे सामने वह दृश्य भयानक

आतंक की सृष्टि करता है जो कि मज़दूरिन ने आकर तुम्हारी पहली गिरफ़्तारी के दिन कहा था। कपड़े का खूँट तुम्हारे गले में लिपटा है, हथकड़ी से दोनों हाथ बँधे हुए हैं, एक वस्त्र लेकर थाने की हवालात को तुम जा रहे हो।''... यह सन् 1915 की बात थी। राजनीतिक षड्यंत्र के मामले में यह मेरी पहली गिरफ़्तारी थी। उस दृश्य का वर्णन करते-करते माता जी का सुन्दर मुखावयव ऐसा गम्भीर और कोमल हो गया जैसे वर्षणोन्मुख घन-विन्यस्त बादल होते हैं। अभी तक हमारी बातचीत में कुछ ऊष्मा थी, कुछ हास-उपहास, कुछ व्यंग्य, कुछ छेड़-छोड़ थी। अब सबके चेहरों पर कुछ गम्भीरता आ गई। माता जी ने मेरा नाम लेकर पूछा, ''क्या तुम्हें डर नहीं मालूम होता? क्या वे काले पानी के दृश्य याद नहीं आते?'' मैंने सरलतापूर्वक कहा, ''माता जी! मुझे आज भी वे दृश्य स्पष्ट और मर्मान्तक रूप से याद हैं, उनसे मैं विचलित भी हो जाता हूँ, डर भी मालूम होता है। जेल का भोजन, जेल अधिकारियों के तिक्त और निष्ठुर व्यवहार—ये सब बातें स्मरण आते ही रोम खड़े हो जाते हैं। और जिस मार्ग पर मैं चल रहा हूँ उसका अन्तिम परिणाम मेरे लिए कुछ अच्छा नहीं है, यह भी सत्य है। परन्तु यह सब जानते हुए भी मैं कर्त्तव्य-पथ से कैसे हट जाऊँ? यदि भारत को स्वाधीन होना है तो मेरे जैसे शत-सहस्र युवकों को ऐसे निर्मम निर्यातन सहने ही पड़ेंगे। जिस रास्ते पर मैं जा रहा हूँ केवल इसी रास्ते से ही भारत स्वाधीन हो सकता है और दूसरा रास्ता नहीं है।''

''मेरी इस बात ने और माता जी के हार्दिक व्यथापूर्ण मौन समर्थन ने विवाद कारा अन्त कर दिया। माता जी की बात ने मानो हम सब भाइयों के मन को झकझोर डाला। वृष्टि से जो पहले ही भलीभाँति आर्द्र हो चुका हो ऐसे वृक्ष को झकझोरने से जैसे उसके पत्तों से एकदम बूँदों की बौछार होने लगती है वैसे ही हम चारों के नयनों से नीर की बौछार होने लगी। रोते-रोते अपूर्ण उच्चारण से मैंने कह दिया कि मेरे निकल जाने की सब तैयारी हो चुकी है। मैं अब वृथा कालक्षेप न करके निकल पड़ूँगा। उस समय यह नहीं मालूम पड़ता था कि कौन, किसे सान्त्वना दे। घंटेभर की ऊष्मा वाष्पाकार में परिणत हो गई। अव्यक्त एवं अवर्णनीय स्नेह ने आँसुओं का रूप ग्रहण कर लिया। मानो हम परस्पर और निकटवर्ती हो गए। पता नहीं मेरी तरुणी भार्या पर क्या बीत रही थी। गोद में बच्चों को लिये हुए बेचारी हर क्षण एकाग्रचित्त होकर बैठी

हमारी बातें सुन रही थी। पता नहीं अपने भाग्य को कोसती थी या सराहती थी। अथवा अनिश्चित विपद् की आशंका से भय-विह्वल हो रही थी।...मैंने दो नन्हे-नन्हे बच्चों और तरुणी भार्या को साथ लेकर ब्रिटिश शासन के विरुद्ध विद्रोह करने के लिए फ़रार होने का साहस किया। अज्ञात दिशा में जाना था, इसलिए मौसी की पालित कन्या से प्रार्थना की कि थोड़े दिनों के लिए तो आप मेरे साथ हो लीजिए। घर के सब लोगों ने इस बात को स्वीकार कर लिया। नूटू दीदी मेरे साथ चलने को तैयार हो गईं। पुलिस की दृष्टि से बचना था। बाल-बच्चे, असबाब, बिस्तरे लेकर पुलिस की निगाह से बचाकर रेलवे स्टेशन से चलना है। स्टेशन पर पुलिस की सख्त निगरानी है। इलाहाबाद में पुलिस मुझसे ज़्यादा और किसे पहचानती थी? मेरे भाई और बच्चों को लेकर स्टेशन के लिए रवाना होने लगे। मैं उस समय घर में था। माता जी की सहन-शक्ति अन्तिम सीमा तक आ पहुँची थी। जितना रोती थीं उससे कहीं अधिक उनकी देह दुःखावेश में हिल रही थी। होंठ काँप रहे थे, ठोड़ी संकुचित-विकुचित हो रही थी। भौंहें कुंचित थीं, आँसू अविराम टपक रहे थे। द्वार तक आकर जब माता जी मेरे बच्चे को लेकर गाड़ी पर चढ़ने लगीं तो वह बहुत रोने लगीं। मेरा दो साल का बच्चा झुक-झुककर बार-बार माता जी का मुँह देख रहा था। बुद्धदेव को महाभिनिष्क्रमण के समय ऐसा दृश्य देखना नहीं पड़ा था।'

शचीन्द्र दा सीधे स्टेशन नहीं गए। वे बचते-बचाते किसी दूसरे मार्ग से रेल के डिब्बे में जा पहुँचे जबकि उनके मामा जी और भाइयों ने उनकी पत्नी और बच्चों को ट्रेन में सवार करा दिया।

अब वे चल पड़े चन्द्रनगर की ओर, जहाँ ठहरने की उन्होंने व्यवस्था कर ली थी। लेकिन उस जगह पहुँचने पर नज़ारा दूसरा ही था। परिचित नरेन्द्रनाथ बनर्जी उन्हें आश्रय देने को तैयार न थे। पत्नी ने यह जो दृश्य देखा तो बहुत निराश हुईं। बोलीं, ''इन्हीं आदमियों के सहारे इतना बड़ा काम करने जा रहे हो?'' शचीन्द्र दा कुछ नहीं बोले। फिर धीरे से कहा कि कोई परवाह नहीं है अभी दूसरा बन्दोबस्त हुआ जाता है। कहने को कह तो दिया उन्होंने, पर होगा क्या? साथ में पत्नी, तीन महीने की एक शिशु कन्या और दो साल का बालक जो भूख से व्याकुल हुआ जा रहा था। पास में दूध था नहीं। शिशु कन्या की क्षुधा तो माँ के स्तनपान से शांत हो गई थी लेकिन बेटा निरन्तर रो रहा था। ऐसे में घर

से चलते समय शचीन्द्र दा की माँ ने जो रसगुल्ले बाँध दिए थे वे उसे खाने को दिए, पर उसके मुँह से पहली बार निकला, ''दूध दाओ!'' ये शब्द उसने पहली बार बोले थे जो शचीन्द्र दा और उनकी पत्नी की बेचैनी बढ़ाने के लिए पर्याप्त थे। किसी तरह वहाँ मिले बाबू श्रीषचन्द्र घोष जो क्रांतिकारी दल के बचे-खुचे साथियों में थे। उन्होंने थोड़े समय के लिए आश्रय दिया और बाद को नज़दीक के श्रीरामपुर में रहने के लिए मकान खोज लिया।

पीछे घर पर रह गई थीं माँ। कैसे समय व्यतीत किया होगा उन्होंने। चार पुत्रों की वह जननी असमय विधवा हो गई थी। कितने कष्टों से पाला था अपनी संतानों को। शचीन्द्र दा तो पहले ही बनारस मामले में आजीवन सज़ा के लिए काला पानी गए लेकिन जल्दी रिहा हो गए। बाद को काकोरी के मुकदमे में शचीन्द्र दा और भूपेन्द्र को सज़ा हो गई। भूपेन्द्र की कम उम्र के कारण वह काकोरी केस के समय अक्सर चिन्तित रहती थीं। पुत्रों का यह विछोह और कष्ट सहते-झेलते आखिर वह माँ 1928 में चल बसीं। शचीन्द्र दा को यह दु:खद समाचार लखनऊ जेल में मिला तो वे गहरी पीड़ा से भर गए। 8 अप्रैल, 1928 को अपने भाई रवीन्द्रनाथ को एक पत्र में उन्होंने लिखा, 'माँ के चेहरे पर वियोग व कष्ट की पूरी झलक मिलती थी। वह माँ होते हुए भी जैसे मुझसे कुछ माँग रही थी। वह कितनी असहाय दिखाई दे रही थी और हम सब कितने असहाय हैं। मैंने कई माताओं के जीवन के अंतिम दिनों में उनकी सेवा की है। परन्तु यह मेरा दुर्भाग्य है कि मैं अपनी प्यारी माँ के अंतिम दिनों में उसके पास नहीं रह पाया। मैं दोषी हूँ और मुझे अपने दोष की सज़ा मिली है। लगता है कि मेरे सांसारिक जीवन का सर्वाधिक महत्त्वपूर्ण आकर्षण समाप्त हो गया। मैं उसे बहुत प्यार करता था। लेकिन मैं इस प्यार को अभिव्यक्त नहीं कर पाया।...सोचता हूँ कि मैं अपनी लायक माँ का एक नालायक बेटा हूँ। उसने अपने बच्चों के लिए कितना त्याग किया व कष्ट सहे। उसने हमारी भावनाओं का आदर किया और हमारी राजनीतिक गतिविधियों के औचित्य पर कोई प्रश्न नहीं किया। यही नहीं बल्कि नैतिक संकट के समय उसने हमारा समर्थन किया। हमारी माँ जैसी मातायें भारत में बहुत कम हैं।...मुझे बताना कि माँ के अंतिम दिनों में उससे तुम्हारी क्या बातचीत हुई।'

मुझे नहीं पता कि रवीन्द्रनाथ ने अपनी माँ के अंतिम दिनों का कोई

हाल अथवा उनसे हुई चर्चा का विवरण शचीन्द्र दा को लिखा या नहीं। हमारे पास उसे जानने का ज़रिया भी नहीं है। हाँ, लखनऊ के केन्द्रीय कारागार से शचीन्द्र दा ने माँ के नाम एक पत्र लिखा था। यह मूल रूप से अंग्रेज़ी में है—

मार्फ़त
अधीक्षक
केन्द्रीय कारागार,
लखनऊ
30.1.1927

मेरी प्यारी माँ,
इस बार मैंने अंग्रेज़ी में लिखना इसलिए चुना है क्योंकि इन रियासतों की जेलों में बंगाली में ख़त लिखना बड़ी उलझन भरा है। बहरहाल, आप मुझे हिन्दी में ही जवाब भेजें और जल्दी भेजें। वो सात अंग्रेज़ी किताबें और 50 रुपए मुझे मिल गए हैं। *जगत कथा* सेंसर के लिए सीआईडी को भेज दी गई है। अब मुझे मुलाकात का मौका 9 नवम्बर के बाद ही मिलेगा। मैं तो कहता हूँ कि आप इस बार मत आइएगा। माँ, मैं जानता हूँ कि एक-दूसरे को देखना कैसा होता है, मगर यह सुख और दुख एक ही समय भोगने जैसा है। ओ माँ, मैं जानता हूँ कि आपने अपनी पूरी ज़िन्दगी मुसीबतें उठाई हैं। आपने हमारे लड़कपन के दिनों से ही एक फ़रिश्ते ही तरह हमारी देखभाल की और बहुत मुश्किल दौर में भी तमाम उलझनों और तनाव के बावजूद हमें राह दिखाई। आज हम जो कुछ भी हैं आपकी देखभाल और फ़रिश्ते जैसी उस हिफ़ाज़त के कारण ही हैं। ओ माँ, आपके और परिवार के मामले में मैंने जो भी ग़लतियाँ की हैं उनके लिए मुझे माफ़ कर दें। मैं ईश्वर से प्रार्थना करता हूँ कि वो आप पर और हम सब पर दया करे। माँ, अपने दिन पढ़ने और सोचने में बिता रहा हूँ मगर कभी-कभी मुझमें एक ख़ास तरह की पीड़ा और दुख उमड़ पड़ता है जिसे मैं ठीक से परिभाषित नहीं कर सकता। कृपा कर... से कहें कि जितेन के साथ आकर मुझसे मिल लें और

> अगर मुमकिन हो तो प्रिया कुमार से कहें कि वो भी उनके साथ आ जाएँ। मुझे नहीं पता कि इस साल दुर्गा पूजा कब मनाई जाएगी? जितेन को लिखे मेरे ख़त से आपको और बातें पता चल जाएँगी। कृपा कर मेरा श्रद्धापूर्ण प्रणाम स्वीकार करें, मासीमा और बोदीदी को भी प्रणाम कहिएगा। मेरे सभी छोटों को मेरा प्यार दें। जवाब जल्द दीजिएगा। आपके आशीष का अभिलाषी
> आपका बहुत चहेता
> शचीन्द्र
>
> (अनुवाद : मुशाहिद रफ़त)

इसके बाद लखनऊ जेल से शचीन्द्र दा का स्थानान्तरण नैनी जेल इलाहाबाद कर दिया गया। उस समय उनके भाई जितेन्द्रनाथ पर लाहौर षड्यंत्र का मुकदमा चल रहा था। उस समय उन्होंने जितेन्द्रनाथ को लिखे एक पत्र में उन अच्छे दिनों की स्मृति का उल्लेख किया था जब उन्हें पुत्र रंजीत की प्राप्ति हुई थी। बहुत भावुक होकर उन्होंने कहा था कि किसी दिन हम चारों भाई घर में पुनः एक साथ हो सकते हैं, संभवतः हालात भी सुखद हों परन्तु प्यारी माँ नहीं होंगी।

माँ का निधन 1928 के अप्रैल महीने की किसी तारीख़ को हो गया था।

हमें यह जानकारी तो मिलती है कि अंडमान जेल से शचीन्द्र दा ने अपनी माँ और भाई रवीन्द्रनाथ को पत्र लिखे, पर वे देखने-पढ़ने के लिए उपलब्ध नहीं हो सके। यद्यपि उनमें से कुछ उनके परिवार के सदस्यों के पास थे। शायद उस सामग्री का कुछ अंश लखनऊ के राज्य अभिलेखागार में हो। इन पत्रों में अवश्य उस माँ का चेहरा अपनी सम्पूर्ण सहृदयता और साहस के साथ बोलता-झाँकता होगा जिसका हम केवल अनुमान कर सकते हैं। माँ ने भी शचीन्द्र दा को जो पत्र अंडमान भेजे थे, उनमें सिर्फ़ अपने बेटे की ही चिंता उन्हें नहीं रहती थी बल्कि वहाँ उन दिनों बंदी दूसरे क्रांतिकारियों के प्रति उनके स्नेह की धारा बही होती थी।

इसी 'युगान्तकारी माँ' पर सितम्बर, 1928 के *किरती* में एक सम्पादकीय नोट लिखा गया था—

> हमारे पाठक हिन्दुस्तान के प्रमुख युगान्तकारी श्री शचीन्द्रनाथ सान्याल जी के नाम-काम से अच्छी तरह परिचित हैं। हम उनका चित्र भी

किरती में प्रकाशित कर चुके हैं। उनका सम्पूर्ण परिवार ही युगान्तकारी है। 1914-15 वाले गदर आन्दोलन में उनके दो भाई गिरफ़्तार किये गये थे, जिनमें से एक नज़रबन्द हैं और दूसरे को दो साल की कैद हुई और स्वयं उन्हें आजीवन कारावास की सज़ाएँ हो गयी थीं। अब उन्हें काकोरी में फिर आजीवन कैद की सज़ा हो गयी है। साथ ही उनके सबसे छोटे भाई श्री भूपेन्द्रनाथ सान्याल जी को पाँच बरस की कैद हो गयी है। यह भी अपने बड़े भाइयों की तरह दिलेर हैं और खुशदिल रहने वाले हैं।

ऐसे वीर पुत्रों की जननी माँ धन्य है। लेकिन हमें अफ़सोस के साथ कहना पड़ रहा है कि 52 साल की उम्र से लगभग एक माह पूर्व उनका देहान्त हो गया था। वह कोई सामान्य स्त्री नहीं थीं। वह स्वयं भी पढ़ी-लिखी और क्रांतिकारी विचारों वाली थीं।

इनका जन्म बंगाल के सबसे अधिक शिक्षित विद्वान और भक्ति के गढ़ शान्तिपुर के एक बड़े परिवार में हुआ। इनके एक बहन और एक भाई और थे। इनके बड़े भाई श्री योगेशचन्द्र राय अब तक जीवित हैं। वे 1907 के स्वदेशी आन्दोलन में काफ़ी सक्रिय रूप से काम करने वालों में हैं। बाद में राजपरिवर्तनकारी आन्दोलनों के सम्बन्ध में उनकी अनेकों बार तलाशियां हुईं और पुलिस उनके पीछे लगी रहती थी।

श्री शचीन्द्रनाथ की माता श्रीमती क्षीरोदवासिनी देवी काफ़ी शिक्षित थीं। आपको पढ़ाई में अव्वल होने की वजह से वज़ीफ़ा मिलता रहा। आप हमेशा समाचार पत्र, पत्रिकाएँ और नयी-नयी पुस्तकें पढ़ती रहती थीं। श्री शचीन्द्र के पिता श्री हरिनाथ सान्याल भी स्वदेशी आन्दोलन के सक्रिय समर्थक थे। 1907 के स्वदेशी आन्दोलन के बहुत पहले से ही वह स्वेदशी वस्तुओं का ही उपयोग करने लगे थे। श्री शचीन्द्र की माता उनके ऐसे विचारों और कार्यों में बहुत सहायता करती थीं और स्वदेशी आन्दोलन चलने पर दोनों इसी काम में लग गये। हालाँकि हरिनाथ सान्याल सरकारी नौकरी में थे और अच्छा-खासा वेतन पाते थे। श्रीमती क्षीरोदवासिनी देवी अपने बच्चों को घर में स्वयं पढ़ाती

थीं। स्वदेशी आन्दोलन के बाद में उन्होंने स्वयं ही अपने पुत्रों को अनुशीलन समिति में भर्ती करवाया। अनुशीलन समिति बंगाल की एक पार्टी थी, जो उस समय तक खुफ़िया राजपरिवर्तनकारी दल नहीं बनी थी, लेकिन बाद में वही सबसे बड़ी और शक्तिशाली राजपरिवर्तनकारी पार्टी बन गयी थी।

बाद में माँ को यह भी पता लग गया कि शचीन्द्र युगान्तकारी दल में शामिल हुआ है। लेकिन वह कभी घबरायी नहीं, बल्कि हमेशा उनसे सहानुभूतिपूर्वक व्यवहार करती थीं। वह प्रसन्न थीं कि उनका बेटा देश-सेवा में संलग्न है।

उनके सहानुभूतिपूर्ण व्यवहार के कारण काफ़ी दूर-दूर से युगान्तकारी उनके दर्शनों के लिए आते थे। उनमें श्री रासबिहारी बोस, हिन्दुस्तान के राजपरिवर्तनकारी शहीदों के सिरमौर श्री जतीन्द्रनाथ मुकर्जी तथा श्री शशांक हाजरा आदि शामिल थे। वह बंगाल के युगान्तकारियों में 'युगान्तकारी माँ' के रूप में मशहूर थीं। दूर अंडमान के बन्दियों के बीच भी उनकी ख्याति पहुँच चुकी थी।

1915 में जब गदर पार्टी ने चारों तरफ़ ज़बर्दस्त बगावत करने की तैयारियाँ की थीं, उस समय श्री शचीन्द्रनाथ सान्याल और उनके दोनों युवा भाई इस काम में जुटे हुए थे। स्मरण रहे कि इनके पिता का देहावसान हो चुका था। इस कारण परिवार का बोझ भी इनके सिर आ पड़ा। जब फ़रवरी में विद्रोह पैदा करने की तारीख भी तय हो चुकी थी, तब इन भाइयों में आपस में विवाद चल पड़ा कि कौन पीछे रहकर परिवार की देखभाल करे, क्योंकि कोई भी पीछे रहने के लिए सहमत नहीं होना चाहता था। दोनों की यह इच्छा थी कि देश के स्वतन्त्रता-संघर्ष में वे सक्रिय रूप से मैदान में कूद पड़ें। तब उनकी वीर माता ने आगे आकर कहा कि वह किसी की राह में नहीं आना चाहतीं, जिस किसी की भी इच्छा हो, वह उनकी चिन्ता छोड़कर देश-सेवा के कार्य में जुट जाये।

पर वह सारा काम तो बीच में ही रह गया। गदर की सारी योजना फ़ेल हो गयी। मुकद्दमा चला। श्री शचीन्द्रनाथ सान्याल को आजीवन कैद हो गयी। जब वह बनारस जेल से अंडमान (काले पानी) भेजे

गये, उस समय उनकी आयु 22 बरस की थी। माँ उनसे मिलने गयीं और प्रसन्नतापूर्वक कहा, ''मेरा पुत्र सचमुच संन्यासी हो गया है। मैं बहुत प्रसन्न हूँ कि उसने अपना जीवन देश-सेवा के लिए अर्पित कर दिया है।'' इसके पश्चात् पुलिस उनका पीछा करने लगी और बहुत परेशान करती रही।

जब काकोरी केस चला और उनका छोटा पुत्र श्री भूपेन्द्रनाथ सान्याल भी गिरफ़्तार कर लिया गया तो इनको बहुत घबराहट हुई, क्योंकि वह अभी बिलकुल बच्चा था और पढ़ रहा था। ज़्यादा चिन्ता यह थी कि संकट में कहीं वह घबरा न जाये। लेकिन मालूम हुआ कि वह जेल में बिलकुल निश्चिन्तता से रह रहा है। इस बात से इन्हें बहुत खुशी हासिल हुई। कहने लगीं, ''मुझे अपने भूपेन्द्र से यही आशाएँ थीं।'' लेकिन उनका सारा जीवन कठिनाइयों में ही गुज़र गया। उन्हें कभी चैन का समय ही नहीं मिला। देखते-देखते काकोरी का मुकद्दमा समाप्त हो गया और कोई ठोस सबूत न मिलने के बावजूद श्री शचीन्द्रनाथ सान्याल को आजीवन कैद और भूपेन्द्रनाथ को पाँच साल की सज़ा हो गयी। यह झटका उनसे बर्दाश्त न हो सका। यह चोट उनसे सही न गयी। वह फिर कभी न संभल सकीं। लेकिन अपने पुत्रों पर उन्हें बहुत फ़ख्र रहा। उन्होंने शचीन्द्रनाथ सान्याल को अपने अन्तिम पत्र में लिखा था कि दुनियादारी के हिसाब से भले ही मैं बहुत गरीब हूँ, लेकिन मेरे-जैसा अमीर कौन है जिसके पुत्र सत्यपथ पर चल रहे हैं और देश-सेवा में जिन्होंने अपनी ज़िन्दगियाँ अर्पण कर दी हैं, मुझे अपने पर बहुत नाज़ है।

आह! ऐसी और कितनी माताएँ आज हमारे देश में हैं? धन्य है यह माँ और धन्य-धन्य हैं इनके सुपुत्र!

शचीन्द्र दा की माँ क्षीरोदवासिनी देवी के न रहने के बाद से करीब अर्द्धशती का समय गुज़र चुका है लेकिन उस 'युगान्तकारी माँ' की फिर किसी को याद नहीं आई।

क्रांतिकारी
सुखदेव

1928 में लाहौर षड्यंत्र केस के नाम से चले मामले में सुखदेव सर्वप्रमुख थे। मुकदमे का ट्रायल 'द क्राउन बनाम सुखदेव तथा अन्य' के नाम से चला था। इसमें भगतसिंह, राजगुरु, महावीर सिंह, विजय कुमार सिन्हा, जयदेव कपूर, शिव वर्मा, पं. किशोरीलाल, डॉ. गयाप्रसाद और अजय घोष जैसे कई क्रांतिकारी थे। इनमें फाँसी की सज़ा सुखदेव, भगतसिंह और राजगुरु को मिली, जबकि उससे पहले दिल्ली में चले असेम्बली बम केस में भगतसिंह और बटुकेश्वर दत्त को आजीवन कारावास हुआ। सुखदेव पंजाब के रहने वाले थे और भगतसिंह के सबसे करीबी दोस्त भी। 8 अप्रैल, 1929 को दिल्ली की केन्द्रीय असेम्बली में बम फेंके जाने के लिए भगतसिंह को प्रेरित करने वाले सुखदेव ही थे। उनका कहना था कि इस 'एक्शन' को किए जाने के बाद बयान देने तथा अदालत में अपना पक्ष रखने के लिए सर्वाधिक उपयुक्त भगतसिंह ही हैं और समय ने उनकी दलील को सच साबित किया। यद्यपि भगतसिंह की पारिवारिक पृष्ठभूमि देशभक्ति से जुड़े लोगों की थी फिर भी उन्हें बनाने-गढ़ने में सुखदेव की भूमिका से इनकार नहीं किया जा सकता। सुखदेव अपने साथी भगतसिंह को बहुत चाहते थे। उनके मध्य की वैचारिक बहस हमारे क्रांतिकारी इतिहास का दुर्लभ अध्याय हैं। भगतसिंह और सुखदेव का दोस्ताना ऐसा कि देश की आज़ादी के लिए वे दोनों एक साथ लाहौर की जेल में फाँसी चढ़ गए। सुखदेव को माँ रल्लीदेई ने जन्म दिया था लेकिन पिता के अभाव में उन्हें पाला-पोसा था उनके ताया चिन्तराम ने।

और सुखदेव की माँ भी कैसी अनोखी जो उनके क्रांतिकारी मार्ग में सहायक और प्रेरक बन कर मज़बूती से खड़ी रहीं। 23 मार्च, 1931 को लाहौर जेल में सुखदेव के फाँसी चढ़ने को माँ रल्लीदेई ने अद्‌भुत साहस के साथ झेला और वे बाद को अपने जीवन के अंतिम क्षणों तक अपने इस शहीद पुत्र की यादों के सहारे मरते-मरते ज़िंदा बनी रहीं। वर्ष 1948 के किसी दिन रल्लीदेई नहीं रहीं तो पंजाब की इस माँ का नाम लेने वाला फिर कोई हमारे बीच नहीं रहा। भला हो सुखदेव के भाई मथरा दास थापर का जिन्होंने 'अनेकों में एक: अमर शहीद सुखदेव' पुस्तक लिखकर उस भावुक यादनामे को हमें सौंप दिया जिसमें तथ्यपूर्ण ढंग से सुखदेव का जीवन और उस माँ की साँसों का सफ़ीना दर्ज है।

शहीद सुखदेव की माँ रल्लीदेई

यात्रा-कथा रल्लीदेई की

शहीद सुखदेव की माँ रल्लीदेई ढलती उम्र में सिर पर ओढ़नी का पल्लू डाले जैसे मेरे सम्मुख खामोश खड़ी हैं। उनके शांत चेहरे को देखकर लगता है कि उनकी आँखें अब तक किसी की प्रतीक्षा में रत हैं। गोया वे आसमान की ओर निहार रही हैं। उनके होंठों से शब्द नहीं फूटते। लगता है कि मौन वहाँ स्थायी भाव हो चुका है। सुखदेव की माँ की इस तस्वीर को देखकर मैं हर बार विचलित होते हुए उस एक वाकये को याद करता हूँ जब सुखदेव के चाचा लाला चिन्तराम थापर ने पंजाब सरकार के चीफ़ सेक्रेटरी को एक पत्र में लिखा था, 'मैं सुखदेव से लाहौर सेन्ट्रल जेल में 2 मार्च को मिला था। उसने मुझसे कहा था कि मैंने अपनी माता के पास हिन्दी में एक चिट्ठी लिखी है, जो डिप्टी सुपरिण्टेण्डेण्ट साहब के पास है। डिप्टी सुपरिण्टेण्डेण्ट साहब वहीं पर मौजूद थे। उन्होंने मुझसे कहा कि बातचीत समाप्त कर जब आप जाने लगेंगे, तो वह चिट्ठी मैं आपको दे दूँगा। बातचीत समाप्त कर जब मैंने उनसे चिट्ठी माँगी, तो उन्होंने कहा कि यद्यपि चिट्ठी में कोई ऐसी बात नहीं है, जिससे वह रोकी जा सके, तो भी मैं सुपरिण्टेण्डेण्ट साहब को दिखा कर दे दूँगा। आप दूसरे दिन किसी आदमी को भेज दीजिएगा। दूसरे दिन मैंने अपने पुत्र मथरादास को चिट्ठी के लिए भेजा। उससे कहा गया कि चिट्ठी अभी

सुपरिण्टेण्डेण्ट साहब को नहीं दिखाई गई है। सुखदेव की वह चिट्ठी प्राप्त करने में इस प्रकार असफल हो मैं लाहौर से लायलपुर चला आया। कुछ दिनों के बाद जेल के अधिकारियों ने मुझे सूचना दी कि 23 मार्च तक सुखदेव से मैं मिल सकता हूँ। यह सूचना पाकर मैं 23 मार्च को सेन्ट्रल जेल गया, और डिप्टी सुपरिण्टेण्डेण्ट से, सुखदेव की चिट्ठी लौटा देने के लिए फिर कहा। उन्होंने कहा कि क़ैदी से मिलने की बात पहले तय हो जानी चाहिए, उसके बाद चिट्ठी लौटा दी जायेगी। किन्तु सुखदेव से अन्तिम बार भेंट करने में भी इतनी बाधाएँ उपस्थित की गईं कि मुझे तथा सुखदेव के अन्य सम्बन्धियों को, बिना उससे भेंट किए ही लौट आना पड़ा। 24 मार्च को डिप्टी सुपरिण्टेण्डेण्ट से मैं फिर मिला और मैंने एक टाइप की हुई चिट्ठी उन्हें दी, जिसमें सुखदेव की किताबें तथा उसकी चिट्ठी माँगी गई थी। उन्होंने चिट्ठी पढ़कर कहा कि चिट्ठी तथा किताबें बहुत शीघ्र लायलपुर के पते पर लौटा दी जायेंगी। डिप्टी सुपरिण्टेण्डेण्ट के यहाँ से मैं सीधे जेल के सुपरिण्टेण्डेण्ट के बंगले पर गया, और सुखदेव की चिट्ठी तथा किताबें लौटाने के सम्बन्ध में उनसे प्रार्थना की। सुखदेव की माता इस चिट्ठी के लिए बड़ी उत्सुक थीं। सुपरिण्टेण्डेण्ट साहब ने मुझे विश्वास दिलाया कि ये चीज़ें बहुत जल्द लायलपुर भेज दी जायेंगी। 31 मार्च तक प्रतीक्षा करता रहा, किन्तु जेल के अधिकारियों ने मुझे कोई सूचना नहीं दी। पहली अप्रैल को मैंने जेल अधिकारियों के पास इस सम्बन्ध में एक पत्र लिखा और होम सेक्रेटरी के पास भी मैंने एक लम्बी चिट्ठी लिखी। हमारी इतनी कोशिश-पैरवी के बाद 21 अप्रैल को मुझे यह रूखा जवाब मिला कि सुखदेव ने कोई चिट्ठी लिख कर नहीं दी है। इस उत्तर से मानो मेरे पैरों के नीचे से पृथ्वी खिसक गई। मैं बहुत ही क्षुब्ध हुआ। फाँसी के दिन सरदार भगतसिंह, श्री सुखदेव और श्री राजगुरु ने जो चिट्ठियाँ लिखी थीं, उनके सम्बन्ध में भी आपका ध्यान आकर्षित कराना अनुचित नहीं होगा। इन चिट्ठियों के सम्बन्ध में मुझे एक उच्च कर्मचारी के सम्बन्धी से पता चला है। मैं अपनी बातों के प्रमाण के कागज़ात पेश कर सकता हूँ। मैंने 29 मार्च को होम सेक्रेटरी के पास इन चिट्ठियों के सम्बन्ध में लिखा था, किन्तु उन्होंने यह रूखा जवाब दिया कि कैदियों ने कोई पत्र नहीं लिखा था। मैं प्रार्थना करता हूँ कि इस मामले की जाँच की जाये और उसका जो नतीजा निकले उसकी सूचना मुझे दी जाये।'

लाला अचिन्तराम के इस पूरे पत्र-व्यवहार को यहाँ देना इसलिए ज़रूरी

लगा कि जेल से सुखदेव की माँ के नाम लिखी अन्तिम चिट्ठी की रल्लीदेई जीवन भर प्रतीक्षा करती रहीं और हम स्वयं सुखदेव के लिखे माँ के भावों को पढ़ने-जानने से वंचित रह गये। सत्ताधारियों की निष्ठुरता का यह अकेला उदाहरण नहीं है। यह वही माँ थी जिसने साण्डर्स-वध के बाद चन्द्रशेखर आज़ाद और क्रांतिकारी पं. किशोरी लाल को लाहौर से बाहर निकाला था जबकि भगतसिंह को इस शहर से कलकत्ता तक सुरक्षित पहुँचाने वाली क्रांतिकारिणी दुर्गा भाभी थीं।

सुखदेव का बचपन बहुत सामान्य तरह से गुज़रा। खेलने-कूदने में उनकी रुचि थी सो पड़ोस के बच्चे घर पर आ जाते। माँ रल्लीदेई सभी को बैठाकर देशभक्ति की कहानियाँ सुनातीं। सुखदेव यह सब बड़े मनोयोग से सुनते। इससे उन्हें बड़ी प्रेरणा मिलती और सोचने लगते कि बड़े होकर वे इसी तरह का कुछ बनेंगे यानी वीर, साहसी और देशभक्त। घर में दूध-मट्ठा खूब होता था। सुखदेव के भाई मथरादास थापर के अनुसार, उनके घर में एक मुसलमान दाई का बहुत आना-जाना था। सभी बच्चों का जन्म उसी ने कराया था। बच्चों को नहलाना, उनकी मालिश करना और जच्चाओं की सेवा करना उसका ही काम था। एक थी रहीमन तेलिन। सुखदेव की माँ उसे भी बहुत प्यार करती थीं। माँ उसे बहुत चाहती थीं। बहुत-सा घरेलू काम उसी से करा लिया करती थीं। ये दोनों औरतें पड़ोस में ही रहा करती थीं। सुखदेव को रहीमन तेलिन से कुछ अधिक ही लगाव था। सुखदेव स्कूल जाने को होते उसी समय माँ खिड़की से आवाज़ लगाती, ''अरी, रहीमन! दही-मट्ठा तैयार है। आकर ले जा।'' सुनकर सुखदेव कहते, ''रहीमन चाची ऊपर चढ़कर आएंगी। उन्हें क्यों तकलीफ़ देती हो? मुझे लोटा दे दो। मैं पकड़ा आऊँगा।''

यह था सुखदेव का स्वभाव। वे ज़िद्दी भी थे और शरारती भी। एक बार अपने मित्र जयदेव के साथ उनका हँसी-ठट्टा चल रहा था। दोनों चिन्योट बाज़ार से गुज़र रहे थे कि सुखदेव ने एक घोड़े को खड़े देखा। वे ज्यों ही उसके पास पहुँचे कि जयदेव को घोड़े की तरफ़ धकेल दिया। इससे जयदेव का पैर कुचल गया। दीवाली पर मिठाइयाँ, तस्वीरें खरीदी जातीं। सुखदेव को सिर्फ़ लक्ष्मीबाई की तस्वीर पसन्द थी। वे वही खरीदते और माँ को दिखाकर उत्साह से कहते, ''माँ, देख यह लक्ष्मीबाई है। झाँसी की रानी। इसने अंग्रेज़ों से लोहा लिया था। कितनी बहादुर है यह। पीठ पर बच्चा बँधा है। एक हाथ

में घोड़े की लगाम और दूसरे में तलवार।''

माँ काम में उलझी होतीं तो झिड़क देतीं, ''चल ओए! काम करने दे।''

सुनकर सुखदेव के चेहरे का भाव बदल जाता। कहते, ''मैं भी ऐसा ही बनूँगा माँ!''

सुखदेव की माँ एक घटना सुनाया करती थीं। कारखाना बाज़ार से बाहर गवर्नमेंट प्राइमरी स्कूल के पास एक कुआँ था। वहीं पर बच्चों का खेल का मैदान था। एक रोज़ हुआ यह कि एक बच्चा खेलते-खेलते कुएँ में गिर गया। सब घबरा गए। अब क्या हो। इसी समय सुखदेव छलाँग लगाकर घर पहुँचे और माँ से बोले, ''माँ-माँ, एक रस्सा दे।''

माँ ने चौंक कर पूछा, ''क्या करोगे?''

''कुएँ में एक बच्चा गिर गया है। उसे निकालूँगा,'' सुखदेव बेचैन थे।

''तुम तो अभी बहुत छोटे हो। कैसे निकालोगे?'' माँ ने थोड़ा नाराज़गी से कहा। पर सुखदेव नहीं माने। तब माँ ने पं. शिवराम दास के साथ रस्सा लेकर भेजा। इस तरह सुखदेव की सूझ-बूझ से बच्चे की जान बच गई और सब तरफ़, स्कूल में भी उनकी प्रशंसा हुई।

सुखदेव के पिता रामलाल लायलपुर में रहते थे और माँ रल्लीदेई नौघरां, लुधियाना में। यहीं नौघरां में 15 मई, 1907 को सुखदेव का जन्म हुआ। पिता ने सुना तो उनकी खुशी का ठिकाना न था। वे पुत्र को देखने और अपने पास रखने के लिए लालायित हो उठे। ऐसे में माँ उन्हें लेकर लायलपुर आ गईं। सुखदेव अभी तीन साल के थे तभी उनके पिता का अचानक देहान्त हो गया। ऐसे में उनके ताया लाला चिन्तराम पर परिवार की ज़िम्मेदारी आ पड़ी।

सुखदेव बड़े हुए तो माँ को उनके विवाह की चिंता होने लगी। वे कहतीं, ''सुखदेव, मैं तुम्हारी शादी करूँगी और तुम घोड़ी पर चढ़ोगे।'' इस पर सुखदेव कहते, ''मैं घोड़ी पर चढ़ने के बदले फाँसी पर चढ़ूँगा।''

माँ सुनाया करती थीं कि एक दिन सुखदेव कैनवस का एक भारी-भरकम बैग लेकर लायलपुर आए और जल्दी में उसे वापस ले जाना भूल गए। माँ ने उसे सँभालकर उठाया तो वह बहुत भारी था। खोलकर देखा तो उसमें कुछ पिस्तौल, कुछ कारतूस और मोटी-मोटी किताबें थीं। देखकर वे घबरा गईं। उन्होंने तुरन्त लाला जी को बताया। सुनते ही वे बोले, ''इसकी जानकारी किसी को न दें।'' वे समझ चुके थे कि सुखदेव देश की आज़ादी के लिए

क्रांति के रास्ते पर चल चुके हैं जहाँ से वापसी संभव नहीं। सुखदेव स्कूल जाते लेकिन उनका मन अब कहीं और था। नेशनल कॉलेज पहुँचे तो कुछ और साथियों की टोली मिल गई। पंजाब नेशनल बैंक में डकैती के मामले में उन्होंने अपनी माँ को अपने पास बुला लिया था। ऐसा करने के पीछे कारण यह था कि वे जहाँ रहते थे, वहाँ आस-पास के लोग यह समझने लगें कि ये लड़के एक परिवार के सदस्य हैं और माँ उनकी संरक्षिका हैं। यह उनके बचाव का रास्ता था और माँ के रहते उन्हें अपने साथियों के खान-पान के लिए अधिक दौड़-धूप नहीं करनी पड़ती थी।

साण्डर्स-वध का जो मुकदमा चला उसमें मुखबिर जयगोपाल ने अदालत के भीतर अपने बयान में कहा, ''सुखदेव ने अपनी माँ को साथ लाने के लिए लायलपुर मुझे भेजा, लेकिन उन्होंने मेरे साथ आने से इनकार कर दिया, यद्यपि उन्होंने यह कहा कि वह सुखदेव के फूफा के साथ किसी दिन आ रही हैं।''

माँ जब उनके साथ पहुँचीं तो सुखदेव उन्हें रास्ते से अकेले अपने साथ ले गए। सुखदेव ने अपने छोटे भाई मथरा से तब कहा था, ''मथरा! तू कहीं भी ठहर जा।'' बाद में मथरा माँ को अपने साथ स्यालकोट ले गए।

भगतसिंह और बटुकेश्वर दत्त के दिल्ली असेम्बली में बम फेंकने के बाद दी गई गिरफ़्तारी की खबर जब सुखदेव की माँ को मिली तो वे बहुत चिन्तित हो गईं। वे फफककर रो पड़ीं। फिर सँभलकर बोलीं, ''मैं जो सोचती थी वही हुआ।'' बाद को माँ ने बेटे मथरा को बताया, ''जब वे लाहौर में सुखदेव के साथ ठहरी हुई थीं, तब उन्होंने कई युवकों को संरक्षण दे रखा था। वह उनकी देखभाल करती थीं। युवकों ने एक अंग्रेज़ अफ़सर की हत्या कर दी थी और रात में बैठकर छपे हुए पोस्टरों पर स्याही से काटकर कुछ ठीक किया था। कुछ पोस्टर खुद ही तैयार किए थे। वे लोग सुबह होने से पहले ही पोस्टर दीवारों पर चिपकाने चले गए।'' माँ जी ने ही उस समय बताया था, ''भगतसिंह के केश और दाढ़ी मूंड दी गई थी। उन्हें बहुत बुरा लगा था, क्योंकि भगतसिंह एक सिक्ख थे। उनके लिए यह अधर्म का कार्य था।'' मथरादास छोटे भाई थे सुखदेव के। वे बताते थे कि शुरू-शुरू में माँ जी को मालूम नहीं था कि ये नौजवान पुलिस अफ़सर के वध की तैयारी कर रहे हैं और भगतसिंह को अपना रूप बदलकर गोली चलानी है। बाद में जब वध हो गया और पोस्टर चिपकाने तथा लाहौर से भाग निकलने की तैयारियाँ होने लगीं, तब उन्होंने जाना कि

ये नौजवान किस रास्ते पर जा रहे हैं। पं. किशोरी लाल ने एक बार बातचीत में बताया था कि माता जी को उनकी गतिविधियों की जानकारी हो गई थी। साण्डर्स को मारे जाने के मामले में एप्रूवर जयगोपाल ने अपने बयान में इस तरह बताया था, ''किशोरी लाल के सेण्ट्रल ब्रिज पर हमें छोड़ने के बाद सुखदेव ने हमें बताया कि भगतसिंह और 'एम' 20 या 21 दिसम्बर (1928) को दिल्ली की ओर बम्बई मेल से गए हैं। 25 या 26 तारीख को पंडित जी भी दिल्ली चले गए हैं और सुखदेव की माता जी तथा उनकी बहिन और किशोरीलाल भी उनके साथ गए हैं और पंडित जी को दिल्ली छोड़कर वे लोग लाहौर वापस आ गए हैं।'' वायदामाफ़ गवाह हंसराज वोहरा ने भी बयान दिया, ''15 या 20 दिन पहले मैं नहर के किनारे उससे मिला था—सुखदेव ने मुझे बताया कि भगतसिंह और राजगुरु को साण्डर्स के कत्ल के बाद आगरे की ओर भेज दिया गया है। 20 दिसम्बर, 1928 को भगतसिंह सेकिण्ड क्लास में सफ़र कर रहे थे और राजगुरु सर्वेण्ट क्लास में—सुखदेव ने यह भी बताया कि पंडित जी (चन्द्रशेखर आज़ाद) तथा पं. किशोरीलाल मथुरा की ओर 25 दिसम्बर, 1928 को सुखदेव की माता तथा बहिन के साथ भेज दिए गए हैं।'' (यहाँ सुखदेव की बहिन का जो ज़िक्र है वह वास्तव में घरेलू सेवक पं. शिवराम दास की लड़की थी जिसे माँ रल्लीदेई ने अपनी बेटी के रूप में गोद लिया हुआ था।)

उन दिनों माँ रल्लीदेई लाहौर के मजंग हाउस में भी रही थीं। सुखदेव की गिरफ़्तारी के समय मथरादास स्यालकोट में तैनात थे और माँ वहीं उनके साथ थीं। सुखदेव पकड़े गए थे, 15 अप्रैल, 1929 को। मथरादास को इसकी ख़बर अख़बार से मिली। मथरादास ने उन्हें बताया तो वह परेशान हो उठीं। उनकी आशंका सही निकली। असेम्बली बम कांड के बाद वैसे भी वे चिन्तित रहने लगी थीं। ज्यों ही सुखदेव गिरफ़्तार हुए, मथरा से माँ कहने लगीं, ''मुझे लायलपुर छोड़ आओ ताकि मैं लाला जी के साथ सुखदेव से मिलने जा सकूँ।'' बाद को वे वहाँ चली भी गईं। लाला जी उस समय घर पर नहीं थे। लाहौर गए हुए थे। शाम को लौटे तो माँ रोने लगीं। लाला जी कोशिश करने पर भी सुखदेव से लाहौर जाकर मिल नहीं पा रहे थे। इसके लिए उन्हें हाईकोर्ट से अनुमति लेनी पड़ी तब मई के शुरू में थाना किला गुज्जरसिंह की हवालात में सुखदेव की माँ और भाई मथरा से मुलाकात हुई। पुलिस ने गिरफ़्तारी के

बाद सुखदेव को बहुत यातनाएँ दी थीं। उन्हें कई दिनों तक सोने नहीं दिया। शरीर के कई भागों में सुइयाँ चुभायी गयीं। सुइयों के निशान देखकर माँ और मथरादास दोनों रो पड़े। लाला जी उस समय भी सुखदेव से नहीं मिल पाए थे क्योंकि अनुमति माँ, भाई और बहिन के लिए ही थी।

सुखदेव अदालत के प्रति विमुख थे। उनका कहना था कि हमें डर किस बात का है? हम कह क्यों नहीं देते कि हाँ, हमने ऐसा किया? कब तक चलेगा यह? एक दिन हमें फाँसी होकर रहेगी। वे मानते थे कि फाँसी पाने वालों में वे ज़रूर होंगे।

अंग्रेज़ सरकार ने भगतसिंह और राजगुरु के साथ सुखदेव को 23 मार्च, 1931 को नियम-विरुद्ध संध्या समय फाँसी देकर अपनी निरंकुशता का परिचय दिया। उसने मृत्युदंड की इस सज़ा से पहले उनके सगे-सम्बन्धियों को इन क्रांतिकारियों से मिलने में बाधायें डालीं। सुखदेव की विधवा माँ जिनके संरक्षक थे लाला चिन्तराम, उन्होंने ही पाल-पोस कर सुखदेव को बड़ा किया था। उन्हें भी सुखदेव से भेंट नहीं करने दी। इसके लिए वायसराय, गवर्नर और होम मेम्बर को तार भेजे गए लेकिन सब व्यर्थ। ऐसे में माँ रल्लीदेई ने भी सुखदेव से मिलने से इनकार कर दिया। वे अड़ गईं, ''मैं नहीं जाऊँगी।'' इस पर मथरादास लिखते हैं—''भला क्यों? कोख जना बेटा विदा होने को है, देश के महान सपूत को अन्तिम बार नहीं देखेंगी?'' पर माँ का स्पष्ट इनकार। कारण सिर्फ़ यह था कि जब सुखदेव के पिता-समान ताऊ ही नहीं मिल पाएँगे, तो वह क्या करेंगी? बेटे पर उनका अधिकार माता से अधिक है। बहुत समझाया, पर माँ जी नहीं मानीं। तब लाला जी ने मेरी तरफ़ देखा। मैंने कहा कि मैं भी नहीं जाऊँगा। क्यों नहीं जाओगे, सबकी आँखों में प्रश्न तैर रहा था। ''तुम्हारे सगे भाई फाँसी पर चढ़ने वाले हैं। क्या मालूम कुछ कहना चाहते हों? कोई अन्तिम सन्देश अपने कुटुम्ब के लिए देना चाहते हों? पता नहीं कैसे उद्गार वे प्रकट करें?''

मथरादास बोले, ''भाई साहब से न मिलकर इस तरह मैं अंग्रेज़ सरकार के अन्याय के विरुद्ध अपना आक्रोश प्रकट करूँगा। मन में तो यह था कि जेल की दीवारें तोड़कर भाई साहब के चरणों से लिपट जाऊँ और उनके नीचे की पगधूलि से अपने मस्तक पर टीका करूँ, लेकिन मैंने जेल अधिकारी से स्पष्ट कह दिया कि क्या यही है तुम्हारा इन्साफ़! आखिर, किस बात का डर

है तुम्हें? भाई साहब के पालनहार को क्यों वंचित रख रहे हो? वह नहीं मिल रहे हैं, माँ नहीं मिलेंगी, तब मैं भी नहीं मिलूँगा।''

''ठीक ऐसा ही व्यवहार राजगुरु की विधवा माँ ने भी किया।'' मथरादास बताते हैं, ''माँ चट्टान बन गईं। राजगुरु के चचा-ताऊ नहीं जाएँगे, तो वह भी नहीं जाएँगी। कैसा विकट विरोध था, इन दोनों विधवा माताओं का? अंग्रेज़ सरकार की अमानुषिक कार्यवाहियों के मुँह पर करारा तमाचा!''

सुखदेव की माँ उस दिन चट्टान बन गईं। वे रो नहीं रही थीं। उनके भीतर बेटे के बिछोह का गम तो था लेकिन न जाने कहाँ का साहस आ गया उनमें। वे बार-बार यही कहतीं, ''सच कर दिखाया मेरे पुत्तर ने। कहता था—मैं घोड़ी पर चढ़ने के बदले फाँसी पर चढ़ूँगा। फाँसी के फन्दे से ब्याह रचाया मेरे पुत्तर ने।''

और वह माँ फाँसी के बाद भी अपने बेटे सुखदेव का अन्तिम दर्शन नहीं कर सकी। सरकार ने तीनों शहीदों की लाशों को चुपके से जेल तोड़कर बाहर निकाला और रात के अंधेरे में मिट्टी का तेल डालकर जला दिया। तब लाहौर सेण्ट्रल जेल के बाहर भगतसिंह, राजगुरु और सुखदेव ज़िन्दाबाद के नारों को सुना जा सकता था। पता लगते ही लोग उस ओर दौड़ पड़े जिधर शहीदों की चिता जल रही थी। वहाँ से उनकी अस्थियाँ उठाई गईं। माँ रल्लीदेई ने भी उस स्थान की मिट्टी उठाई जो उनके घर आज भी रखी है। बाद को इस माँ के ट्रंक से दो चित्र भी घर में मिले। इनमें एक था सतलुज के किनारे हुसेनीवाला पुल के निकट शहीदों के दाहस्थल पर एकत्र शोक-संतप्त जन-समूह का और दूसरी तस्वीर राजगुरु, सुखदेव और भगतसिंह की फाँसियों के बाद 24 मार्च, 1931 को दाह-स्थल से निकाले गए जुलूस की।

आगे चलकर जब देश का विभाजन हुआ और उस समय बड़ी संख्या में लोग विस्थापित हुए, जिसके चलते लूटपाट के साथ खूनखराबा भी हुआ, तब माँ रल्लीदेई बहुत चिन्तित हुईं। वे यह दृश्य देखकर चीख पड़ीं। बोली, ''अरे मथरा, क्या इसी आज़ादी के लिए मेरे जिगर के टुकड़े सुखदेव ने फाँसी खाई थी?'' मथरादास बताते थे कि उन्होंने माता जी की आँखों पर कपड़ा ढाँप दिया था।

कई वर्ष पहले, शायद 1980 के आसपास शहीद सुखदेव के भाई मथरादास थापर ने शाहजहाँपुर आकर मुझे माँ रल्लीदेई, शहीद सुखदेव और ताया लाला

अचिन्तराम की दुर्लभ तस्वीरों के साथ अपने भाई के क्रांतिकारी जीवन पर उनकी लेखमाला की कतरनें भी भेंट की थीं। मथरादास से मेरा संपर्क काफ़ी पहले हो गया था। इण्डियन कोल्ड स्टोर, हापुड़ के पते से उन्होंने दर्जनों पत्र मुझे लिखे। वे वहाँ इंजीनियर थे और अपने शहीद भाई पर शोध के सिलसिले में गहन खोजबीन में जुटे थे। उस दुर्लभ सामग्री को परखने, उसे सज़ाने और *मेरे भाई शहीद सुखदेव* पुस्तक के प्रकाशन तक विष्णु प्रभाकर ने उनकी बहुत मदद की थी। मथरादास की ओर से यह अपने शहीद भाई सुखदेव और माँ को श्रद्धाँजलि भी थी। माँ रल्लीदेई का निधन 1948 में हुआ था।

क्रांतिकारी
मणीन्द्रनाथ बनर्जी

क्रांतिकारी मणीन्द्रनाथ बनर्जी बनारस के थे। उनका मकान वहाँ पाण्डे घाट पर था। वे शुरू से ही विप्लवी संगठन से ऐसे जुड़े कि उनका घर ऐसी गतिविधियों का अड्डा बन गया। काकोरी काण्ड का जो मुकदमा 1925 में लखनऊ की अदालत में चला उस पर उनकी पैनी नज़र थी। वे बनारस के प्रमुख क्रांतिकारी राजेन्द्रनाथ लाहिड़ी के बहुत करीबी थे जिन्हें काकोरी एक्शन में हिस्सेदारी के चलते फाँसी की सज़ा दी गई थी। इस मृत्युदंड की तारीख 19 दिसम्बर, 1927 तय थी जिस दिन इस मामले के रामप्रसाद बिस्मिल, रोशन सिंह और अशफ़ाक़उल्ला को दूसरी जेलों में फाँसी पर लटकाया जाना था, लेकिन लाहिड़ी को अज्ञात कारणों से दो दिन पूर्व 17 दिसम्बर को प्रात: गोंडा जेल में फाँसी के तख्ते पर झुला दिया गया। मणीन्द्र इससे बहुत आहत थे। उन्होंने लाहिड़ी की मृत्यु का बदला लेने का प्रण कर लिया और इस मुकदमे की कार्यवाही से जुड़े सीआईडी के जितेन्द्र बनर्जी को सज़ा देने का मन बना लिया। 13 जनवरी, 1928 को गुदौलिया के मारवाड़ी अस्पताल के आगे जितेन्द्र उनके हत्थे चढ़ गया और उन्होंने उस पर यह कहते हुए गोली चला दी कि ''रायबहादुर, यह लो राजेन्द्र लाहिड़ी की फाँसी का पुरस्कार।'' इस प्रहार को करके मणीन्द्र भाग निकले लेकिन थोड़ी दूर जाने के बाद अचानक उनके मन में आया कि कहीं जितेन्द्र बच तो नहीं गया। सो वे फिर लौटे जहाँ वह पड़ा था। उन्हें देखते ही घायल जितेन्द्र चिल्ला उठा, ''इसी ने मारा है।'' यह सुनकर लोग मणीन्द्र पर टूट पड़े। वे

पकड़ लिए गए। उन्हें जेल भेज दिया गया। इस मामले में उन्हें दस वर्ष की सज़ा मिली। फतेहगढ़ केन्द्रीय जेल में पहुँचकर मणीन्द्र ने राजनीतिक कैदियों की भूख हड़ताल के लिए आमरण अनशन शुरू कर दिया। उन दिनों काकोरी केस के सज़ायाफ़्ता मन्मथनाथ गुप्त वहीं बंदी थे। मणीन्द्र की बिगड़ती हालत देखकर जेल अधिकारियों ने मन्मथ को मणीन्द्र की देखभाल करने की अनुमति दे दी,लेकिन उन्हें बचाया नहीं जा सका। 20 जून, 1934 को मन्मथ की गोद में उनका प्राणान्त हो गया। इसके बाद वहीं फतेहगढ़ में गंगा तट पर उनका दाह संस्कार कर दिया गया।

मणीन्द्र का पूरा परिवार क्रांतिकारी था। उनके भाई प्रभाष, मोहित, अमिय, फणीन्द्र, बसन्त सभी देश के लिए लड़े जिन्हें माँ सुनयनी देवी का हर पल अप्रतिम सहयोग मिला। फतेहगढ़ केन्द्रीय जेल परिसर में दुर्गा भाभी के प्रयत्नों से शहीद मणीन्द्र का स्मारक बन गया है।

शहीद मणीन्द्रनाथ बनर्जी की माँ सुनयनी देवी

सुनयनी देवी का वह मासूम चेहरा

वे मणीन्द्र की माँ थीं और उस रोज़ फतेहगढ़ सेन्ट्रल जेल के दरवाज़े पर पहुँच कर अपने शहीद बेटे के शव को देखने के लिए उनकी आँखें पथरा गई थीं। मणीन्द्र सज़ा पाकर इसी कारागार में बंदी थे। उनका जुर्म था कि उन्होंने काकोरी केस में राजेन्द्रनाथ लाहिड़ी को फाँसी दिलाने वाले सीआईडी के जितेन्द्र बनर्जी को गोली मारी थी और उसी मामले में उन्हें 10 वर्ष की सज़ा दी गई थी। हुआ यह था कि जितेन्द्र बनर्जी के बनारस आने का उन्हें एक रोज़ पता लग गया था और वे अपने एक साथी के साथ उसे मारने की योजना में जुट गए। मित्र नहीं आया तो उन्होंने इस काम को अकेले ही पूरा करने का संकल्प कर लिया।

13 जनवरी, 1928 की तारीख़। उस रोज़ मणीन्द्र का 19वाँ जन्म दिवस था। उसी दिन दशाश्वमेघ घाट पर बंगाल के विपिनचन्द्र पाल का भाषण भी था। कड़ाके की सर्दी थी। जितेन्द्र कालीतल्ला काली माँ का दर्शन कर पैदल गुदौलिया स्थित मारवाड़ी अस्पताल के आगे मठ की तरफ़ पहुँचा ही था कि मणीन्द्र ने यह कहते हुए उन्हें गोली मार दी कि "राजेन्द्र लाहिड़ी को फाँसी दिलाने का पुरस्कार यह लो!" पहली गोली उसके पेट में लगी, दूसरी अन्यत्र चली गयी। मणीन्द्र 'रायबहादुर' को धूल चटाकर भागने में सफल हो गये।

लेकिन अचानक फिर लौट पड़े और घायल पड़े 'रायबहादुर' के पास जाकर कहा, "रायबहादुर, काकोरी का इनाम मिल गया तुम्हें।" जितेन्द्र उस समय कुछ होश में था। वह चिल्लाया, "पकड़ो, यही गोली चलाने वाला है।" लोग मणीन्द्र पर टूट पड़े। वे पकड़े गये। दरअसल, मणीन्द्र यह देखने के इरादे से लौट कर आये थे कि कहीं जितेन्द्र बच तो नहीं गया है।

मणीन्द्र बहुत निर्भीक और चेतना सम्पन्न युवक थे। वे बनारस की विप्लवी पृष्ठभूमि में रचे-बसे थे। पांडे घाट स्थित उनका मकान एक समय क्रांतिकारी दल के सदस्यों का केन्द्र था जहाँ मीटिंगें होतीं और दल को आगे बढ़ाने की योजनाएँ बनतीं। राजेन्द्र लाहिड़ी उन्हें बहुत प्रिय थे। काकोरी के मामले में 17 दिसम्बर, 1927 को गोंडा जेल में जब लाहिड़ी को फाँसी पर लटका दिया गया तो मणीन्द्र बहुत बेचैन हो उठे। जितेन्द्र बनर्जी पर गोली चलाने का निर्णय उन्होंने बहुत सोच-समझकर लिया था। वे काकोरी की फाँसियों के बाद क्रांतिकारी दल को हताशा के घेरे से बाहर निकालना चाहते थे। वे ब्रिटिश हुकूमत को यह दिखाना चाहते थे कि काकोरी की फाँसियों के बाद देश के नौजवानों का खून ठंडा नहीं हुआ है।

जेल के भीतर पहुँचकर भी मणीन्द्र ने ब्रिटिश साम्राज्यवाद के विरुद्ध अपने संघर्ष को स्थगित नहीं किया। वे वहाँ क्रांतिकारियों पर हो रहे उत्पीड़न के खिलाफ़ और राजनीतिक कैदियों की अपनी माँगों को लेकर अनशन पर चले गए। मसला यह था—फतेहगढ़ के जेलर गण्डा सिंह के दमन और अत्याचार से वहाँ के कैदी बहुत तंग थे। मणीन्द्र ने इन्हीं मुद्दों को लेकर भूख हड़ताल पर जाने का निश्चय कर लिया। वे जानते थे कि बाहरी और मैदानी लड़ाई की अपेक्षा सींखचों के भीतर लड़ा जाने वाला यह युद्ध क्रांतिकारियों के लिए अपेक्षाकृत कठिन है, लेकिन वे तो किसी और ही मिट्टी के बने थे। अनशन में उनकी तबियत गिरते-गिरते ऐसी हो गई कि मृत्यु के करीब पहुँचते देखना उस जेल में बंद क्रांतिकारी साथियों के लिए भी अत्यंत पीड़ादायक हो गया। काकोरी के क्रांतिकारी मन्मथनाथ गुप्त उन दिनों वहीं अपनी लंबी सज़ा काट रहे थे। वे बनारस के ही थे और मणीन्द्र को भली-भाँति जानते थे। जेल प्रशासन मणीन्द्र का स्वास्थ्य बहुत गिर जाने के बाद भी किसी तरह उन्हें छोड़ने को तैयार नहीं था, पर उसने मन्मथनाथ को उनकी देखभाल करने के लिए उनके पास रहने की छूट दे दी। मणीन्द्र ने अंत में 20 जून, 1934

को बहुत तकलीफ़देह स्थितियों में मन्मथनाथ की गोद में यह कहते हुए अपने प्राण त्याग दिए, ''टट! टट! (अंग्रेज़ी में) चुप-चुप! भगवान कहाँ है! न्याय कहाँ है! इस जगत में दुष्ट हमेशा सुख भोगते हैं और अच्छे लोग कष्ट सहते हैं।'' मृत्यु के समय मणीन्द्र का मस्तिष्क पूरी तरह स्वस्थ था। वे उन कठिन क्षणों में भी चेतना के जिस मुकाम पर खड़े थे, उसे मन्मथनाथ के लिखे उस विवरण में चीन्हा जा सकता है जिसे उन्होंने मणीन्द्र की शहादत के पाँचवें दिन फतेहगढ़ जेल के भीतर अपनी डायरी में दर्ज किया था।

मणीन्द्र का पूरा परिवार क्रांतिकारी विचारों का था। उनके पिता ताराचरण बाबू प्रसिद्ध होम्योपैथिक चिकित्सक थे। उनका विवाह कलकत्ता की सुनयनी देवी से हुआ था जो अपने साथ बंगाल के विद्रोही संस्कार लेकर आई थीं। वे बहुत साहसी महिला थीं। उनकी आठ सन्तानों में मणीन्द्र तीसरे थे। बड़े थे जीवनधन, फिर प्रभाष बाबू, मणीन्द्र, फणीन्द्र, अमिय, भूपेन्द्र, मोहित और बसन्त बाबू। सब के सब देश के लिए समर्पित। और माँ का जीवट देखिए कि मणीन्द्र पर मुकदमा चला तो उन्होंने किसी से चन्दा लेना भी स्वीकार नहीं किया। कहा था, ''मेरे पास साधन है तो क्यों लूँ।'' अपनी सम्पत्ति, जेवर व मकान बेचकर वे मुकदमे की पैरवी करती रहीं। हर तीन महीने के अंतराल पर वे अपने पुत्र से मिलने जातीं तो काफ़ी रुपया व्यय हो जाता। मणीन्द्र को यह अच्छा नहीं लगता क्योंकि घर पर कमाने वाला कोई न था।

एक दिन मणीन्द्र ने अपनी माँ से कहा, ''तुम क्यों इतनी दूर कष्ट झेलकर आती हो। जब सरकार के पास दस मन लकड़ी और एक बोतल मिट्टी का तेल खर्च करने की समझ आयेगी, मैं तुन्हें तार द्वारा सूचित करूँगा।''

आखिर कुछ दिनों बाद मणीन्द्र की ओर से माँ के पास एक तार पहुँचा, 'हमसे शीघ्र मिलने आओ।' माँ इलाहाबाद में थीं। अब फतेहगढ़ जाने के लिए सामान खरीदा जाने लगा। प्रभाष भी साथ में जायेंगे। लेकिन दूसरे दिन फतेहगढ़ जेल से सुपरिण्टेण्डेण्ट मेजर भण्डारी का तार मिला, 'मणीन्द्रनाथ बनर्जी से मिलना हो तो शीघ्र आवें।' इस तरह का तार बनारस, मेरठ, और दिल्ली भी भेजा गया था। भण्डारी का तार मिलते ही प्रभाष के साथ माँ फतेहगढ़ जेल के बाहर पहुँच गयीं। वहाँ हेड जेलर लेडली ने प्रभाष से अंग्रेज़ी में कहा, ''मिस्टर बनर्जी मर गये।'' इतना सुनते ही प्रभाष ने माँ को बताया कि ''माँ, मणी नहीं हैं'' और खुद बेहोश होकर ज़मीन पर गिर गये लेकिन माँ को तो

रोने का भी अवकाश नहीं था। एक बेटा जेल के भीतर शहीद हो गया और दूसरा उनकी आँखों के सामने बेहोश पड़ा था। उन्होंने साहस बटोरकर जेलर लेडली से पानी मँगाया, प्रभाष के मुँह पर छींटे मारे। प्रभाष को होश आया तो माँ ने लेडली से कहा कि मणीन्द्र इस फतेहगढ़ जेल से और कहीं बदली होना चाहता था। मणीन्द्र ने कई बार अपनी बदली करने के लिए सरकार को दरख़्वास्तें दीं, उन्होंने भी बाहर से अनेक बार इसके लिये लिखा लेकिन कोई सुनवाई नहीं हुई और न ही भयंकर बीमारी में मणीन्द्र को रिहा किया गया।

मणीन्द्र की लाश जेल के मुर्दाघर में थी। उसे बर्फ़ लगाकर रखा गया था। बताया गया कि लखनऊ से आदेश था कि लाश को फ़ौरन जला दिया जाये। अगर आप चाहें तो हम इतना ही कर सकते हैं कि जेल के सिपाहियों के साथ प्रभाष इस लाश को फ़र्रुखाबाद के गंगा किनारे दाह-संस्कार कर आवें मगर शहर में किसी को इसकी खबर न मिले। जेलर लेडली, मणीन्द्र की माँ और प्रभाष को लेकर जेल के भीतर उस कोठरी तक ले गये जहाँ मणीन्द्र का निर्जीव शरीर एक पत्थर के चबूतरे पर रखा था। एक सिपाही ने दरवाज़े पर लगा बड़ा-सा ताला खोला तो प्रभाष और माँ पागलों की तरह दौड़कर मणीन्द्र की छाती पर गिर पड़े।

अब बांस लाए गये और कैदियों के टिकटी बनाकर रखते ही प्रभाष ने आहिस्ता से अपने छोटे भाई के शव को उठाकर उस पर लिटा दिया। माँ के सम्मुख ही तीन सिपाही और प्रभाष शहीद की उस अर्थी को जेल के बाहर लेकर आये और गंगा के तट पर जाकर चुपचाप उनका अग्निदाह कर दिया। माँ वहीं जेल के दरवाज़े पर रोती-कलपती बैठी रही। उस रोज़ माँ के आँसू पोंछने और उन्हें सांत्वना देने वाला भी आसपास कोई नहीं था।

और उसी शाम अपने शहीद भाई मणीन्द्र की अस्थियाँ व राख वहीं गंगा में प्रवाहित कर प्रभाष माँ के साथ इलाहाबाद लौट पड़े। किसी ने जाना भी नहीं कि देश की आज़ादी की लड़ाई लड़ने वाले एक युवा क्रांतिकारी ने दूर सुनसान में बनी उत्तर भारत की उस कुख्यात जेल के भीतर अपने प्राण न्योछावर कर दिये। उस रोज़ माँ ने जेल के भीतर कैद क्रांतिकारी मन्मथनाथ से मिलने की भी इच्छा जताई लेकिन जेल अधिकारियों ने इसके लिए अनुमति नहीं दी।

मणीन्द्र जब जेल में थे तब ब्रिटिश सरकार के भय से मणीन्द्र के सभी भाई घर से हट गये थे। प्रभाष बाबू गाँधी आश्रम मेरठ में अन्य भाइयों के

साथ रहने लगे। वहीं 1932 में भूपेन्द्रनाथ बनर्जी ने सत्याग्रह किया। बीमार हुए। छूटे और 1933 में उनका देहान्त हो गया। माँ नहीं देख पायी बेटे को। उन्हें क्या पता था कि एक साल बाद ही मणीन्द्र भी बलिपथ पर जाकर उनसे बिछुड़ जायेगा।

माँ सुनयनी 1934 में यह आशा कर रही थीं कि मणीन्द्र जल्दी ही छूट कर घर आ जायेंगे। उन्होंने बेटे के विवाह योग्य एक कन्या भी पसन्द कर ली थी। जेल में मणीन्द्र को पहले 'सी' क्लास में रखा गया था लेकिन वहाँ अपने अधिकारों के लिए संघर्ष करते हुए उन्हें 'बी' क्लास दे दिया गया था। लेकिन मणीन्द्र ने तो बन्दीगृह में 'सी' क्लास के कैदियों की सहानुभूति में अनशन कर दिया। माँ ने यह सुना तो वे विह्वल हो उठीं। मणीन्द्र अनशन के दौरान जेल में सख्त बीमार पड़ गये। उसके बाद ही फतेहगढ़ के कारागार प्रशासन ने मणीन्द्र के घर एक तार भेजा कि मणीन्द्र बहुत अस्वस्थ हैं और जो कोई उन्हें देखना चाहे वह आ सकता है। बेहाल माँ अपने बेटे प्रभाष के साथ 21 जून, 1934 को जेल के दरवाज़े पर पहुँचीं तो जेलर लेडली ने बताया कि मणीन्द्र का कल निधन हो चुका है। इस संवाद ने माँ को तो मानो निर्जीव-सा बना दिया। प्रभाष तो बेहोश ही हो गये। ऐसी स्थिति में भी मणीन्द्र के पार्थिव शरीर को बनारस ले जाने की आज्ञा नहीं दी गयी। वहीं फतेहगढ़ में गंगा के तट पर कैदियों के घेरे में प्रभाष ने अपने शहीद भाई के शरीर को अग्नि को भेंट कर दिया। शहर में किसी को भी वहाँ की जेल के भीतर एक क्रांतिकारी की इस तरह शहादत होने का पता तक नहीं चल सका।

मणीन्द्र फतेहगढ़ जेल में बहुत खामोशी के साथ महाप्रस्थान कर शहीदों की टोली में जा मिले। न कोई श्रद्धाँजलि सभा और न ही मातमी धुन। हाँ, जेल के भीतर मामूली कैदियों ने भी उनके निधन पर शोक व्यक्त किया था। वे सब कैदी मणीन्द्र को 'सुदामा' कहा करते थे। वहाँ वीरभद्र शूटिंग केस के बंदी क्रांतिकारी रमेश चन्द्र गुप्त उन्हें 'युधिष्ठर' कहते थे। मन्मथनाथ गुप्त की स्मृतियों में मणीन्द्र आजीवन बने रहे। वे कहते थे, ''माता जी के पुत्रों में मणीन्द्र सर्वश्रेष्ठ थे, पर उनके सभी पुत्र देश सेवा में जेल गये। प्रभाष, अमिय, मोहित, भूपेन्द्र, फणीन्द्र और बसन्त सब आन्दोलन में जेल गये। यहाँ तक कि पतोहू सुरमा बनर्जी भी जेल गयीं। मोहित और बसन्त ने केदारनाथ मालवीय और रूपनारायण पाण्डेय के साथ इलाहाबाद की यूथ लीग में 1937-40 के

ज़माने में बड़ा काम किया। बाद में वे साथी भारत रक्षा कानून के अन्तर्गत वर्षों तक जेलों में सड़ते रहे। इनमें से रूपनारायण पाण्डेय का देहान्त जेल से छूटने पर हो गया और केदारनाथ मालवीय प्रसिद्ध कांग्रेसी नेता बने। बनर्जी बन्धु सभी जेल में रहे। परिवार तहस-नहस हो गया, पर माता जी (पिता जी पहले ही गुज़र गए थे) के माथे पर शिकन नहीं आई। बुढ़ापे में वह अपने बच्चों के कारण क्रांति का झण्डा लेकर सामने आईं और कई पुश्तों से इस परिवार के विप्लवी जीवन का इतिहास रहा है। मणीन्द्र, मोहित, बसन्त के दादा डिप्टी मैजिस्ट्रेट थे। वह एक युग था जब अंग्रेज़ ही ज़िला मजिस्ट्रेट और पुलिस कप्तान होते थे, पर बनर्जी साहब भीतर-ही-भीतर तय कर चुके थे कि बेटे को सरकारी नौकर नहीं बनाना है। इस कारण मणीन्द्र के पिता डॉक्टर बने। वह फ़ारसी, उर्दू के अच्छे विद्वान थे। जब माता जी ऐसे परिवार में आईं तो वह बहुत सुकुमार रही होंगी। पर बेटों ने उन्हें क्रांतिकारी बना दिया। जब मैं लंबी सज़ा 12 साल काटकर 1937 में जेल में रहकर बाहर आया, तो मेरी आँखों के सामने अंधेरा था। तब माता जी ने और मोहित, बसन्त ने मुझे आश्रय दिया। उन्हीं के घर से 1939 में महायुद्ध छिड़ते ही मैं गिरफ़्तार हो गया। धन्य है यह परिवार और माता जी जो हमारी आँखों के सामने एक मशाल की तरह रहीं। वह सबको उत्साह देती रहीं, जेल में आकर हम लोगों को भरोसा देती थीं।''

अब यहाँ मणीन्द्र की शहादत से पहले की एक घटना का उल्लेख करना चाहता हूँ। 6 जून 1930 को दिल्ली के चाँदनी चौक के पास गाडोदिया स्टोर में चन्द्रशेखर आज़ाद के नेतृत्व में क्रांतिकारियों ने एक डकैती डाली। रात करीब दस बजे का समय था। वे सब लोग एक मोटर में आए और 13 हज़ार रुपये लेकर भाग गए। प्रभाष उस समय दिल्ली में थे जहाँ धुलिया कटरे के घर के पीछे गाँधी मैदान है, वहाँ मोटर खड़ी करके क्रांतिकारी गए थे। माँ सुनयनी देवी ने जब गाड़ी देखी तो प्रभाष से पूछा कि यहाँ सुनसान जगह पर एक कार आकर रुकी है और कुछ लोग तेज़ी से उतर कर गए हैं, क्या मामला है? प्रभाष को पता था लेकिन वे बोले नहीं। दूसरे दिन पुलिस रात के चार बजे प्रभाष के घर आई। मकान को चारों ओर से घेर लिया गया था। पुलिस अधिकारी मि. मजूमदार ने आगे बढ़कर दरवाज़ा खटखटाया। तलाशी के लिए

कहने पर प्रभाष ने कहा कि जब तक सुबह नहीं हो जाती हम हर्गिज़ तलाशी नहीं देंगे। आप लोग हमारे घर बैठकर आराम करें। सुबह किसी गवाह को बुलाकर तलाशी हुई। हुआ यह था कि अगले दिन भाई बसन्त जिनकी उम्र उस समय दस साल के करीब थी, माँ के साथ कुछ सौदा लेने फतेहपुरी गए हुए थे। वहीं किसी दुकानदार ने उनके हाथ में पतली-सी जलियाँवाला बाग की रिपोर्ट देख ली थी। तलाशी के लिए पुलिस के आने के समय गाँधी आश्रम के कपिल देव पाण्डेय भी थे। उन्होंने पुलिस के आते ही उस पुस्तिका को होशियारी से हटा दिया। पुलिस प्रभाष को पकड़कर पता नहीं किस थाने में ले गई। माँ की ओर से दिल्ली के कमिश्नर को दरख़्वास्त दी गई तब कहीं महीनों बाद प्रभाष का पता लगा और वे छूटे। इसके बाद प्रभाष को दिल्ली छोड़ने का नोटिस मिल गया। माँ यह सब सहती रहीं। प्रभाष को जब बनारस हत्याकांड में पकड़ा गया तब माँ ने छोटे बच्चों में बाज़ार भेज कर फूलमाला मँगाईं और जेल जाते समय प्रभाष को पहनाई जबकि बाद को वे फूट-फूटकर रोती रहीं। जब मुखबिर फणीन्द्र घोष को मारने के षड्यंत्र में पुलिस ने प्रभाष को फँसाना चाहा तब माँ ने बड़े पुत्र जीवनधन को बेतिया भेजा, जहाँ उनके बड़े दामाद अनुकूल मुकर्जी रहते थे। उस समय प्रभाष के मामले में पैरवी के लिए आचार्य कृपलानी ने काफ़ी रुचि ली। बाद में प्रभाष छूटे तो बेतिया में उनका भव्य स्वागत हुआ। इसके बाद ही कृपलानी ने प्रभाष से इलाहाबाद के गाँधी आश्रम भेज दिया जहाँ उन्हें जवाहरलाल नेहरू के संपर्क में आने का अवसर मिला। प्रभाष को नेहरू बहुत स्नेह करते थे। प्रभाष को कमला नेहरू भी बहुत मानती थीं। बाबू पुरुषोत्तम दास टण्डन से भी प्रभाष की अत्यंत निकटता थी। यह परिवार क्रांतिकारियों के साथ ही गाँधीवादियों के भी काफ़ी नज़दीक था। चन्द्रभानु गुप्त और दामोदर स्वरूप सेठ को प्रभाष अपना बड़ा भाई मानते थे।

अपने लेखन के शुरुआती दिनों में ही मुझे शहीद मणीन्द्र बनर्जी के परिवार के निकट आने का अवसर मिला। मोहित बनर्जी से मेरी एक ही बार इलाहाबाद में भेंट हुई जबकि उनके सबसे छोटे भाई बसन्त बाबू दो बार शाहजहाँपुर मेरे निवास पर पधारे। मैंने उन्हें एक बार फतेहगढ़ केन्द्रीय कारागार के परिसर में दुर्गा भाभी के प्रयत्नों से लगी शहीद मणीन्द्र की प्रतिमा पर आयोजित कार्यक्रम में आमंत्रित किया था। बसन्त बाबू के 25-30 पत्र मेरे

पास सुरक्षित होंगे जिन्हें वे नैनीताल ज़िले में रुद्रपुर के निकट खानपुर गाँव से लिखा करते थे। बाद को वही उनका निवास था। बसन्त बाबू मुझ पर बहुत भरोसा करते थे। एक बार उन्होंने कानपुर सिटी बम केस के क्रांतिकारी अनन्तराम श्रीवास्तव, उत्तर भारत के नक्सली नेता रहे कामरेड शिवकुमार मिश्र तथा *साथी* के संपादक श्यामसिंह बागी से कहा कि वे शहीदों के लिए एक ट्रस्ट बना कर उसमें कुछ धन डाल दें और उसके संचालन की ज़िम्मेदारी मुझे सौंप दें। पर यह काम समय रहते नहीं हो पाया। बसन्त बाबू ने मणीन्द्र सहित अपने सभी भाइयों, पिता डॉक्टर ताराचरन बनर्जी, पितामह हरप्रसन्न बनर्जी, जो 1854 में शाहजहाँपुर के डिप्टी कलेक्टर थे तथा माँ सुनयनी देवी की तस्वीरें मुझे भेंट की थीं जिन्हें मैं जब भी मन होता ज़रा गर्दन झुकाकर प्रणाम कर लेता हूँ। इनमें एक दुर्लभ चित्र में माँ सुनयनी मध्य में बैठी हैं और उनके एक ओर प्रभाषचन्द्र बनर्जी तथा दूसरी तरफ़ फणीन्द्रनाथ बनर्जी बैठे हैं तथा पीछे मोहित कुमार, अमिय कुमार और बसन्त कुमार खड़े हैं। यह लखनऊ में 1954 की न भूलने वाली यादगार है।

क्रांतिकारी
सोहन सिंह भकना

1857 की याद में अमरीका की धरती पर बनी 'ग़दर पार्टी' की बड़ी कहानी है जिसमें वहाँ गए भारतीय मज़दूरों ने देश की आज़ादी के लिए अनोखा संग्राम किया। इस अभियान में लाला हरदयाल, मौलाना बरकतउल्ला, सोहन सिंह भकना, पं. जगतराम, सोहनलाल पाठक, करतार सिंह सराभा जैसे दीवानों ने अपने जज़्बे से पूरी दुनिया और ब्रिटिश साम्राज्य को हिला कर रख दिया। 'ग़दर पार्टी' ने अपने मुल्क में आज़ादी की बड़ी हलचल को पैदा किया। 'ग़दर' अख़बार का प्रकाशन और प्रचार-प्रसार उस युग में अद्भुत कारनामा था। विदेशी धरती पर गुलामी की अपमानपूर्ण ज़िन्दगी जीने की अपेक्षा वे ग़दराइट् युद्ध के कठिन संग्राम में कूदे थे। उन्हें शिद्दत से महसूस हुआ था कि वे लड़-मर कर अपनी स्वतंत्रता के लिए अपनी जानें दें और आज़ादी के लिए उनकी यह लड़ाई सिर्फ़ हवा-हवाई नहीं थी। इसके लिए उन्होंने 'ग़दर पार्टी' का जो संविधान रचा वह जनवादी मूल्यों तथा धर्मनिरपेक्ष उसूलों के आधार पर था। वे अमरीका से बड़ी तैयारी के साथ इस संकल्प के साथ निकले थे, 'चलो चलिए देश नू युद्ध करन।' यह उनका आखिरी फ़रमान था जो बहुत कामयाब रहा। कनाडा से 'कामा गाटा मारू' जहाज़ की वापसी की रोमांचक घटना इसी स्वतंत्रता युद्ध के कालखण्ड का रोमांचकारी अध्याय है। देश आने पर उन सबको गिरफ़्तार कर लिया गया। उन पर मुकदमा चला जिसमें उन्हें फाँसी की सज़ा तजवीज़ की गई। फिर कुछ के फ़ैसले को उम्र कैद में तब्दील कर दिया गया। करतार सिंह सराभा जैसे कई

साथियों को सज़ाए-मौत झेलनी पड़ी और जो कारावास के कठिन दिन झेलने को अभिशप्त बने रहे, उनमें सोहन सिंह भकना जैसे लोग थे। भकना छूटने के बाद भी खामोश नहीं बैठे। वे निरंतर उन मूल्यों और सिद्धांतों के लिए संघर्ष करते रहे जिन्हें उन्होंने 'ग़दर पार्टी' के निर्माण की प्रक्रिया के दिनों में अपने लिए तय किया था। वे कभी डिगे या कमज़ोर नहीं पड़े। इस व्यक्ति ने अपना पूरा जीवन और सर्वस्व देश के लिए न्योछावर कर दिया। लम्बी ज़िन्दगी जीते हुए अंतिम क्षण तक कठिन मार्ग के राही बने रहे। जेल जाने और भूख हड़तालों का सिलसिला तो जैसे उनसे आजीवन जुड़ा रहा। बाद में जालंधर में 'देशभगत यादगार हॉल' बनाया जो उनका कीर्ति-स्तम्भ है जिसे आज भी हम सिर उठा कर देखते हैं। उनका निधन 25 दिसम्बर, 1998 को हुआ था। वे अपनी मृत्यु से पहले 'जीवन संग्राम' जैसी वसीयत हमारे लिए दर्ज कर गए जिस पर हमें गर्व है। 'ग़दर पार्टी' का यह प्रधान हमारे देश के मुक्ति-संग्राम का हीरा है।

सोहन सिंह भकना की माँ हर कौर और राम कौर

दो जननी में कौन बड़ा है

ग़दरी नेता बाबा सोहन सिंह भकना 4 जुलाई, 1870 को जन्मे थे। दरअसल, भकना एक गाँव है जो अमृतसर से अटारी की ओर जाते हुए रेलवे स्टेशन खासा से तीन मील पूरब की ओर बसा है। पहले यह लाहौर ज़िले में था जो बँटवारे के बाद अमृतसर का हिस्सा हो गया। यहाँ एक शेरगिल परिवार था। ज़मींदारी थी। वहाँ कई पीढ़ियों से सिर्फ़ एक-एक लड़का हुआ था। तीसरी पीढ़ी में सरदार करम सिंह थे। हर कौर से उनका विवाह हुआ लेकिन कोई संतान नहीं हुई। अब चिंता हुई कि खानदान का नाम कैसे चले। कुछ समय बाद हर कौर ने ही दबाव डाला कि करम सिंह दूसरा विवाह कर लें लेकिन करम सिंह इसके लिए तैयार नहीं थे। बहुत कहने पर भी वे टस-से-मस नहीं हुए। आखिर उनकी पत्नी ही एक दिन रोष में आकर बोलीं, ''क्यों अपने खानदान का नाश करने पर तुले हुए हो। जब मुझे कोई एतराज़ नहीं तो क्यों नहीं दूसरी शादी कर लेते।'' ऐसे में करम सिंह को दूसरा विवाह करना पड़ा हर कौर की पसंद की महिला राम कौर से। हर कौर इससे बहुत खुश थीं। दो वर्ष बाद राम कौर के गर्भ से बेटे का जन्म हुआ तो नाम रखा गया सोहन सिंह।

अब सोहन सिंह की दो माताएँ थीं। एक धर्ममाता कही जाने वाली हर कौर और दूसरी जन्मदात्री राम कौर। वे साल भर के हुए कि पिता नहीं

रहे। घर में दादी थीं। इन तीनों के बीच सोहन सिंह अकेले उन सबके चहेते। दादी खेत को सँभालती-देखती और राम कौर घर। उनको ज़्यादा प्यार और देख-सँभाल अपनी धर्ममाता से मिलता। वे उन पर जान न्योछावर करती थीं। सोहन सिंह अपनी आत्मकथा में लिखते हैं, 'मैं अभी एक वर्ष का ही था कि मेरे पिता जी स्वर्गवासी हो गए। पीछे तीन स्त्रियाँ और एक वर्ष का बच्चा घर पर रह गए। न कोई चाचा, न ताऊ, न बहन और न भाई। हमारी तीन पीढ़ियों से खानदान का एक ही उत्तराधिकारी होता आया था, अर्थात् मेरे दादा जी, पिता जी और फिर मैं। सारे अकेले-अकेले ही घर के उत्तराधिकारी रहे। इस परिस्थिति में हमारी ज़मीन इकट्ठी रही और न बाँटी जाने से 130 बीघे गाँव के निकट एक ही स्थान पर कायम रही। ज़मीन प्रथम दर्जे की थी। बीच में दो कुएँ थे। पिता जी के स्वर्गवासी होने के बाद मेरी दादी जी ने ज़मीन का प्रबन्ध अपने हाथों में ले लिया और मेरी धर्ममाता ने घर का। मेरी जननी माता उनके कहे अनुसार घर का काम करतीं। मेरी धर्ममाता और जननी माता का आपस में बहनों जैसा व्यवहार था। किसी अनजान मनुष्य को पता ही नहीं था कि इनका सांसारिक रिश्ता क्या है। मेरा पालन-पोषण मेरी धर्ममाता करती थीं और मैं उनको ही माता समझता था। वे बड़े ही निर्मल स्वभाव की थीं। गली-मुहल्ले के निर्धन बच्चे जो अधिकतर लुहार, बढ़ई और जुलाहे का काम करने वाले घरों से थे, उनसे बहुत स्नेह करते थे। उनको ईद वगैरह पर मीठे चावल-सेवइयाँ बनाकर बड़े चाव से खिलाती थीं।'

गाँव में स्कूल नहीं था। ऐसे में माताओं ने यह किया कि सोहन सिंह को पढ़ने के लिए ग्रंथी को सौंप दिया जिससे वे गुरुमुखी ही सीख-पढ़ जाएं। उन्हें उनकी धर्ममाता ने गुरुद्वारे में भेजा जहाँ उन्होंने सिखों के धार्मिक ग्रंथों को पढ़ा। वे कहते थे कि लिखना तो ग्रंथीं स्वयं नहीं जानते थे। वे ज़मीन पर लकड़ी की तख़्ती पर कुछ लिखाई कराते टूटी-फूटी। यही कारण था कि उन्हें उस समय तक स्कूली बच्चों की तरह सुंदर अक्षर लिखने नहीं आए।

सोहन सिंह ग्यारह साल के हुए तो बस्ती में प्राइमरी स्कूल आ गया और वे उसमें भर्ती हो गए। धर्ममाता ने उन्हें फ़ारसी के स्कूल में दाखिल करा दिया जहाँ *गुलिस्तां* और *बोसतां* जैसी किताबें पढ़ीं और गणित सीख लिया। इसके आगे की अंग्रेज़ी पढ़ाई के लिए उन्हें शहर जाना था, पर उनकी दोनों माताएँ

इसके लिए तैयार नहीं हुईं। कहा कि उन्हें शहर में भेजकर पीछे वे किस तरह उनके बिना रहेंगी। दादी नहीं रही थीं तो खेती की ज़िम्मेदारी भी धर्ममाता के ऊपर आ गई। वे अपने बेटे को इस काम में हाथ नहीं डालने देतीं। सोहन सिंह खर्चीले स्वभाव के बन गए थे। उनके दोस्तों की संगत ही कुछ ऐसी हो गई थी। उन पर कुछ कर्ज़ भी हो गया। ऐसे में वे धर्ममाता के पास जाते तो पहले वे उन्हें समझातीं लेकिन खुशामद करने पर रुपया दे देतीं। कहतीं, ''बेटा, यह तुम्हारा ही तो है, अगर सँभल कर खर्च करोगे तो सुखी रहोगे।'' इस तरह धर्ममाता ने उन्हें हज़ारों रुपए दिए। वे उनकी हर तरह से मदद करतीं। सोहन सिंह उनके लिए कहते थे, ''उन्होंने अपना सारा जीवन, धन और अपने आधे हिस्से की ज़मीन भी उन पर न्योछावर कर दी। सच तो यह है कि मेरी धर्ममाता जैसी माता शायद ही किसी को नसीब हुई हो।''

फिर भी सोहन सिंह की यह उम्र घूमने-फिरने में ही व्यतीत हो रही थी। पच्चीस वर्ष के होते-होते उनका विवाह भी हो गया। घर की आर्थिक स्थिति भी डावाँडोल हो रही थी। खेती का काम श्रम का था। माँओं को उन पर तरस आ जाता। वे कहतीं, ''खेती बटाई पर दे दो।'' पर सोहन सिंह इससे ऊब गए। वे कहते हैं, ''अंत में जब खेती का सख्त काम न चल सका तो मैं काम को बीच में ही छोड़कर 3 फरवरी, 1909 को अमरीका जाने के लिए घर से चल पड़ा। उन दिनों पासपोर्ट नहीं होते थे। हर एक को जाने की आज्ञा थी। मेरे घर से चलने के समय मेरी धर्ममाता जी तो बेहोश हो गईं। मेरी जननी माता और पत्नी खड़ी रो रही थीं। यह दृश्य अति दु:खदायक था। मेरे बगैर घर में कोई भाई न था, न कोई बेटा और जो सम्पत्ति थी वह भी मैं समाप्त कर चुका था जिसके सहारे वे दिन व्यतीत कर सकतीं। केवल पाँच बीघे (अढ़ाई एकड़) ज़मीन बची थी। दूसरी ओर मेरे पास विदेश जाने के अलावा और कोई रास्ता न था। अत: दिल पत्थर करके अमरीका जाने के लिए घर से चल पड़ा।''

दोनों माँएँ तड़पती रह गईं। कितना कठिन क्षण था विदाई का वह, पर ज़िन्दगी कुछ और ही रास्ता देख रही थी सोहन सिंह के लिए।

अमरीका का सफ़र आसान नहीं था। वे आठ आदमी चले पंजाब से। हांगकांग से अमरीका जाने वाला जहाज़ बदलना पड़ता था। यहाँ कड़ी डॉक्टरी जाँच होती थी जिसमें सिर्फ़ वे ही पास हुए। कुछ लोगों ने कहा कि इस तरह

अकेले जाना ठीक नहीं, किसी दूसरे जहाज़ से चले जाना। पर सोहन सिंह नहीं माने। वे एक जापानी शिप में बैठ गए। रोटी बनाना जानते नहीं थे लेकिन छुआछूत से दूर थे। जापानी कंपनी मुसाफ़िरों को मछली-चावल खाने को देती थी। वे माँस नहीं खाते थे सो अपने लिए साथ में बिस्कुट, घी और चीनी ले गए थे। पके हुए चावल कंपनी से लेते और घी-चीनी मिलाकर खा लेते। इस तरह उन्होंने महीने भर का सफ़र तय कर लिया। उनके सामने भाषा का भी संकट था जिसे उन्होंने किसी तरह आसान बना लिया। डिक्शनरी की मदद से कुछ कामचलाऊ शब्द सीखने की उनकी युक्ति बहुत काम आई।

4 अप्रैल, 1909 को अमरीका के उत्तरी सियाटल पर उनका जहाज़ रुका। यहाँ भी डॉक्टरी जाँच और पूछताछ हुई। अंग्रेज़ी बोल नहीं सकते थे इसलिए दुभाषिए की ज़रूरत पड़ी। जिन मित्रों ने वहाँ बुलाया था वे लेने आ गए थे। उन्होंने पंजाबी में समझा दिया जिससे वे सवालों के जवाब दे सके। वहाँ उन्हें जानने वाले थे एक हरनाम सिंह काहरी जो सियाटल यूनिवर्सिटी में पढ़ते थे। उनके सुझाव पर सोहन सिंह ने अपने साथ ले जाई गई कुछ चीज़ें दिखाईं और कहा कि वे कला की सुंदर वस्तुओं के व्यापारी हैं। इस तरह काम चल गया।

अगले दिन वे अपने दोस्त के साथ अमरीका के सियाटल से उरेगन स्टेट पोर्टलैंड की ओर चले जहाँ से तीन मील दूर कोलम्बिया नदी के किनारे लकड़ी की नई मानरिक मिल बन रही थी। काम कठिन था। वहाँ दो सौ से ऊपर पंजाबी काम कर रहे थे। दो-ढाई डॉलर मज़दूरी थी। दोस्त भी वहीं काम करता था। पर यहाँ उन पर मेहनत पड़ी। ऐसे में पहले जो काम न करने की आदत थी वह छूट गई। वे काम में थक जाते। उन्हें यह भी दिखाई दे रहा था कि विदेशी मज़दूरों की अपेक्षा अमरीका के श्रमिकों का रहन-सहन ऊँचा था। उन्हें बेकारी भत्ता भी मिल जाता था और वे कम वेतन पर कार्य करने को तैयार नहीं होते थे। वहाँ के अमरीकी मज़दूरों को यह लगने लगा था कि उनके संकट का कारण बाहर से आए काम करने वाले हैं तो उन्होंने हिन्दी मज़दूरों पर चार-पाँच जगहों पर हमले कर दिए। उन्हें पीटा और लूट लिया गया। कई बार उन्हें ज़बरदस्ती ट्राम पर लादकर सर्दी के दिनों में बाहर जंगल में छोड़ा गया। उनके प्रति घृणा का व्यवहार किया जाने लगा। ऐसा कई बार होटलों तथा अन्य सार्वजनिक स्थानों पर भी होता। यह एक विकट, संकटपूर्ण स्थिति थी, जिसके समाधान के लिए कुछ भारतीयों ने अंग्रेज़ी कौंसलरों से कहा लेकिन

कोई नतीजा नहीं निकला। अब अपने देश से गए लोगों को अपनी गुलामी का अहसास होने लगा था। उन्हीं दिनों वहाँ पोर्टलैंड से थोड़ी दूरी पर सैंटजोन मिल में पंडित काशीराम और उनके कुछ साथी लकड़ी का काम करते थे। उन लोगों पर भी अमरीकन मज़दूरों ने हमला किया था। एक बार ऐसा हुआ कि प्रोफ़ेसर तेजा सिंह कनाडा से अमरीका आए तो वह सोहन सिंह से मिले। वे उनके पुराने परिचित थे सो उन्हें पोर्टलैंड शहर दिखाने ले गए। बारह बजे थे। दोपहर के खाने का समय था, सोहन सिंह उन्हें लेकर अमरीकन होटल में पहुँचे। भीतर घुसे ही थे कि होटलवालों ने कहा, ''जगह नहीं है।'' फिर उन्होंने एक जापानी होटल में खाना खाया। कई बार उन्होंने देखा कि गलियों में बच्चे उन्हें 'हिन्दू स्लेव' कहते और उनका पीछा करते थे। यह उनके लिए बहुत अपमानजनक परिस्थिति थी। उनका सिर लज्जा से झुक जाता।

एक बार ऐसा हुआ कि उनकी मिल बंद हो गई। वे और उनके मित्र इसका कारण जानने के लिए दफ़्तर में पहुँच कर सुपरिटेण्डेण्ट से मिले। उसने बड़े आदर से बैठने के लिए कहा। फिर काम पूछा। उसने जवाब दिया, ''काम तो बहुत है मगर आपके लिए नहीं।'' उन्होंने सवाल कर दिया, ''क्यों?'' वह एकाएक बोला, ''मेरा मन तो चाहता है कि आप दोनों को गोली मार दूँ।'' सोहन सिंह और उनके मित्र हैरत में थे। उन्होंने जानना चाहा कि क्या उन्होंने कोई अपराध किया है? अधिकारी ने प्रश्न किया, ''आपके देश की आबादी कितनी है?'' उत्तर दिया, ''तीस करोड़।'' वह कहने लगा, ''तीस करोड़ आदमी हैं या भेड़ें?'' जवाब में कहा, ''आदमी।'' उसने कहा, ''अगर आप तीस करोड़ आदमी होते तो गुलाम क्यों रहते? मैं आप दोनों को एक-एक बन्दूक देता हूँ, जाओ पहले अपने देश को आज़ाद कराओ। आज़ाद होकर जब आप अमरीका आएँगे तो मैं सबसे पहले आपको 'खुश आमदीद' कहूँगा।''

वे शर्मिंदा होकर वहाँ से वापस आ गए।

पोर्टलैंड के इर्द-गिर्द कारखानों में काम करने वाले हिन्दियों को अब गुलामी का अहसास शिद्दत से होने लगा। हर रविवार को वे इकट्ठे होते और आपस में अपने संकट पर चर्चा करते। वे कारखानों में बारी-बारी से ऐसा करने लगे। इस विमर्श ने उन्हें एक दूसरे के अधिक निकट ला दिया। उनके भीतर एकता बढ़ने लगी और आपसी व्यवहार काफ़ी हद तक तब्दील हो गया। जो कोई काम से वंचित हो जाता उनके प्रति सभी अपनी ज़िम्मेदारी निभाने

लगे यानी उसे उस समय तक निःशुल्क भोजन कराया जाता जब तक कि उसे काम न मिल जाता। इससे उनके भीतर देश के प्रति प्रेम का भाव और असाधारण श्रमिक चेतना निर्मित होने लगी। अब वे हर तरह से आपस में मदद करने को तत्पर रहते। दूसरे देशों के उन मज़दूरों के भीतर भी एकता का भाव उत्पन्न होने लगा जहाँ विदेशी गुलामी के लिए संघर्ष चल रहे थे। इस तरह जब लोग जागृत हुए तब उन पर हमले होने बंद हो गए। लोगों ने अपने लिए हथियारों की भी व्यवस्था कर ली थी। इस स्थिति के निर्माण में प्रोफ़ेसर तेजा सिंह और तारकनाथ का बड़ा योगदान था। उन सभी का यही विचार था कि देश से छात्रों को यहाँ विद्याध्ययन के लिए बुलाया जाए और वापस देश भेज कर उन्हें आज़ादी की लड़ाई का पैरोकार या सिपाही बनाया जाए। भाई ज्वाला सिंह की भी ऐसी ही योजना थी जिसके लिए चार विद्यार्थियों को छात्रवृत्ति देकर अमरीका बुलाया गया, लेकिन यह प्रयोग कामयाब नहीं हुआ। अब वे गम्भीरता से इस नतीजे पर पहुँचे कि मुल्क की आज़ादी के लिए सशस्त्र क्रांति ही एकमात्र रास्ता है जो त्याग और बलिदान के बिना संभव नहीं।

अब आया वर्ष 1912 जब वहाँ रहने वाले हिन्दियों के बीच यह विमर्श चलने लगा था कि कोई इन्कलाबी लहर पैदा की जाए। सबने मिलकर जिनमें हरनाम सिंह, जीडी कुमार भी थे, 'हिन्दुस्तान एसोसियेशन ऑफ़ पैसेफ़िक कास्ट' का गठन किया जिसका दफ़्तर पोर्टलैंड में होगा। एक अख़बार भी निकाला जाए जिसका नाम उन्होंने *हिन्दुस्तान* रखा। उर्दू में भी एक अख़बार निकालने की बात तय हुई जिसका मकसद अपने देश की आज़ादी के लिए जनमत तैयार करना और गुलामी के विरुद्ध संघर्ष सुनिश्चित करना था। इसके प्रधान चुने गए सोहन सिंह भकना, जीडी कुमार मुख्य सचिव तथा पं. काशीराम कोषाध्यक्ष। यह सब सर्वसम्मति से तय हुआ। इसकी प्रबन्ध समिति में हरनाम सिंह टुंडीलाट, ऊधम सिंह कसेल, रामरक्खा तथा दो अन्य साथी रखे गए। कुछ सदस्य भी बने। अब वाशिंगटन स्टेट की ऑस्ट्रिया मिल में काम करने वालों के बीच भी संस्था की एक शाखा स्थापित की गई जिसमें केसर सिंह ठठगढ़ प्रधान, मुख्य सचिव मुंशी करीम बख्श तथा मुंशीराम को कोषाधिकारी बनाया गया। उन दिनों करतार सिंह सराभा भी यहाँ आए हुए थे। लाला हरदयाल सैनफ्रांसिस्को में थे। उन्हें बुलाने की बात हुई। काशीराम ने उनसे चिट्ठी-पत्री की। जवाब आया कि दिसम्बर के आखिरी सप्ताह में

आएँगे, लेकिन फिर वे आए मार्च, 1913 के दूसरे सप्ताह में भाई परमानन्द के साथ। अगले दिन सेंट जोन में मीटिंग हुई। बताया जाता है कि भाई परमानन्द अमरीका में दवाइयों का कोर्स करने गए थे जिसे वह पूरा कर चुके थे इसलिए इंग्लैण्ड से होकर हिन्दुस्तान आना चाहते थे। सो वह भी साथ आ गए थे। मीटिंग में भाई परमानन्द भी बोले लेकिन उनके इस परामर्श को रद्द कर दिया गया कि देश से छात्र यहाँ पढ़ाई के लिए आएँ और अपना कार्य करें। सभी ने कहा कि ऐसे विद्यार्थी क्या सचमुच ही देश के लिए कुर्बानी देंगे। अंत में लाला हरदयाल ने जो कुछ कहा वह एक तरह से सोहन सिंह भकना की बातों से सहमति थी। अतः सर्वसम्मति से 'हिन्दी एसोसियेशन ऑफ़ पैसेफ़िक कास्ट' का गठन करके उसका कार्यालय सैनफ्रांसिस्को में बनाना तय किया गया। 1857 की याद में हिन्दी भाषा में एक अख़बार के प्रकाशन का भी निर्णय हुआ जिसका नाम *ग़दर* रहेगा। पार्टी का उद्देश्य सशस्त्र क्रांति के द्वारा देश को आज़ाद कराना तथा उसके पश्चात् स्वतंत्रता और समानता के आधार पर गणतंत्र की स्थापना करनी होगी। सोहन सिंह भकना प्रधान, उपप्रधान भाई केसर सिंह ठठगढ़, मुख्य सचिव लाला हरदयाल, संयुक्त सचिव ठाकुर दास तथा कोषाधिकारी पं. काशीराम बने। प्रबन्ध समिति के भी 14 सदस्य चुने गए जिनमें भाई केसर सिंह वाशिंगटन स्टेट, करीम बख्श, मुंशीराम, ऊधम सिंह कसेल, ईश्वर सिंह मरहाना, सोहन सिंह भकना, हरनाम सिंह टुंडीलाट, अमर सिंह कोटला नौधसिंह, पं. काशीराम, रामरक्खा, ठाकुर दास, किशन सिंह, अमर सिंह तथा एक अन्य सदस्य थे। खुफ़िया काम के लिए भी तीन सदस्यों का एक दल बना जिसमें सोहन सिंह भकना, लाला हरदयाल और पं. काशीराम रखे गए। यह सही अर्थों में लोकतांत्रिक पार्टी थी जिसकी पहली ही मीटिंग में दल का नाम बदल कर 'हिन्दुस्तानी एसोसियेशन' कर दिया गया। सभी स्टेट के कारखानों में कॉन्फ्रेंस करना तय हुआ और चंदे के लिए भी अपील की गई। पं. काशीराम ने दस हज़ार डॉलर नकद तथा एक कीमती प्लॉट दे दिया। एक मकान किराए पर लेकर उसमें दफ़्तर बना जिसका नाम 'युगांतर आश्रम' रखा गया। 1 नवम्बर, 1913 को *ग़दर* का पहला पर्चा हाथ की मशीन से करतार सिंह सराभा और रघुवीर दयाल की मदद से निकला जिसके प्रथम पृष्ठ पर लिखा था, 'जे तऊ प्रेम खेलन का चाऊ, सिर धर तली गली मोरी आओ।' अर्थात् अगर तुम्हारे मन में प्रेम करने की चाह है तो

कुर्बानी की भावना लेकर मेरे पास आना।

पत्र के मुख्य संपादक थे लाला हरदयाल। वे उर्दू में लिखते और सराभा उसे पंजाबी में अनुवाद करते। इसमें अंग्रेज़ी हुकूमत के कारनामों का खुलासा होता। सराभा पर यहाँ बड़ी ज़िम्मेदारी थी। देखते-ही-देखते यह क्रांति का बड़ा केन्द्र बन गया। अख़बार और इन्कलाबी साहित्य की माँग बढ़ी तो बिजली से चलने वाली प्रेस लगायी। कॉन्फ्रेंस भी जगह-जगह होने लगीं। सोहन सिंह अपना निजी काम छोड़कर इसमें पूरा वक्त देने लगे। वे कहते हैं, "एक बार आयरलैंड का एक क्रांतिकारी हमारा दफ़्तर देखने और छापाखाना देखने आया। जब उसने सुना कि हमारे सांझे भोजनालय का खर्च केवल दो डॉलर प्रतिदिन है तो उसके जैसे होश उड़ गए। हम केवल डबल रोटी खरीदते थे और सब्ज़ी व प्याज हमें एक साथी के फ़ार्म से मिल जाते थे। हमारी बातें सुनकर वह कहने लगे—इतना त्याग? अब हिन्दोस्तान की स्वतंत्रता दूर नहीं।"

'ग़दर पार्टी' के खर्च और आमदनी की रिपोर्ट हर महीने अख़बार में छपकर स्थानीय कमेटियों को भेजी जाती। पार्टी का काम इतना बढ़ गया कि हज़ारों की गिनती में उर्दू, हिन्दी, पंजाबी, गुजराती भाषाओं में अख़बार छपने लगा। दफ़्तर का काम भाई संतोख सिंह चलाते और अख़बार को मुख्य संपादक हरनाम सिंह टुंडीलाट, करतार सिंह सराभा, रामचन्द्र और सोहन लाल पाठक देख रहे थे। अख़बार भेजने की ज़िम्मेदारी पं. जगतराम की थी जिनकी सहायता के लिए एक कमेटी बनाई गई। पैसे का हिसाब-किताब बसन्त सिंह देख रहे थे। उनके साथ भी करतार सिंह दुक्की और पृथ्वीसिंह व कुछ और लोग थे। अंग्रेज़ी सरकार यह समझती थी कि हरदयाल के चले जाने से पार्टी समाप्त हो जाएगी लेकिन उसका यह अनुमान गलत साबित हुआ। यहाँ यह बता दें कि यह जो हरनाम सिंह टुंडीलाट थे; एक आयरिश क्रांतिकारी से बम बनाने और पुल उड़ाने वाले डायनामाइट तैयार करने के दौरान अपनी एक बाज़ू खो बैठे और वे 'टुंडीलाट' बन गए। इस घटना के गवाह सोहन सिंह भकना स्वयं थे। बताया जाता है कि योकोहामा विश्वविद्यालय, जापान में फ़ारसी का अध्यापन करते हुए मौलाना बरकतउल्ला भी यहाँ आकर 'ग़दर पार्टी' का काम करने लगे। उनके साथ भाई भगवानसिंह भी सेनफ्रांसिस्को के 'युगांतर आश्रम' में आ गए।

इसके बाद की घटना सर्वविदित है कि 23 मई, 1914 को कामागाटा

मारू जहाज़ वैनकूवर पहुँचा लेकिन कनाडा सरकार ने उसे बन्दरगाह पर किनारे नहीं लगने दिया। अब कनाडा और अमरीका में भारतीयों को रोकने के हर संभव प्रयास किए जाने लगे थे। कनाडा के हिन्दी लोग उन मुसाफ़िरों को उतारने के लिए अपीलें और अदालती लड़ाई भी लड़ रहे थे। 'ग़दर पार्टी' ने फ़ैसला किया कि कामागाटा मारू के साथ-साथ वापस योकोहामा जाकर उन मुसाफ़िरों से मिले। इसकी ज़िम्मेदारी भकना को सौंपी गई। 200 पिस्तौलें और 2000 गोलियाँ दो पेटियों में बंद कर जहाज़ में ले जाने का प्रबन्ध भाई भगवान सिंह और करतार सिंह सराभा को सौंपा गया। जब जहाज़ योकोहामा पहुँचा तो पार्टी के सदस्य भकना को लेने वहाँ पहुँचे। उन्होंने पेटियाँ उनके हवाले कर दीं और वे कार से उन्हें होटल ले गए। इसके बाद जहाज़ कलकत्ता जाकर लगा तो भकना और उनके दो साथी जो कनाडा से आए थे, उन तीनों को पुलिस ने गिरफ़्तार कर लिया। दो दिन बाद वे पुलिस पहरे में लुधियाना लाए गए और फिर मुल्तान जेल।

अब शुरू हुआ जेल के भीतर का संग्राम और सोहन सिंह भकना की माँओं की कहानी। मुल्तान ज़िला जेल में बंदी भकना पर सबसे अधिक निगरानी थी। वहाँ सीआईडी के अधिकारी सुक्खा सिंह और एक इंस्पेक्टर ने मिलकर उनसे कहा, "सरदार जी, आप तो बुद्धिमान थे लेकिन इधर कैसे फँस गए? हमने आपके घर जाकर आपकी माताओं और पत्नी की दशा देखी और हमें उन पर बहुत दया आई इसलिए हम आपके पास आए हैं और सरकार ने हमें पूरा अधिकार दिया है। बुद्धिमत्ता इसी में है कि समय रहते आप अपनी रक्षा कर लें। केवल इतना ही नहीं, अपितु आपकी इज़्ज़त, रुपया, ज़मीन जो भी चाहो, मिल सकता है और बयान भी मामूली-सा देना पड़ेगा कि आपके साथ अमरीका में 'ग़दर पार्टी' का कौन-कौन सदस्य काम करता था और क्या आप इस पार्टी के प्रधान थे?"

यह सुनकर भकना बोले, "सरदार जी, मैंने सुना था कि हिन्दोस्तानी पुलिस का दिमाग दूसरे देशों की पुलिस के मुकाबले में न के बराबर है, पर आज पूरा यकीन हो गया। मैं तो रोज़ी कमाने के लिए घर से निकला और अमरीका में लकड़ियों के कारखानों, कैलिफ़ोर्निया के खेतों और बागों में मज़दूरी करता था तथा युद्ध लग जाने पर देश आया हूँ। आप पूछ रहे हैं कि मैं किसी 'ग़दर पार्टी' का प्रधान था और कौन-कौन सदस्य मेरे साथ काम

करते थे?'' इस उत्तर पर वे उठकर चले गए।

लेकिन दस-बारह दिन बाद सुक्खा सिंह और मौलवी अमीर अली भकना के एक परम मित्र सुरैण सिंह और उनकी जननी माता राम कौर को लेकर जेल में आ गए। भकना समझ गए कि उन्हें ब्लैकमेल किया जा रहा है। उन दोनों ने सुरैण सिंह से कहा कि हम आधे घंटे के लिए बाहर चले जाते हैं, आप अच्छी तरह से खुलकर बात कर लो। भकना ने सबसे पहले मित्र से सवाल किया कि वे उनके साथ क्यों आए हैं? उसने बताया कि पुलिस दिन-रात तंग करती है कि आप चलकर उसको समझाओ। हमने सोचा कि चलो इसी बहाने आपसे मिल लेंगे। वह बोले, ''अगर मिलना ही था तो कोई बात नहीं लेकिन और कुछ मत कहना क्योंकि मैं किसी भी हालत में बयान देने के लिए तैयार नहीं हूँ।'' मित्र उनका समझदार था। उसने ऐसा कुछ नहीं कहा। राम कौर यह सब बातचीत चुपचाप सुनती रहीं। फिर भकना अपनी माता जी से बोले, ''आप क्यों आई हो?'' वे बोलीं, ''ये (पुलिस वाले) मुझसे कहते हैं कि अगर तेरे लड़के ने हमारा कहना न माना तो उसको फाँसी की सज़ा हो जाएगी, हमें तुम पर बहुत दया आती है। उसको जाकर समझाओ।'' भकना ने माता जी से कहा, ''जो वह कहते हैं वह सत्य है कि वे मुझे फाँसी देंगे, परन्तु क्या आप इस बात को पसंद करोगी कि मैं बच जाऊँ और दूसरे सैकड़ों साथी फाँसी पर चढ़ जाएँ?'' राम कौर बहुत धार्मिक प्रवृत्ति की महिला थीं। भकना कहते हैं कि माता जी समझदार और सहनशक्ति वाली थीं। उन्होंने कहा कि मैं यह तो नहीं चाहती कि तू बच जाए और दूसरों को फाँसी लगवा दे। उन्होंने माता जी को धन्यवाद देते हुए कहा, ''माता जी, मैंने आपकी कोख से जन्म लिया है और मैं आपकी कोख को कलंकित करके जीना नहीं चाहता। मुझे आशीर्वाद दो!'' माता जी ने सिर पर हाथ रखकर दुआएँ और आशीर्वचन देते हुए कहा, ''पुत्तर, अपने धर्म पर अडिग रह। मैं खुश हूँ।''

बात यहीं नहीं थमी। थोड़ी देर में सीआईडी वाले आ गए। भकना के मित्र से बोले, ''कुछ सुनाओ जी। इनकी समझ में कोई बात आई या नहीं?'' मित्र ने उत्तर दिया कि पहले भी हमसे बुद्धिमान थे और अब भी हैं। आप स्वयं ही बात कर लीजिए।

बाद में पुलिस वालों ने भकना से कहा, ''सरदार जी, आज अंतिम समय है। यह मौका फिर हाथ नहीं आएगा। आप नामधारियों के बीच रह चुके हैं

और जानते हैं कि नामधारियों को किस प्रकार तोपों के आगे बाँध कर उड़ाया गया था। आप एक बार सोच लें। एक ओर तो हर प्रकार की सुविधा और सम्मान है और दूसरी ओर फाँसी। यह सुनकर उन्होंने उत्तर दिया, ''दूसरी बात मंज़ूर है, लेकिन मैं पाप नहीं कमा सकता। आप मेरे पास आने का कष्ट मत करना।'' बात समाप्त हो गई। सुक्खा सिंह और अमीर अली की सारी तदबीरें नाकामयाब हो गईं।

कुछ दिनों बाद पंजाब का लेफ़्टीनेंट गवर्नर ओ डायर मुल्तान जेल आया। उसने वहाँ दरबार लगाया जिसमें अमरीका से लौटे सारे कैदी बुलाए गए। उसने पूछा, ''तुम्हारे बीच जो यह कहता हो कि पंजाब हमारा है, वह आगे बढ़ जाए। सारे कैदी आगे बढ़ गए लेकिन भकना ने एक कदम आगे निकाल कर कहा, ''पंजाब ही नहीं, सारा हिन्दुस्तान हमारा है।'' यह नज़ारा अद्‌भुत था।

लाहौर का पहला षड्यंत्र केस 25 अप्रैल, 1915 से 13 सितम्बर, 1915 तक तीन जजों के समक्ष प्रस्तुत हुआ। शिनाख़्त का नाटक हुआ और फिर 24 लोगों को फाँसी का हुक्म। सज़ा को सभी ने प्रसन्नता से सुना। करतार सिंह सराभा और दूसरे साथियों ने जज को धन्यवाद कहा। सब फाँसी की कोठरियों में बंद कर दिए गए।

फाँसी का दिन निश्चित हो गया था। आखिरी मुलाकात के लिए परिवार के लोग मिलने आने लगे। करतार सिंह सराभा के बाबा भी उससे मिलने आए। सोहन सिंह की दोनों माताएँ और पत्नी आईं। कुछ रिश्तेदार भी साथ में थे। सोहन सिंह ने माताओं से कहा, ''माता जी, चिन्ता मत करो। तुम्हारा बेटा तुम्हारी कोख को लजा कर नहीं मर रहा। मरना तो एक दिन सभी को है। अपनी बहू को भी हौसला देना।''

माँओं से सोहन सिंह की यह अंतिम भेंट थी।

लेकिन एक बार फाँसियाँ टलीं। रघुवीर सहाय तथा कुछ अन्य देशभक्तों ने न्यायिक प्रक्रिया को देखा तो एक कमेटी बनाई गई जिसमें मोतीलाल नेहरू, मदन मोहन मालवीय आदि की सलाह के अनुसार यह कह कर फाँसी की सज़ा को उम्र कैद में बदलने का प्रस्ताव किया गया जो लोग भारत भूमि पर पैर रखने से पहले ही बंदी बना लिए गए थे। उन 17 आदमियों में सोहन सिंह भकना भी थे। जाँच के उपरांत कहा गया कि 24 में से 17 ऐसे लोगों को मृत्युदंड दिया गया है जो हिन्दुस्तान की धरती पर उतरे ही नहीं और जहाज़ों

पर ही पकड़ लिए गए। यह कानूनी कमज़ोरी थी। इन त्रुटियों के आधार पर प्रतिनिधिमण्डल लॉर्ड हार्डिंग से मिला जिस पर 17 आदमियों की मृत्यु की सज़ा खत्म करके उम्र कैद, काला पानी और सम्पत्ति ज़ब्ती रखी गई। सोहन सिंह भकना भी उन 17 आदमियों में एक थे। वे सब फाँसी टलने की खबर से निराश हुए। उन्होंने तो रात भर सिर हथेली पर रखकर देश की आज़ादी के लिए कुर्बान होने का सपना देखा था।

16 नवम्बर, 1915 को करतार सिंह सराभा, भाई बख़्शीश सिंह, भाई सुरैन सिंह पुत्र बूड़ सिंह, भाई सुरैन सिंह पुत्र ईशर सिंह, भाई हरनाम सिंह, विष्णु गणेश पिंग्ले और जगतसिंह को फाँसी पर चढ़ा दिया गया। 19 वर्षीय करतार सिंह का वज़न फाँसी के दिन तक बढ़ गया था।

इस तरह सोहन सिंह भकना उम्र कैद की सज़ा पाकर पहुँच गए काला पानी जहाँ के बंदी जीवन में भी वे निरन्तर संघर्ष करते हुए 1928 में लाहौर की केन्द्रीय कारागार में भेज दिए गए। इस जेल में भी ब्रिटिश साम्राज्यवाद से उनका युद्ध अनवरत जारी रहा। उन्होंने जेल में कई भूख हड़तालें कीं। 16 वर्ष की लंबी कैद के बाद जब वे बिना शर्त छूटे तब उनके बहुत-से साथी बिछुड़ चुके थे। उनका शरीर कमज़ोर हो चुका था। उन्हें लाहौर में महाराजा रणजीत सिंह की समाधि पर ठहराया गया। गुरुद्वारा डेरा साहिब में दीवान सज़ा और पगड़ी व सरोपा देकर वे सम्मानित किए गए। कांग्रेस कमेटी ने अमृतसर में स्वागत में जुलूस भी निकाला। जगह-जगह उनका आदर और जय-जयकार हुई। गाँव में भी एक बड़ा जलसा हुआ। वे तो अपना घर भी भूल चुके थे जो अब मिट्टी में तब्दील हो चुका था। उनकी दोनों माताएँ उनके वियोग में अपनी देह छोड़ कर जा चुकी थीं। यह देखना और सोचना उनके लिए बहुत भयावह था।

भकना की पत्नी उस समय अपने मायके में दिन काट रही थीं। फिर कुछ समय बाद वह भी नहीं रहीं। द्वितीय विश्वयुद्ध के समय उन्हें देवली कैम्प जेल में भेजा गया। घर पर जो कुछ बचा था वह सब उन्होंने दान कर दिया। संघर्ष उनका अंतिम दिनों तक चलता रहा। बढ़ती उम्र में भी जेल जाने का सिलसिला थमा नहीं। किसानों के बीच जमकर काम किया। नज़रबंदी को भी तोड़ा। भूख हड़तालें कीं। इस अटूट संघर्ष में उनकी कमर टेढ़ी हो गई थी। जालंधर में 'देशभगत यादगार हॉल' उन्हीं की बनायी अमिट निशानी है

जिसे आज हम गर्व से देखते हैं। इस इमारत में शहीदों और क्रांतिकारियों की यादें संरक्षित देख कर हमें भकना का यह कथन याद आता है, ''यह ठीक ही है कि मैं भगवान के नाम की माला तो नहीं फेरता, किन्तु उन संसार भर के शहीदों, चाहे वे किसी देश या राष्ट्र में पैदा हुए हों, जिन्होंने दुःखी संसार को ज़ालिमों, ठगों और पाखंडियों के पंजे से मुक्त कराने के लिए अपनी आहुतियाँ दीं, उनके नाम की माला ज़रूर फेरता हूँ। यही मेरा विश्वास है और यही मेरा धर्म है।''

25 दिसम्बर, 1968 को भकना नहीं रहे। उन्हें याद करता हूँ तो उनकी धर्ममाता हर कौर और जननी माता राम कौर के बलिदान की गाथा भी हमारी आँखों के सामने तैरने लग जाती है। इन दोनों माँओं में कौन बड़ा था और कौन छोटा, इसकी शिनाख़्त हमारे लिए नितांत कठिन है। सोचता हूँ कि इतिहास के पृष्ठों में उनकी जगह कहाँ होगी? अपने बेटे को देश के लिए कुर्बान होते देखकर उन्होंने क्या-क्या और कैसे झेला होगा, इसकी हम सिर्फ़ कल्पना ही कर सकते हैं।

माता हर कौर और राम कौर, तुम्हें हम सबका प्रणाम! हम तुम्हें कभी भूलेंगे नहीं। तुम्हारा कीर्ति-स्तम्भ हमारे मनों में है।

क्रांतिकारी बंधु

राजकुमार सिन्हा और विजय कुमार सिन्हा

कानपुर शहर के माल रोड का वह 'मार्कण्डेय भवन' उन दो सगे भाइयों का घर था जिसमें राजकुमार सिन्हा और उनके छोटे भाई विजय कुमार सिन्हा पले-बड़े हुए। इन दोनों क्रांतिकारियों की माँ शरत कुमारी सिन्हा ने अपने बच्चों को इस तरह पाला-पोसा कि वे निडर होकर क्रांति के अग्निपथ पर चल पड़े। 9 अगस्त, 1925 को काकोरी में रेल के सरकारी खज़ाने पर हमला करने और उसे लूटने के अभियान में ब्रिटिश सरकार ने जिन क्रांतिकारियों को धर दबोचा उनमें मार्कण्डेय दास के बड़े बेटे राजकुमार सिन्हा भी थे। इस मुकदमे में उन्हें दस वर्ष की कैद की सज़ा मिली लेकिन विदेशी साम्राज्यवाद के विरुद्ध उनका संग्राम लंबे समय के लिए जेल जाने के बाद भी किसी तरह शिथिल नहीं हुआ। बरेली केन्द्रीय कारागार में बंदी जीवन में अपने साथी मन्मथनाथ गुप्त, मुकुन्दीलाल और शचीन्द्रनाथ बख़्शी के साथ 52 दिन लंबी भूख हड़ताल राजनीतिक कैदियों के अधिकारों के लिए करते हुए मृत्यु के नज़दीक पहुँच कर भी उन्होंने अपने कदम पीछे नहीं खींचे। अपनी इस लड़ाई को समाप्त करने के लिए उन्होंने लाहौर जेल से भेजे गए भगतसिंह और बटुकेश्वर दत्त की ओर से तार के ज़रिए भेजे गए अनुरोध को भी नहीं माना। यह 1929 की बात है जबकि दल के सेनापति चन्द्रशेखर आज़ाद उन्हें जेल से छुड़ाने के लिए बरेली आ धमके थे।

राजकुमार के छोटे भाई विजय कुमार सिन्हा को चन्द्रशेखर आज़ाद के नेतृत्व में गठित 'हिन्दुस्तान समाजवादी प्रजातंत्र संघ' में अंतर्राष्ट्रीय संपर्कों के प्रचार-प्रसार की ज़िम्मेदारी सौंपी गई थी। वे साण्डर्स-वध मामले से भी जुड़े रहे। 'लाहौर षड्यंत्र केस' में गिरफ़्तार होकर उन्हें काला पानी की सज़ा मिली और अंडमान गए। उन्होंने 'अंडमान : एन इंडियन बास्तील' तथा 'द न्यू मैन इन सोवियत यूनियन' जैसी किताबों की रचना की। राजकुमार रूसी भाषा के जानकार थे तथा कानपुर में इसका अध्यापन भी करते रहे। उनका निधन 18 दिसम्बर, 1972 को कानपुर में हुआ जबकि विजय दा आंध्र प्रदेश के सिकन्दराबाद में रहते हुए 14 जुलाई, 1992 को दिवंगत हो गए। उनकी माँ शरत कुमारी सिन्हा अत्यंत साहसी और विद्वान महिला थीं जिन्होंने बांग्ला भाषा में एक पुस्तक की रचना की।

सिन्हा बंधुओं की माँ शरत कुमारी

शरत कुमारी का आत्मबलिदान

कानपुर के माल रोड पर 'मार्कण्डेय भवन' की वह इमारत अब ज़मींदोज हो चुकी है जिसकी स्मृतियाँ भी इस शहर में किसी के पास नहीं हैं। मार्कण्डेय दास सिन्हा और उनकी पत्नी शरत कुमारी सिन्हा का यह विशाल घर कभी क्रांतिकारियों का केन्द्र था। उनके दो बेटे थे जो विप्लव पथ के अनुगामी बने। बड़े राजकुमार सिन्हा को काकोरी के मुकदमे में 10 वर्ष की कैद की सज़ा मिली और दूसरे विजय कुमार सिन्हा 'लाहौर षड्यंत्र केस' में पकड़े जाकर काला पानी के बन्दी जीवन में भेजे गए। माँ शरत कुमारी की युवावस्था की एक पुरानी तस्वीर हमारे सामने है जिसमें वे एक साधारण स्त्री सरीखी लगती हैं। चित्र के नीचे बांग्ला के सुंदर अक्षरों में उनका नाम हस्तलिपि में पढ़ा जा सकता है जो शायद हस्ताक्षर भी हों उनके, पर इसकी शिनाख़्त करने वाला कोई नहीं। उनकी लिखी बांग्ला पुस्तक के शुरुआती पृष्ठों में यह जो छवि सुरक्षित है उसमें उनकी पैनी आँखें और कसे हुए होंठों के पीछे एक दृढ़ संकल्पबद्ध स्त्री का चेहरा दिखाई पड़ता है। एक चित्र और है जिसमें उनके पीछे दोनों क्रांतिकारी युवा बेटे राजकुमार और विजय कुमार बैठे हैं। इसमें माँ का उम्र पाया मज़बूत चेहरा है जिसमें सिर के पल्लू से बालों की सफ़ेद रंगत झाँक रही है। उनका अति साधारण-सा लिबास हमारे भीतर

श्रद्धा उत्पन्न करता है। एकदम घरेलू दिखने वाली इस माँ ने अपने दोनों पुत्र देश की आज़ादी के संग्राम में भेज दिए थे। आज कौन जाने कि वे स्वयं भी उसी विद्रोही आग से लैस थीं।

एक दीर्घ युद्ध लड़ा था इस माँ ने भीतर और बाहर। ये दोनों लड़ाइयाँ किसी तरह उनके लिए आसान नहीं थीं। एक अनवरत मोर्चा उनके इर्द-गिर्द हरदम और अंत तक बना रहा। जन्म उनका 1877 में हुआ और ब्याह के समय वे सिर्फ़ 9 वर्ष की थीं। परिवार उनका मध्य प्रदेश में रहता था, जबकि मार्कण्डेय दास दत्तपुकुर, 24 परगना, बंगाल से कानपुर 1880 में आ गए थे, जहाँ आकर वे एलाइंस एडवरटाइज़मेंट में काम करने लगे और इस शहर के बाशिंदे हो गए। अब शरत कुमारी का घर कानपुर हो गया जो पहले ही क्रांतिकारी चेतना के शहर के रूप में ख़्यात था।

शरत कुमारी ने कोई स्कूली शिक्षा नहीं पाई थी। उन्होंने सब कुछ स्वाध्याय से ही सीखा। बांग्ला भाषा में उन्होंने कविताएँ और लेख लिखे। *आनन्द बाज़ार* पत्रिका, *इंडियन मिरर, बंगाली* और *हिन्दू देश भक्त* में उनका लिखा छपता रहा। बांग्ला में उनकी एक पुस्तक *नारी-पंच-चत्वारिंश* भी प्रकाशित हुई जिसे उन्होंने 'प्यारी कृष्णा रानी को, नारी की वास्तविक उन्नति के उद्देश्य से तुम सबकी कानपुर में रहने वाली दादी' लिखकर समर्पित की थी। यह 10, ज्येष्ठ, 1358 बंगाब्द को छपी थी। इसकी मूल प्रति राजकुमार सिन्हा की पुत्री श्रीमती चन्द्रलेखा घोष ने हमारे लिए कनाडा से भिजवा दी। हुआ यह कि विजय कुमार सिन्हा की पुत्रवधू शांता सिन्हा जब पिछले दिनों वहाँ उनसे मिलने पहुँचीं तब उन्होंने यह प्रति मुझे भिजवाने के लिए उन्हें सौंप दिया। इस तरह यह बांग्ला कृति हमारे हाथों में आई जिसके एक पृष्ठ पर नीली रोशनाई से उन्होंने बांग्ला भाषा में जो इबारत दर्ज की वह इस प्रकार है—

> यह पुस्तक तब लिखी गई, जिस समय बाल विवाह की तरह शिक्षा में भी बाधा थी। उस समय कोई नववधू नृत्य, गीत आदि में निपुणता दिखाने के कारण पति के घर से हमेशा के लिए बाहर कर दी गई थी। युग बदलने के कारण साहित्य में परिवर्तन और परिवर्द्धन ज़रूरी हो गया। इस पुस्तक में कई जगह (इसी तरह की) गैरज़रूरी टिप्पणियाँ हैं। जैसे, नारी जाति के नृत्य, गीत आदि के शिक्षण एवं

सिर खुला रखने आदि का विरोध। विधवा महिलाओं द्वारा निर्जला एकादशी रखने का विरोध। चूँकि अब नारी जाति की उच्च शिक्षा के क्षेत्र में कदम उठाए जा रहे हैं, ऐसे में, आज इन टिप्पणियों का कोई औचित्य नहीं है।

शरत कुमारी सिंह

20 ज्येष्ठ, 1358 बंगाब्द (1949 ईस्वी)

इस पुस्तक में स्त्री की नैतिक शिक्षा और धर्म पालन की नसीहतें हैं। यह एक आदर्शवादी किस्म की कृति है। इसके साथ ही उन्होंने *गीता* का सरल बांग्ला में अनुवाद भी किया, पर वह कहीं छप नहीं पाया। तब के परिवेश में उनका इस तरह सार्वजनिक दुनिया में प्रवेश एक बड़ा और विप्लवकारी कदम था जिसने उनके घर-परिवार को नए ढंग से रचना-गढ़ना शुरू कर दिया। वे बहुत धार्मिक प्रवृत्ति की और पूजा-पाठ करने वाली महिला थीं। रोज़ नंगे पैर गंगा-स्नान को जातीं और वहाँ से गंगाजल लाकर घर में प्रतिष्ठित शिव, गणेश और लक्ष्मी की मूर्तियों का जलाभिषेक करतीं। कहा जाता है कि उनके न रहने के बाद भी परिवार में यह प्रथा प्रचलित रही। एक बार उन्होंने अत्यंत दुखी होकर पुत्र से कहा था कि उनके जाने के बाद इन मूर्तियों को गंगा में प्रवाहित कर देना। यह सुनकर बड़े बेटे राजकुमार बोले, ''माँ जैसे तुम पूजा करती हो, मैं भी करूँगा।'' सुनकर माँ के आस्थावान मन को जैसे गुमान हुआ। मार्कण्डेय दास की पहली पत्नी का निधन हो गया था। घर में उनका भी एक चित्र सुरक्षित था जिसे शरत कुमारी पूरा सम्मान देती थीं।

रामप्रसाद बिस्मिल के नेतृत्व में 9 अगस्त 1925 को काकोरी में ट्रेन के सरकारी खज़ाने की लूट के मामले में जब गिरफ़्तारियाँ हुईं, तब राजकुमार सिन्हा भी पकड़ लिए गए। उनके कमरे से दरोगा का झब्बा, टोपी और रिवॉल्वर पुलिस ने बरामद किया। बांग्ला में लिखा उनका एक निबंध 'राष्ट्रीय आंदोलन और छात्रों का कर्त्तव्य' भी मिला जिसे बहुत खतरनाक माना गया। यद्यपि काकोरी के घटनाक्रम में सिर्फ़ दस लोग शामिल थे लेकिन उत्तर भारत में चालीस से अधिक गिरफ़्तारियों के बाद मुकदमा लखनऊ की अदालत में चलाया गया। राजकुमार जेल में थे तब पिता मार्कण्डेय दास अपने मकान के लंबे बरामदे में बैठे चुपचाप आकाश की ओर ताकते रहते। उन्हें जेल गए पुत्र की चिंता थी। वे अनुमान करने लगे थे कि कहीं राजू को

भी फाँसी की सज़ा न हो जाये। जाने क्यों उन्हें लगने लगा था कि उनका बेटा मृत्युदंड से बच नहीं पाएगा। ऐसे में बेचैन होकर वे कभी घर के भीतर जाते तो कुछ ही देर में बाहर निकलकर टहलने लगते। उनके भीतर वह दृश्य कौंधने लगता जब राजू के पकड़े जाने पर हथकड़ियों और बेड़ियों में जकड़ कर उन्हें जेल ले जाया गया था। उनके लिए यह असह्य वेदना थी। वे पूरी तरह टूट गए थे। इसी पीड़ा में उन्हें हृदयाघात हुआ और 22 दिसम्बर, 1925 को उनका देहान्त हो गया।

मार्कण्डेय दास की पहली संतान थीं आशा लता। उनकी दूसरी बेटी सुशीला थीं जो बाद को सुशीला घोष बनीं, जिनके त्याग और बलिदान की कहानी सचमुच प्रणम्य है। सुशीला अपने भाइयों को बहुत प्यार करती थीं। उन्होंने माँ शरत कुमारी के साथ मिलकर 'भारतीय नारी शिल्पघर' स्थापित किया जिसके माध्यम से धन एकत्रित करके वे जेल में बंदी क्रांतिकारियों की मदद करतीं, पुस्तकें भेजतीं और मुकदमे के सिलसिले में वकील की सलाह लेने का प्रयत्न करतीं। इसमें भगतसिंह के पिता किशनसिंह भी उनके सहयोगी थे। मुकदमे की सुनवाई होती तो यह व माँ गैलरी में बैठी रहतीं। क्रांतिकारी दल के नेता योगेश चन्द्र चटर्जी ने अपनी आत्मकथा *इन सर्च ऑफ़ फ्रीडम* में लिखा है, 'विजय कुमार सिन्हा की माँ और बहन सुशीला उनसे जेल में मिलने आती थीं। उन्होंने जेल में ही अपने हाथों से भोजन बनाकर सभी क्रांतिकारियों को खिलाया। वह अदालत में मुकदमे की सुनवाई के दौरान भी उपस्थित रहती थीं।' राजकुमार सिन्हा और विजय कुमार सिन्हा ने जब जेलों के भीतर अनशन किया तब बहन सुशीला और माँ दोनों बहुत विचलित रहीं। बहन के मस्तिष्क पर तो इसका अत्यंत विपरीत प्रभाव पड़ा। विजय कुमार सिन्हा ने बाद को पीपुल्स पब्लिशिंग हाउस से छपी अपनी प्रसिद्ध पुस्तक *इन अंडमंस द इंडियन बास्तील* को अपनी इसी बहन को यह लिखकर समर्पित किया, 'टु माय सिस्टर, सुशीला घोष, हू ऑलवेज़ स्टुड बाय योर साइड डियूरिंग स्ट्रोम एंड स्ट्रेस, हू थ्रो हर इंटेस पेन एंड एगोनीज़ सिम्बोलाइज़्ड इन माय लाइफ़ द साइलेंटली सफ़रिंग वूमेनहुड ऑफ़ आवर वास्ट मदरलैण्ड।' मैंने एक बार विजय दा से उनकी इस बहन के बारे में जानना चाहा लेकिन उन्होंने उनकी कुछ भी चर्चा करने से यह कहते हुए इनकार कर दिया कि इससे उनका रक्तचाप बढ़ जाता है। सुना कि उन दिनों सरकार और पुलिस के उत्पीड़न से तंग आकर

वह बहन अपना मानसिक संतुलन खो बैठी थीं और देश के आज़ाद होने के बाद भी "पुलिस आ गई, भाई को पकड़ कर ले जा रही है" कह कर बेहद असंतुलित हो जाती थीं। विजय दा ने यह भी कहा कि मेरी बहन के योगदान का आकलन किसी तरह संभव नहीं है, जिन्होंने उन दिनों उनकी माँ को न केवल आर्थिक सहयोग प्रदान किया बल्कि वे हमारे क्रांतिकारी अभियान में पूरी तरह जुटकर विरोध प्रदर्शनों और सभाओं जैसी गतिविधियों में निरन्तर संलग्न रहीं। उन्होंने उस आड़े समय में जब ज़रूरत पड़ी तो एक-एक करके अपने गहने तक विक्रय कर दिए। वे अपने भाई को लगातार पत्र लिखती थीं और जब वे उन्हें नहीं मिलते तो परेशान हो उठतीं। विजय दा के लिए वह माँ से बढ़कर थीं। एक बार विजय दा से किसी ने जब उनकी माँ के त्याग और संघर्ष के बारे में पूछा तो वे बोले, "माँ का त्याग तो प्राकृतिक होता है, लेकिन उनकी बहन की कुर्बानी माँ की अपेक्षा बहुत बड़ी है।" भाई राजकुमार सिन्हा भी अपनी इस बहन के प्रति बहुत आदर और स्नेह का भाव रखते थे। माँ शरत कुमारी निश्चय ही बहुत हिम्मत वाली महिला थीं। एक बार कानपुर के पुराने क्रांतिकारी शिवकुमार मिश्र माँ से मिलने उनके घर पहुँचे। जब राजू दा और विजय दा की जेल में भीतरी संघर्ष और अनशन के दौरान उनकी नाज़ुक हालत की चर्चा करते हुए वे फफककर रो पड़े तो। माँ ने यह देखते ही उन्हें डाँटते हुए कहा कि क्रांतिकारी होकर रोता है। मेरी ओर देख, मैं दो-दो बाघों की माँ हूँ फिर भी कमज़ोर नहीं पड़ी हूँ। मेरे दोनों बेटे जेल के भीतर अंग्रेज़ सरकार से लड़ रहे हैं। बताया जाता है कि एक बार लाहौर की अदालत में विजय कुमार सिन्हा को पीटा गया तब माँ दर्शक दीर्घा में बैठी यह सब देख रही थीं। उन्होंने आँसुओं को रोकते हुए सरकार विरोधी नारे लगाये तो वहाँ बैठे लोगों को वहाँ से हटा दिया गया। यही माँ यतीन्द्रनाथ दास की अनशन में 63 दिन बाद शहादत पर कानपुर में निकले जुलूस का नेतृत्व करने पहुँच गईं। उस समय वे इतनी व्यथित थीं कि रोते-रोते कुछ क्षणों के लिए बेहोश हो गयीं। भगतसिंह, बटुकेश्वर दत्त और दूसरे सभी क्रांतिकारियों को इस माँ ने पुत्रवत स्नेह दिया। लाहौर केस के तीनों क्रांतिकारियों की फाँसी रोकने के लिए वे निरन्तर फ़िक्रमंद रहीं। उन्होंने इसके लिए सघन प्रयास किए। तेज बहादुर सप्रू को भी पत्र लिखा। 23 मार्च, 1931 को भगतसिंह, राजगुरु और सुखदेव की फाँसियों के बाद 'ऑल इंडिया भगतसिंह राजगुरु सुखदेव मेमोरियल कमेटी'

का गठन हुआ जिसकी सेक्रेटरी सुशीला घोष थीं। इसमें भगतसिंह के पिता किशन सिंह, लाला फिरोजचन्द्र, कुमारी लज्जावती जैसे लोग थे। इस कमेटी की ओर से एक अपील सुशीला घोष के नाम से छापी गई जिसका शीर्षक था 'भगतसिंह राजगुरु सुखदेव मेमोरियल फ़ंड में आर्थिक श्रद्धाँजलि दीजिए' जिसमें संपर्क का पता एमडी सिन्हा भवन, मालरोड, कानपुर दिया गया था। इस बेहद मार्मिक अपील में शहीदों की स्मृति रक्षार्थ दस लाख रुपया इकट्ठा करने का लक्ष्य घोषित किया गया था।

लाहौर मामले में विजय कुमार जेल में थे तो उन्हें खतरनाक मानकर एक ही ब्लॉक में अलग-अलग सेल में बंद कर दिया गया। दूसरे क्रांतिकारी साथी भी पृथक थे। ऐसे में उन्होंने भूख-हड़ताल शुरू कर दी। भगतसिंह, राजगुरु और सुखदेव भी भूख-हड़ताल पर आ गए। सरकार ने विजय कुमार को मुल्तान जेल भेज दिया। फिर वे राजमुन्द्री जेल में गए। कमलनाथ तिवारी कन्नूर जेल जा पहुँचे। विजय कुमार ने अपनी माँ और बहन को पत्र लिखकर सूचित किया कि अब डेढ़ महीने में केवल एक पत्र लिखने और प्राप्त करने की अनुमति होगी। पत्र की भाषा अंग्रेज़ी हो। हिन्दी अथवा बांग्ला में लिखे होने से सेंसर में अधिक समय लगेगा। विशाखापट्टनम पहुँचने पर भूख-हड़ताल पर रहते विजय कुमार के स्वास्थ्य में बहुत गिरावट आ गई थी। उनका वज़न 116 पौंड से 85 पौंड रह गया था। वे अत्यंत दुर्बल हो गए थे। 4 जुलाई, 1933 को उनकी बहन सुशीला ने वायसराय को तार में लिखा, 'मेरे भाई विजय कुमार सिन्हा की हालत विशाखापट्टनम जेल में बहुत खराब है। क्या मैं आशा करूँ कि उनका मृत शरीर हमारे पास भेजा जाएगा।' 11 जनवरी, 1933 को उनके भांजे प्रफुल्ल चन्द्र मित्रा ने भी वायसराय को तार में लिखा, 'मेरे मामा विजय कुमार सिन्हा 66 दिनों से भूख-हड़ताल पर हैं, हस्तक्षेप करें।' और देखिए कि इसके बाद फरवरी की पहली तारीख को एक पुलिस इंस्पेक्टर को माँ के पास भेज कर कलक्टर के ज़रिए सूचना दी गई कि अराजकतावादी का अंतिम संस्कार कानपुर में करने की अनुमति नहीं दी जाएगी। जब विजय कुमार को अंडमान भेजा जाना था पर भूख हड़तालियों को वहाँ के कमिश्नर ने लेने से इनकार कर दिया। ऐसे में चल रही उनकी भूख हड़ताल कांग्रेस नेताओं की अपील पर 9 अप्रैल, 1933 को समाप्त कर दी गई। यह हड़ताल

155 दिन चली थी। इसके बाद 28 अप्रैल को विजय कुमार ने अपनी माँ को पत्र में लिखा—

> प्यारी माँ!
>
> मैं आपको पहले पत्र लिखना चाहता था लेकिन परिस्थितिवश नहीं लिख सका। बहुत से प्रभावशाली व्यक्तियों ने मुझसे भूख-हड़ताल समाप्त करने की अपील की, उनमें मदनमोहन मालवीय भी हैं। भूख-हड़ताल इस प्रत्याशा में खत्म की है कि मुझे अंडमान भेजा जाएगा। वहाँ राजनीतिक बंदीजन, विशेष श्रेणी के बंदी माने जाते हैं। इस समय मुझे मद्रास के कानून मंत्री द्वारा आदेशित सुविधाएँ मिल रही हैं। वैसे मैं अंडमान जाने को तैयार हूँ। सम्भवत: मातृभूमि से यह अंतिम पत्र भेज रहा हूँ।

इसके बाद विजय दा अंडमान भेज दिए गए। कैसे झेली होगी इस माँ ने अपने दोनों क्रांतिकारी बेटों की सज़ा। छूटकर आने के बाद भी राजकुमार और विजय कुमार सिन्हा 1941 के सत्याग्रह में जेल गये। 1942 में जब उनके जामाता का निधन हुआ तब माँ ने अपने बेटों की पेरोल पर रिहाई के लिए प्रार्थना पत्र दिया, जिसे अस्वीकृत कर दिया गया। उन्होंने उस समय एक याचिका भी डाली कि उनके दोनों पुत्र कारागार में हैं ऐसे में उन्हें कुछ आर्थिक मदद दी जाये पर इसे भी नामंज़ूर कर दिया गया। उनका वह समय बहुत कठिन था। भोजन की व्यवस्था भी ठीक से नहीं हो पाती थी। कोयला खरीदने की सामर्थ्य न थी तो उसका चूरा सस्ते में लेकर उसके छोटे-छोटे गोले बनाकर सुखा लिये जाते और उन्हीं से अंगीठी सुलगती जिस पर खाना बनता। आर्थिक सहूलियत के लिए उन्होंने दाल और कोयला भी बेचा। चरखा कात कर खादी बुनतीं और विधवा आश्रम में दे आतीं। उन्हें गरीबों की बहुत चिंता थी। 1934 में उन्हें फोड़ा निकला जो ज़्यादा बड़ा और खतरनाक हो गया। सुशीला ने अंडमान में अपने भाई विजय को तार से खबर दी तो माँ को प्रणाम कहा उनके बेटे ने सुदूर काला पानी से। माँ अपनी दृढ़ इच्छाशक्ति के चलते स्वस्थ हो गयीं, पर वे अपने 'खोका' (पुत्र) को देखने के लिए बेचैन बनी रहीं।

दोनों बेटों का विवाह हो गया था। राजकुमार के वैवाहिक समारोह में

सुभाष बाबू आए थे। वे राजकुमार और विजय कुमार की माँ को अपनी माँ जैसा मानते थे। उनसे खूब बातें करते। गोया वह उनकी अपनी माँ हों। विजय कुमार 1945 में जेल से रिहा हो गए। उनके छूटने से पहले सुभाष बाबू ने माँ को एक पत्र लिखा था, 'माँ, आपका खोका जल्दी ही आपके पास आ रहा है।' लेकिन विजय कुमार बाहर आए तो उनके सामने आजीविका का प्रश्न था। पन्द्रह साल तक जेलों में रहने के बाद बड़े भाई राजकुमार के पास भी कोई रोज़गार नहीं था। उन्हें माँ को भी सँभालना था। वे अपने पुराने क्रांतिकारी साथी कमलनाथ तिवारी के साथ चम्पारण चले गए। वहाँ उन्होंने जंगल विभाग से 40 बीघा ज़मीन लीज़ पर लेकर कृषि का कार्य चुना, पर यहाँ भी उनकी अनुभवहीनता आड़े आई। 1946 में विजय कुमार का श्रीराजयम से विवाह हो गया। उसके बाद कानपुर आने पर उनका पत्नी के साथ बहुत भव्य स्वागत किया गया। रेलवे स्टेशन पर सब तरफ़ 'विजय कुमार सिन्हा ज़िंदाबाद' के नारों की गूँज हो रही थी। वहाँ उनके आगमन पर अत्यंत उत्साहित लोगों के बीच अंग्रेज़ी के प्रसिद्ध लेखक मुल्कराज आनन्द भी थे। श्रद्धानंद पार्क में शहर कांग्रेस कमेटी के प्रमुख पं. बालकृष्ण शर्मा नवीन ने उपस्थित जनसमूह को सम्बोधित भी किया। विजय कुमार ने भी वहाँ की जनता को धन्यवाद देते हुए भविष्य के संघर्ष के लिए कांग्रेस के प्लेटफ़ॉर्म पर उतरने की घोषणा की। विजय बाबू की माँ बंगाली थीं तो बहू के गैर-बंगाली होने पर वे थोड़ा असहज थीं, पर जब बहू घर में आई तो वे बहुत प्रसन्न हुईं। बोलीं, ''मैं सोचती थी कि अपने खोका को फिर से देख सकूँगी या नहीं। आज देखो बहू लेकर आया है।'' श्रीराजयम भी शांतिनिकेतन की छात्रा होने के कारण बंगाली परिवेश और भाषा से भली-भाँति परिचित थीं। कानपुर के 'मार्कण्डेय भवन' में उस रोज़ उत्सव जैसा माहौल था। पूरा घर दीपों से सज़ाया गया। माँ ने दूसरी महिलाओं के साथ शंख ध्वनि की। थालियाँ बजीं। शहनाई गूँजी। बाद को जब राजकुमार को कारावास हो गया तब उनके एक मित्र 200 रुपए प्रतिमाह माँ के पास भेजते रहे जिनके साझे में उनका कारोबार था। माँ को पता चला कि उनकी फ़र्म तो पहले ही बंद हो चुकी थी। पता लगते ही माँ ने उन सज्जन को बुलाकर पूछा तो वे बोले, ''हाँ, लेकिन मैं आपका रिश्तेदार तो नहीं था। आप मुझसे कुछ लेती नहीं इसलिए मैं झूठ बोल कर भेजता रहा।

क्षमा करो माँ!'' यह सुनकर माँ निरुत्तर हो गईं।

पिता के न रहने के बाद भाइयों पर कर्ज़ा हो गया था। चार हज़ार रुपए में घर गिरवी रखना पड़ा। बेटे तो दोनों देश की आज़ादी की लड़ाई के लिए जेलों में थे। वह रकम बढ़कर सत्रह हज़ार हो गई तब एक कांग्रेसी स्वतंत्रता सेनानी शिवनारायण टण्डन से कहकर ऋण को कम करवाने पर दस हज़ार रुपए में मकान छूटा।

आज़ादी मिलने के दिन भी 'मार्कण्डेय भवन' में समारोह जैसा माहौल था। कानपुर का माल रोड रोशनी से खूब सज़ाया गया था। घर जो कभी क्रांतिकारियों का अड्डा था वह उस रोज़ स्वतंत्रता के महान उल्लास का केन्द्र बन गया। माँ ने भी 15 अगस्त की आधी रात को अपनी आँखों से उस पर्व को देखा जिसके लिए वे वर्षों से प्रतीक्षारत थीं। आज उनका सपना पूरा हो गया था।

माँ शरत कुमारी अब वृद्ध हो चुकी थीं। छोटे बेटे विजय कुमार के घर विजयवाड़ा में पुत्र का जन्म हुआ तो वे बहुत प्रसन्न हुईं। देखा उसे करीब दो साल बाद। वह प्यार से उसे 'राबी' बुलाती थीं। वे कैंसर से पीड़ित थीं। उनके पास ज़िन्दगी का ज़्यादा समय शेष नहीं था। उन दिनों वे दर्द निवारक दवाइयों पर निर्भर हो गई थीं। नींद के लिए उन्हें गोलियाँ खानी पड़तीं। ऐसे में उन्हें पूजा-पाठ करना और गंगाजल से देवताओं की मूर्तियों का जलाभिषेक करना कठिन हो गया। वे व्याकुल थीं कि उनके न रहने के बाद इस पूजा कर्म को कौन सम्पन्न करेगा। अपने बड़े बेटे राजकुमार से उन्हीं क्षणों में उनसे वादा कराया कि पूजा में कोई व्यवधान नहीं होगा। माँ शायद यही सुनने के लिए ठहरी हुई थीं। इसके बाद उन्होंने एक गहरी साँस ली जो अंतिम थी। उनके शव को नीचे उतारा गया। तकिए के नीचे उन्होंने अपनी अंतिम क्रिया के लिए पैसे रख छोड़े थे। बच्चों को बाहर भेज दिया गया तो राजकुमार सिन्हा की बच्ची चित्रा बार-बार पूछती, 'ठाकुर मा कोथाय?' (ठाकुर माँ किधर है?)

माँ की विदाई का वह दिन एक सितम्बर 1952 का था।

उस रोज़ माँ की अर्थी चली तो उसके पीछे शहर वालों की भारी भीड़ थी। कानपुर उन्हें खोकर सचमुच उदास था जिसने दो लालों की जननी को खो दिया था, जिस पर वह गर्व करता था। सम्पूर्ण उत्तर भारत में 1925 से शुरू हुए क्रांतिकारी संघर्ष को काकोरी के युग से लेकर भगतसिंह के मुकदमे

और उसके बाद तक अनेक वर्षों तक निरन्तर जिस तरह विस्तारित किया गया उसमें इस माँ का बड़ा भाग था। उनके विछोह पर क्रांतिकारी बटुकेश्वर दत्त ने कहा, ''वे हम सारे क्रांतिकारियों की माँ थीं।'' उन्होंने इस साहसी महिला को गोर्की की माँ की प्रतिमूर्ति बताया। कानपुर के एस.एन. सेन बालिका विद्यालय की प्रधानाचार्या कमला बोस बोलीं, ''वे वास्तव में क्रांतिकारी महिला थीं जिनके दोनों पुत्र पन्द्रह वर्षों तक जेल में उनसे दूर रहे, पर वे संघर्ष की आग को जलाए रहीं।''

कानपुर के मार्कण्डेय भवन की वह दुमंज़िली इमारत वर्षों पहले अपना वजूद खो चुकी है। इस शहर में शिवकुमार मिश्र, रमेशचन्द्र गुप्त और सुरेन्द्र पाण्डेय जैसे क्रांतिकारी चेतना के लोग जब तक जीवित रहे, वे माँ शरत कुमारी सिन्हा की स्मृतियों में हमें साझीदार बनाते रहे। राजकुमार सिन्हा की बेटी चित्रलेखा घोष अब विदेश में रहते हुए माल रोड, कराचीखाना, मार्कण्डेय भवन और अपने पिता-माँ-दादी तथा भाइयों को बहुत याद करती हैं। राजू दा के पुत्र भास्कर सिन्हा भी नहीं रहे और विजय दा का पुत्र तो असमय ही मृत्यु के मुँह में समा गया जिनकी पत्नी शांता सिन्हा आंध्र प्रदेश के सिकन्दराबाद शहर में इस परिवार की दुर्लभ निशानियों को समेटे हुए हैं। जर्मनी में सुशीला घोष के पुत्र प्रदीप घोष हैं जिनके पास माँ शरत कुमारी सिन्हा की बांग्ला में लिखी पुस्तक तथा अन्य यादनामे सुरक्षित हैं।

कानपुर में अब किसी को 'मार्कण्डेय भवन' की याद नहीं। ऐसे में माँ शरत कुमारी सिन्हा का नाम कौन जाने। नई पीढ़ी तो राजू दा और विजय दा की क्रांति-कथा को भी विस्मृत कर चुकी है।

क्रांतिकारी
प्रताप सिंह बारहठ

राजस्थान में शाहपुरा की धरती पर बलिदान की परम्परा को सजीव रखने वाले क्रांतिकारी केसरी सिंह बारहठ और उनके पुत्र प्रताप सिंह बारहठ की संघर्ष-कथा अत्यंत रोमांचकारी है। केसरी सिंह के कृतित्व को राजस्थानी भाषा में अत्यंत गौरवपूर्ण स्थान प्राप्त है। उनके लिखे सोरठे प्रेरक और अनूठी साहित्यिक रचनाएँ हैं। क्रांतिकारी आंदोलन में हिस्सेदारी के चलते उन्हें जेल जाना पड़ा, जबकि उनके युवा पुत्र प्रताप सिंह बारहठ 'बनारस षड्यंत्र केस' में गिरफ़्तार होकर सज़ावार हुए। उन्हें बरेली सेन्ट्रल जेल में रखा गया जबकि उनके पिता केसरी सिंह उन दिनों भागलपुर में कैद थे। प्रताप सिंह को दल के नेता शचीन्द्रनाथ सान्याल के करीबियों में शुमार किया जाता है। शचीन्द्र दा ने अपनी प्रसिद्ध पुस्तक 'बन्दी जीवन' में एक अध्याय ही 'प्रताप की कहानी' शीर्षक से लिपिबद्ध किया है। प्रताप के पास क्रांतिकारी दल के अनेक गुप्त रहस्य थे जिन्हें सरकार उनसे जानना चाहती थी पर उन्होंने दबाव के बाद भी कुछ बताया नहीं। ऐसे में उन्हें बरेली जेल से भागलपुर में कैद उनके पिता के पास इस मकसद से ले जाया गया कि संभव है कि पिता के सम्मुख पड़कर वे कुछ कमज़ोर पड़ जाएँ। पिता ने अपने सामने उन्हें देखकर कठोर शब्दों में कहा कि यदि उन्होंने विश्वासघात किया तो उनके जेल से छूटने पर वे उनकी गोली से बचेंगे नहीं। प्रताप ने उन्हें दृढ़ता से भरोसा दिलाया कि ऐसा नहीं होगा। बरेली जेल वापस लाकर प्रताप को अनेक यातनाएँ दी गईं जिससे 25 मई, 1918 को मात्र 24 वर्ष की उम्र

में उनकी मृत्यु (शहादत) हो गई। तब उन्हें चुपचाप कारागार की चहारदीवारी के भीतर ही कहीं दफ़्न कर दिया गया। केसरी सिंह जब जेल से छूटे तो अपने पुत्र की शहादत का उन्हें पता ही न था। पिता-पुत्र दोनों अनोखे क्रांतिकारी और माँ माणिक कंवर भी ऐसी वीर जननी जिनका बलिदान भी इतिहास में सदैव दर्ज रहेगा। उनके त्याग और साहस पर अनेक लोकगीत रचे और गाए गए। शाहपुरा में केसरी सिंह बारहठ की हवेली में अब बारहठ परिवार का क्रांतिकारी स्मारक और संग्रहालय है। प्रताप सिंह के चाचा जोरावर सिंह बारहठ भी क्रांतिकारी संग्राम से गहरे तक संपृक्त थे। कहा जाता है कि 1912 में दिल्ली में वायसराय लार्ड हार्डिंग पर जो बम फेंका गया उस योजना में जोरावर सिंह का भी हाथ था।

शहीद प्रताप सिंह बारहठ की माँ माणिक कंवर

म्हारी मात हँसाबा खातर, लाखूँ मात रुलाऊँ ना

शहीद प्रताप सिंह बारहठ की माँ माणिक कंवर की जीवनगाथा के साथ प्रताप, उनके पिता केसरी सिंह बारहठ और चाचा जोरावर सिंह बारहठ जैसे क्रांतिकारियों का पूरा संग्राम इस तरह इतिहास में दर्ज है कि उन्हें एक दूसरे से पृथक नहीं किया जा सकता। 'बनारस षड्यंत्र केस से जुड़े' राजस्थान के राव गोपाल सिंह खरवा जैसे विप्लवी ने कभी कहा था कि विधाता ने सौ रंघड़ (वीर क्षत्रिय) भांग कर एक प्रताप को बनाया था। पर विधाता ही क्यों, प्रताप-जननी माणिक कुंवर ने भी ऐसा पुत्र जाया था जिसने क्रांति-मार्ग पर बंदी बनने के बाद इस प्रलोभन को दिए जाने पर कि तुम मुक्त कर दिए जाओगे, तुम्हारे पिता भी जेल से छोड़ दिए जाएँगे, चाचा का वारंट रद्द कर दिया जाएगा, तुम्हारी सारी जागीर और गृह लौटा दिए जाएँगे, और प्रताप से यह भी कहा गया था कि तुम्हारे लिए तुम्हारी माँ फूट-फूट कर रोती है, परन्तु प्रताप पर इसका कोई प्रभाव नहीं पड़ा। 24 घंटे तक सोचने का समय दिए जाने के बाद जब वायसराय के विश्वासपात्र मंत्री सर चार्ल्स क्लीवलैण्ड उनके पास वापस आए तब प्रताप ने साहस और क्रांतिकारी दृढ़ता के साथ तुरन्त उत्तर दिया, ''मैं अपनी एक माता को हंसाने के लिए तैंतीस कोटि पुत्रों की माताओं को रुलाना नहीं चाहता।'' पर माँ भी तो वैसी ही थी। प्रताप

उन दिनों क्रांति के मार्ग पर चलने के लिए घर से निकले और नहीं लौटे। वे नहीं चाहते थे कि माँ को उनके इरादों की भनक लगे और उनको तकलीफ़ हो या माँ के आँसू उनके मार्ग को अवरुद्ध कर दें। प्रताप के क्रांति मार्ग पर चल पड़ने का माँ को तनिक भी अनुमान नहीं हुआ। माँ के इस पुत्र ने एक दिन उनसे दो रुपए माँगे थे। बहाना था कि उनकी धोती फट गई है। ऐसे में नई धोती लाने के लिए पैसे लेकर वे घर से बाहर चले गए और नहीं लौटे। बाद में प्रताप के एक मित्र से जब माँ को सच्चाई का पता लगा तो वे बोलीं, "प्रताप! तुमने अपनी माता को पहचानने में भूल की। धोती के लिए दो रुपए लेकर तुम गए। उसी वक्त यदि अपने मन की बात कह दी होती तो मैं तुम्हें तिलक लगाकर विदा करती और पुष्प-मालाओं से लाद देती।" इस माँ ने तो अपने पति केसरी सिंह को भी क्रांति पथ पर भेज कर कभी हार नहीं मानी। उसे क्या पता था कि उसका बेटा प्रताप भी उसी मार्ग का जाकर एक दिन देश के शहीदों की टोली में जा मिलेगा।

प्रताप को पहले 'दिल्ली षड्यंत्र केस' में गिरफ़्तार किया गया जिसमें सबूत के अभाव में छोड़ दिए गए। बाद में कई जगह भटकने के बाद वे वेष बदल कर किसी प्रकार सिंध प्रांत के हैदराबाद पहुँच गए। इस यात्रा में उनके सहयोगी गणेश दान चारण थे। हैदराबाद पहुँचकर उन्होंने आजीविका के लिए कम्पाउण्डर का कार्य किया। घर से उनकी फ़रारी की खबर पाकर पुलिस फिर उन्हें खोजने लग गई। प्रताप कभी बंगाल तो कभी राजस्थान और सिंध या यूपी में घूमते-फिरते रहे। उनके एक सहयोगी रामनारायण चौधरी को सूचना मिली तो वे उन्हें सुरक्षित स्थान पर पहुँचाने के लिए सिंध रवाना हो गए। दोनों ने हैदराबाद से जोधपुर की ट्रेन पकड़ी। वे अलग-अलग डिब्बों में थे। लेकिन प्रताप जोधपुर के आगे आशानाडा स्टेशन पर रात बिताने उतर गए जहाँ का स्टेशन मास्टर उनका पुराना सहयोगी था। उन्होंने सोचा कि मित्र के हाल जान लेते हैं। मिले तो उसने प्रताप को नहलाया-खिलाया और कमरे में सो जाने के लिए कहा। वे थके थे सो कमरा अंदर से बंद कर नींद के आगोश में आ गए। उसी समय स्टेशन मास्टर ने लालच के वशीभूत हो पुलिस को खबर दे दी। प्रताप निहत्थे चारपाई पर लेटे थे लेकिन बाहर हथियारबंद पुलिस आ गई थी। उसने उन्हें गिरफ़्तार कर लिया। अब उन पर 'बनारस षड्यंत्र केस' (1915) चला जिसमें उन्हें पाँच वर्ष की सज़ा दी गई। उनसे गुप्त बातें उगलवाने के लिए बहुत कोशिश की गई।

शचीन्द्रनाथ सान्याल *बन्दी जीवन* में लिखते हैं, 'प्रताप के पकड़े जाने पर पुलिस बहुत दिन तक अनेक प्रकार के प्रलोभन दिखाकर उन्हें सब गुप्त बातें प्रकट कर देने के लिए विशेष तंग करती रही। पुलिस कहती थी कि सब गुप्त बातें कह देने पर केवल प्रताप को ही नहीं वरन् उनके पिता को भी छोड़ दिया जाएगा। यही नहीं उनके चाचा से भी मुकदमा उठा लिया जाएगा, उनकी सब सम्पत्ति लौटा दी जाएगी और इसके अलावा और भी पुरस्कार दिए जाएँगे। पुलिस प्रताप को चतुराई से समझाती थी कि तुम्हारी माँ बेहद कष्ट में हैं, उसके लिए यह सब घटनाक्रम असहनीय है और तुम्हें दण्डित करने का आघात वो कैसे सह पाएँगी। पुलिस की सब बातें निर्मूल नहीं थीं। पहले तो वह पुलिस से ज़्यादा देर ठीक तरह से बात ही नहीं करता था। कुछ दिनों के बाद प्रताप को उनसे बात करना भला लगने लगा। एक दिन प्रताप की पुलिस से तीन-चार घंटे बात हुई। हम सब पास की निर्जन कोठरी में बैठे ज़मीन-आसमान की बातें सोचने लगे। संदेह हुआ कि अब की बार प्रताप फूट पड़ेगा। पीछे मुकदमा आरम्भ होने पर जब हम सबको प्राय: दिन भर इकट्ठा रहने का सुयोग मिला तब मालूम हुआ कि सच ही प्रताप का मन बहुत विचलित हो गया था। यहाँ तक कि अंत में एक दिन प्रताप ने पुलिस से कह दिया कि वे एक दिन और सब बातों पर विचार कर लें फिर कहना होगा तो कह देंगे। किन्तु अगले दिन जब पुलिस प्रताप से मिलने आई, प्रताप बोले, ''देखिए बहुत सोचा-विचारा, अंत में तय किया है कि कोई बात नहीं खोलूँगा। अभी तक तो केवल मेरी माता ही कष्ट पा रही हैं, किन्तु यदि मैं गुप्त बातें प्रकट कर दूँ तो और भी कितने लोगों की माताएँ ठीक मेरी माता के समान दु:ख पाएँगी। एक माँ के बदले और कितनी माताओं को तब हाहाकार करना होगा।'' 'सान्याल जी आगे लिखते हैं कि मन के एक बार नीचे फिसल पड़ने पर उसे फिर अपनी जगह लौटा लाना कितना कठिन कार्य है, यह चिन्ताशील व्यक्ति ही समझ सकते हैं। वे यह भी कहते हैं, 'नहीं मालूम, आज भारत में कितने ऐसे पिता हैं, जो सरदार केसरीसिंह जी की तरह सब जान-बूझकर अपनी और अपनी संतान की इस प्रकार देश के कार्य में बलि दे सकेंगे। भारत का दुर्भाग्य है कि प्रताप-सा युवक आज इस जगत् में नहीं है। बरेली जेल में अंग्रेज़ों का दण्ड भोगते-भोगते उसका नश्वर शरीर उस दिव्य आत्मा का साथ न निबाह सका। इसी प्रताप के साथ मैं दिल्ली गया था और कई दिन तक इकट्ठे काम करने का अवसर पाया था। उस समय प्रताप की आयु लगभग बाईस बरस

की रही होगी।' सान्याल जी ने अपनी इस प्रसिद्ध पुस्तक में 'प्रताप की कहानी' को विस्तार से लिखा है। प्रताप उन्हें बहुत प्रिय था।

बीसवीं सदी की शुरुआत का वह समय हमें याद रखना होगा जब 1912 में देश की राजधानी में वायसराय लार्ड हार्डिंग का दिल्ली-दरबार हुआ था। उस समय निकली शोभा-यात्रा में ही भारत के प्रखर क्रांतिकारी नेता रासबिहारी बोस की योजना के अनुसार राजस्थान के वीर जोरावर सिंह बारहठ ने साम्राज्यवाद के दर्प को चूर-चूर करने के लिए वायसराय के हौदे पर बम फेंक दिया। कहा जाता है कि उस समय उनके भतीजे प्रताप सिंह उनके साथ थे। ब्रिटिश हुकूमत के खिलाफ़ बेहद अकल्पनीय, रोमांचक और जुनून भरा क्रांतिकारी कारनामा। बम के प्रहार से वायसराय लहूलुहान हो गया। देश दहल उठा। थर्रा गया ताकतवर इंग्लैण्ड और पूरी दुनिया सन्नाटे की ज़द में। इसके बाद युवा प्रताप सिंह को 'बनारस षड्यंत्र केस' में गिरफ़्तार कर केन्द्रीय कारागार बरेली में लाकर रखा गया। शचीन्द्रनाथ सान्याल ने *बंदी जीवन* में 'प्रताप की कहानी' शीर्षक से एक अध्याय ही लिख दिया है। बरेली जेल के भीतर प्रतापसिंह को क्रांति-पथ से विचलित करने की अनेक कोशिशें की गईं, पर सब व्यर्थ। ऐसे में उन्हें पुलिस पहरे में हज़ारीबाग जेल में बंदी उनके पिता क्रांतिकारी केसरी सिंह बारहठ के पास रेल में बैठाकर ले जाया गया। सोचा गया कि शायद इस तरह पिता के सम्मुख पहुँचकर उनका क्रांतिकारित्व क्षरित हो जाए। पर प्रताप तो अटल थे। पिता ने उन्हें आया देखकर आशय पूछा। पुलिस अधिकारियों ने दिल्ली और कोटा षड्यंत्र में फँसाए गए काराबद्ध केसरी सिंह से कहा, "ठाकुर साहब, प्रताप को आपसे मिलाने के लिए लाए हैं। उनसे आप कह दीजिए कि वह सच्ची बात बतला दें, प्रताप और आप छोड़ दिए जाएँगे।" पुत्र की ओर कटु दृष्टि से देखते हुए केसरी सिंह ने तुरंत कठोर स्वर में कहा, "प्रताप, तुम अपने कर्त्तव्य से विमुख होकर उद्देश्य से फिर सकते हो, लेकिन याद रखना अपने पिता की गोली का निशाना नहीं चुका सकोगे। यदि तुम विचलित होकर फूट गए तो केसरी सिंह की गोली तुम्हारे सीने में होगी। यहाँ से छूटते ही सबसे पहले मैं तुम्हें जान से मारूँगा।" पिता के चरणों में प्रणाम करते हुए प्रताप ने कहा, "दाता, मैं आपका पुत्र हूँ। मुझसे स्वप्न में भी देशद्रोह न होगा। ये लोग नाहक ही यहाँ मुझे घसीट लाए थे।" यह था एक पिता और पुत्र का अंतिम मिलन और इतिहास के पन्नों पर दर्ज

क्रांतिकारी बाप व बेटे का अनोखा संवाद। प्रताप सिंह अडिग खड़े थे अपने क्रांतिकारी पिता के सम्मुख। उन्हें वापस लाकर बरेली केन्द्रीय कारागार में असहनीय यातनाएँ दी गईं। उनका भोजन-पानी न्यूनतम कर दिया गया, लेकिन उन्होंने मुँह नहीं खोला। इसी उत्पीड़न के चलते 24 मई, 1918 को इस जेल के भीतर ही प्रताप की शहादत हो गई और उस बंदीगृह की चहारदीवारी के भीतर ही कहीं किसी कोने में रात के अंधेरे में उन्हें चुपके से दफ़्न कर दिया गया। उस रोज़ किसी ने उनकी याद में न आँसू बहाए, न फूल चढ़ाए और न ही उनके लिए कोई शोक गीत गाया गया। पूरी तरह गुमनाम रही शहीद की वह अंतिम विदाई! तत्कालीन ब्रिटिश भारत के डायरेक्टर ऑफ़ सीआईडी सर चार्ल्स क्लीवलैंड ने अपनी जेल डायरी में लिखा था कि हमने आज तक प्रताप जैसा वीर और विलक्षण बुद्धि का बालक नहीं देखा। उसे तरह-तरह से सताए जाने में कोई कसर नहीं रखी गई, परन्तु वाह रे धीर...वह टस से मस नहीं हुआ। गज़ब का सहने वाला था। हम सब हार गए, उसकी अटल दृढ़ता थी। प्रताप नहीं रहे तब उनकी उम्र 25 वर्ष की थी। बरेली जेल के रज़िस्टर में उनका हुलिया और नाप-जोख दर्ज है।

केसरी सिंह जिन दिनों हज़ारीबाग जेल में थे उस समय उन्होंने एक तपस्वी का जीवन व्यतीत किया। यह उनका आत्मबल ही था जिसने उन्हें विचलित नहीं होने दिया। उन्होंने कैद में रहते हुए प्रतिज्ञा की थी कि यदि अन्न ग्रहण करूँगा तो सिर्फ़ अपनी पत्नी (माणिक कंवर) के हाथ का बना हुआ ही। ऐसे में जेल प्रशासन ने उनकी फल-दूध की माँग को अस्वीकार कर दिया। तब वे निराहार रह कर शांतिपूर्ण तरीके से सत्याग्रह करते रहे। इसके बाद उन्हें रिहा कर दिया गया और कोटा पहुँच कर पत्नी के हाथ का बना भोजन ग्रहण किया। उनके छूट कर आने पर उनसे किसी ने कहा कि क्या आपको पता है कि प्रताप नहीं रहे। यह सुनकर भी अडिग बने रहे। बोले, ''यह तो हमें आपसे ही अब पता लग रहा है।'' धैर्य की कैसी प्रतिमूर्ति थे केसरी सिंह। उन्होंने पत्नी को प्रताप की शहादत की बात बताई जब उनसे यह प्रण ले लिया कि वे जो कुछ कहेंगे उसे सुनकर रोएँगी नहीं। और सचमुच माँ माणिक कंवर ने भी अपने बेटे के जेल के भीतर शहीद होने की खबर सुनकर अद्‌भुत धीरज का परिचय दिया। पुत्र वियोग में अपने आँसुओं को भीतर ही पी गईं। कौन जानता है कि केसरी सिंह राजस्थानी भाषा के एक संवेदनशील और सशक्त

कवि थे। हुआ यह कि 1903 में लार्ड कर्जन के दिल्ली दरबार के लिए मेवाड़ के महाराणा फतहसिंह को आमंत्रित किया गया। वे इस आयोजन में भाग लेने के लिए रवाना हो गए। केसरी सिंह को जब इस बात का पता लगा तो वे बहुत क्षुब्ध हुए और महाराणा को कुल गौरव की याद दिलाकर उन्हें दरबार में शामिल न होने के लिए प्रेरित करते हुए 13 सोरठे लिखकर भेजे जो इतिहास में 'चेतावनी रा चूंगट्या' के नाम से प्रसिद्ध हैं। इनमें दो दोहे इस प्रकार हैं—

सिरझुकिया सह शाह, सिंहासण जिण साम्हने।
(अब) रलणो पंगत राह, फाबै किम तोने फता।।

(जिस मेवाड़ सिंहासन के सामने बादशाहों के सिर झुके हैं उसके अधिकारी होते हुए हे फतहसिंह! तुझे पंक्ति में आसन प्राप्त करना कैसे शोभा देगा?)

सकल चढ़ावे सीस, दान धरम जिण दो दियो।
सो खिताब बखसीस, लेवण किम ललचावसी।।

(जिसके दिए हुए धर्म-संयुत दान को सारा संसार सिर पर चढ़ाता है वह खिताबों की बख़्शीश लेने के लिए कैसे लालायित होगा?)

सुना कि यह सोरठे पढ़कर फतहसिंह ने कहा कि यदि यह पहले मिल जाते तो वे दरबार में जाते ही नहीं। बाद में दिल्ली पहुँचकर भी उन्होंने उस आयोजन में हाज़िरी नहीं दी।

प्रताप की माँ माणिक कंवर की वीरगाथा सचमुच अद्‌भुत और प्रणम्य है। उन्होंने अपने पति के स्वतंत्रता संग्राम में जेल जाने पर पुत्री और देवरानी की देखभाल का पूरा ज़िम्मा निभाया। प्रताप को तो अनोखा साहस सौंपने के साथ ही वे अपनी पुत्रियों की शिक्षा-दीक्षा के लिए सजग बनी रहीं। वे पूरे कुटुम्ब को साथ लेकर चलीं। जब हुकूमत ने उनकी सारी सम्पत्ति ज़ब्त कर ली तो वे घोर आर्थिक संकट में भी टूटी-बिखरी नहीं। उन्होंने अपना हौसला बनाए रखा जिससे पति केसरी सिंह, देवर जोरावर सिंह और पुत्र प्रताप अपने कर्त्तव्य-पथ से विमुख न हों। इस वीर माँ की सीख और संस्कारों ने प्रताप को इतना प्रबल और निडर बना दिया था कि अपने छोटे-से क्रांतिकारी जीवन को अपना बलिदान देकर उन्होंने सार्थक कर दिया। दल के नेता शचीन्द्रनाथ सान्याल ने उनके विप्लव कर्म को अपनी कलम से रेखांकित करते हुए उन्हें अत्यंत संभावनाशील कहा है। प्रताप तो उसी माँ माणिक कंवर के बेटे थे जिसने

शाहपुरा की अपनी हवेली को अंग्रेज़ों द्वारा छुड़वाते समय आम स्त्री की भाँति धन, जेवर का मोह नहीं किया। हाँ, वहाँ से वे लेकर चलीं तो अपने श्वसुर कृष्णसिंह बारहठ का लिखा साहित्य जिसमें मुख्य था *राजपूताने का अपूर्व इतिहास* ग्रंथ की पांडुलिपि और उनकी रची-गढ़ी अन्य चीज़ें। हवेली को तुरंत छोड़ने के आदेश पर वे उन्हीं पुस्तकों, कुलदेवी की पूजा और नादान बच्ची सौभाग्यमणि को गोद में लेकर बाहर आ गईं। उनके इस त्याग की तुलना हम किससे करें। सांसारिक और भौतिक सुखों से मुँह फेर कर उस कठिन मार्ग पर चलने का माणिक कंवर का यह साहस क्या हम विस्मृत कर सकते हैं। पति का कारावास, पुत्र का विछोह, देवर का फ़रार रहना और फिर आर्थिक तंगी तथा पल-पल खतरे का अहसास जिसे वे अकेले झेलती-सहती रहीं। वे पूरे घर-परिवार को अपने बूते सँभाल कर स्वतंत्रता आंदोलन में अपना योग देती रहीं। सभी का मानना था कि वे बारहठ परिवार की आधारशिला थीं। 1927 में जब उनका निधन हुआ तब पति केसरी सिंह ने लिखा था, 'उस मणी बिन हो गई, अंधकारमय सारी मही।' उन्होंने और भी कहा—

मुझको 'मणि' के प्रेम का अजहूँ मिला नहीं पार है,
उस सती 'मणि' गुणवती पर प्राण यह बलिहार है।

शहीद प्रताप की इस वीर माता पर न जाने और कितने काव्य रचे गए। राजलक्ष्मी साधना ने तो प्रताप के घर छोड़ने के दिनों को इस तरह अपने शब्द दिए—

भारत माँ रो करुणा क्रन्दन, सह सक्यो वीर नहीं उठ बोल्यो।
भाभा! धोती रे खातिर बस, दो रुपया किणी सू लाकर दो।।
जो कई बार कर दान लुटा, देती ही माणिक जेवरात।
पण आज पईसा रै खातिर, फैलावे किणरै द्वार हाथ।।

ला दिया रुपया, लेकर चाल्यो,बो पुत्र प्राण सूं हो प्यारो।
उण दिन सूं फिर मिल न सक्यों, मतां रै आंखिलड़यां रो तारो।
नैणां में रंग गुलाबी ले, माँ रो मतवालो चाल्यो हो।
धराणी री छाती धूजी ही, अम्बर भी थरहर हाल्यो हो।

गजादान चारण 'शक्तिसुत' नाथूसर की लोक रचना तो अत्यंत मार्मिक है जिसमें ऐतिहासिक प्रसंग भी हैं—

है म्हारी जामण छत्राणी, आंख्यां में पाणी नीं ल्यावै।
वा दूध चूंघतै टाबर नैं, माटी हित मरणो सिखलावै।
माँ हालरिया हुलराती गाती, उणरो दूध लजाऊँ ना।
(इक) म्हारी मात हंसाबा खातर, लाखूँ मात रुलाऊँ ना।।
म्हैं कुल रै दाग लगाऊँ ना।
रासबिहारी बोस कह्यो, वो नाहरियो मतवालो हो।
सान्याल लिख्यो वो सच्याणी, बज्जर सी छाती वालो हो।।
कहग्यो भारत रो बेटो वो, कुल चारण कलंक लगाऊँ ना।
(इक) म्हारी मात हँसाबा खातर, लाखूँ माता रुलाऊ ना।।
म्हैं कुल रै दाग लगाऊँ ना।

और प्रहलाद सिहं 'झोरड़ा' ने लिखा—

परताप आखरी क्षण बोल्यो, म्हारी माता नैं रोवण दो
रत्ती भर चिंता नीं उणरी, भूखी सोवै तो सोवण दो
करणी रै कुल रो वंशज हूँ, कुल री मरजाद र खोवण दूँ
म्हूँ एकमात रै बदलै में, लाखूँ माँवा नीं रोवण दूँ
थे चावै लटका दो फाँसी, चावै तो पीड़ो घाणी में

माँ माणिक कंवर और पुत्र प्रताप सिंह बारहठ की शहादत को राजस्थानी लोक साहित्य में अमर स्थान मिला। शाहपुरा की बारहठ हवेली अब इस क्रांतिकारी परिवार का अनूठा स्मारक है जिसमें उनकी प्रतिमाएँ, वस्तुएँ, साहित्य और दूसरी चीज़ें संरक्षित हैं। इस नगर में केसरी सिंह, जोरावर सिंह और प्रताप सिंह की प्रतिमाओं के साथ इस माँ के बुत को देखकर हम श्रद्धा से नत हो जाते हैं। बरेली केन्द्रीय जेल के भीतर प्रताप सिंह बारहठ के नाम पर द्वार, बैरक और उनकी तस्वीर लगी है जिसके भीतर गुमनामी में शहीद हुए प्रताप की माँ माणिक कंवर की सदा भी गूँजती है—

धन रै बेटा, धन तेरा बड़का, धन हुई छाती।
पाँची कहतो तो रुपया देती चार, माथै तिलक लगाती।।

माँ माणिक कंवर! तुम्हारे इस शहीद बेटे प्रताप का एक भव्य स्मारक हमने बरेली शहर में भी बना दिया जिसके निकट पहुँचकर हम तुम्हारे त्याग, बलिदान और साहस को हर बार श्रद्धा से याद करते हैं।

चन्द्रशेखर आज़ाद की माँ का स्मारक, झाँसी

शहीद प्रताप सिंह बारहठ की माँ की प्रतिमा, शाहपुरा, राजस्थान

अशफ़ाक़ के मज़ार (शाहजहांपुर) के दाहिनी ओर उनकी माँ की कब्र

शहीद रामप्रसाद बिस्मिल की माँ मूलमती का स्मारक, शाहजहांपुर

मणीन्द्रनाथ बनर्जी अपनी माँ सुनयनी के साथ

चन्द्रशेखर आज़ाद की माँ जगरानी देवी दिल्ली में
क्रांतिकारिणी सुशीला दीदी के आवास पर

क्रांतिकारी बटुकेश्वर दत्त के साथ
भगतसिंह की माँ विद्यावती

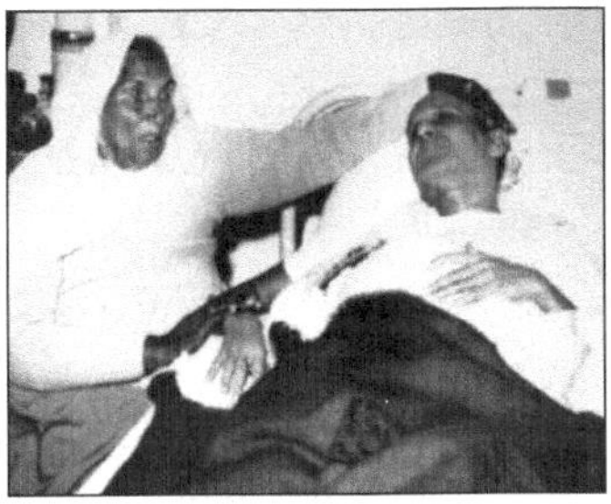

रोगशय्या पर बटुकेश्वर दत्त के
साथ भगतसिंह की माँ विद्यावती

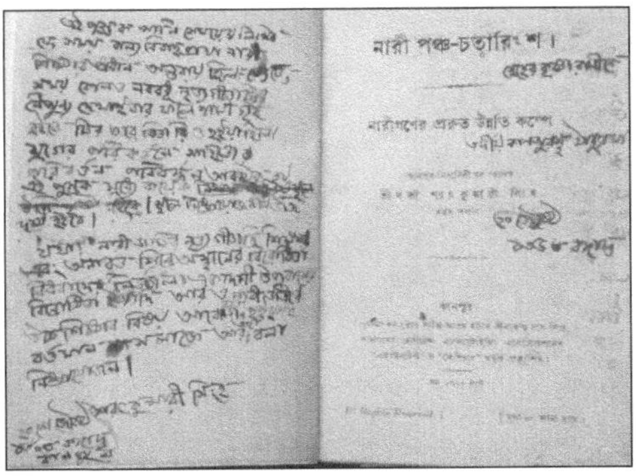

शरत कुमारी सिन्हा की बांग्ला पुस्तक
'नारी–पंच–चत्वारिंश' पर उनकी हस्तलिपि में एक टिप्पणी

शचीन्द्रनाथ सान्याल अपने परिवार के साथ

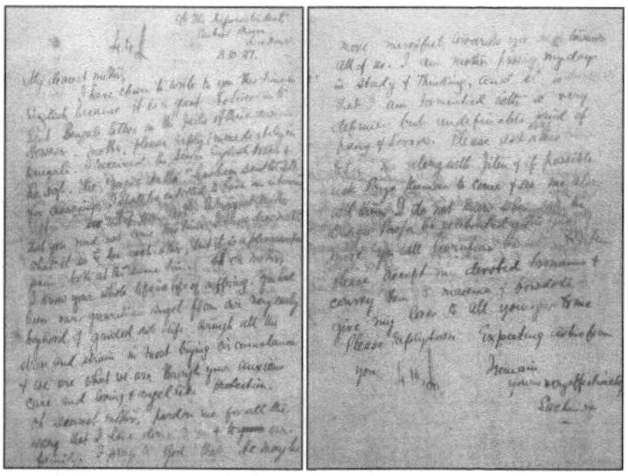

शचीन्द्रनाथ सान्याल का लखनऊ सेंट्रल जेल से 3.1.1927 को माँ के नाम लिखा पत्र

क्रांतिकारी खुदीराम बोस

राजकुमार सिन्हा और विजय कुमार सिन्हा के साथ उनकी माँ शरत कुमारी

क्रांतिकारी बाबा सोहन सिंह भकना

चन्द्रशेखर आज़ाद

भगतसिंह

सुखदेव

रामप्रसाद बिस्मिल

अशफ़ाक़उल्ला खां

राजगुरू

शहीद प्रतापसिंह बारहठ

शचीन्द्रनाथ सान्याल

मणीन्द्रनाथ बनर्जी

क्रांतिकारी

चन्द्रशेखर आज़ाद

भारतीय क्रांतिकारी दल के अजेय सेनापति चन्द्रशेखर आज़ाद देश की आज़ादी के संग्राम में आए, जब 1921 के असहयोग आंदोलन की शुरुआत हुई। जिसमें हिस्सेदारी करते हुए उन्हें 14 बेंतों की सज़ा दी गई। इसके बाद 9 अगस्त, 1925 को रामप्रसाद बिस्मिल के नेतृत्व में उन्होंने काकोरी के रेल एक्शन में हिस्सा लिया लेकिन वे किसी तरह पुलिस की गिरफ़्त में नहीं आए। फ़रार रह कर काकोरी की फाँसियों के बाद आज़ाद के कंधों पर दल का पुनर्गठन और संचालन का दायित्व आ गया। इसके बाद लाला लाजपत राय की हत्या का बदला लेने के लिए उन्होंने साण्डर्स को मारने की सफल योजना बनाई जिसमें भगतसिंह, राजगुरु और कुछ अन्य क्रांतिकारियों ने भाग लिया। इसके बाद 8 अप्रैल, 1929 को दिल्ली की केन्द्रीय असेम्बली में भगतसिंह और बटुकेश्वर दत्त ने आज़ाद की देखरेख में बम का विस्फोट करते हुए दल के आदर्शों और नीतियों के घोषणा-पत्र वहाँ फेंके। आज़ाद बेहद सक्रिय और संगठन को सजगता से संचालित करने वाले दल के नेता थे। उनका जन्म 23 जुलाई, 1906 को मध्य प्रदेश के झाबुआ ज़िले के भाबरा गाँव में हुआ था जहाँ उनके पिता सीताराम एक मामूली नौकरी करते थे। वे अत्यंत गरीबी में पले-बढ़े। अनेक क्रांतिकारी एक्शन को तीव्र गति देने वाले आज़ाद अपने अंतिम दिनों में अपने साथियों के विश्वासघात के चलते 27 फरवरी, 1931 को इलाहाबाद के अल्फ्रेड पार्क में ब्रिटिश पुलिस से सन्मुख युद्ध में शहीद हो गए। उस समय उनकी उम्र

मात्र 25 वर्ष की थी।

आज़ाद समाजवादी विचारों से गहरे तक अनुप्राणित थे। उन्हें दल का सेनापतित्व करते हुए भगतसिंह जैसे बौद्धिक क्रांतिकारी का सहयोग मिला जिसने विचार को सर्वोच्च ऊँचाई प्रदान की। उनका अभियान धर्मनिरपेक्षता के लिए पूरी तरह समर्पित था। आज़ाद की माँ अत्यंत साधारण महिला थीं जिन्हें देश की स्वतंत्रता का भी अधिक भान न था और न ही आज़ाद की शहादत के बाद हम उन्हें 'राष्ट्रीय शहीद' की माँ होने के गौरव बोध का आभास करा सके। वे तो बस माँ थीं, अपने बेटे चन्द्रशेखर की माँ जो आजीवन उसके लौटने की प्रतीक्षा करती रहीं।

चन्द्रशेखर आज़ाद की माँ जगरानी देवी

जगरानी देवी की ज़िन्दगी के दिन

माँ उन दिनों मध्य प्रदेश के भाबरा गाँव में थीं जहाँ उनकी कोख से चन्द्रशेखर ने जन्म लिया। उनका यही बालक आगे चलकर चन्द्रशेखर आज़ाद बना जो स्वतंत्रता के असहयोग आंदोलन के एक साधारण सिपाही से होता हुआ भारतीय क्रांतिकारी दल का अजेय सेनापति बना और एक दिन ब्रिटिश साम्राज्यवाद से सन्मुख युद्ध करते हुए शहादत के मुकाम तक जा पहुँचा। आज़ाद अपनी माँ जगरानी देवी और पिता सीताराम की पाँचवीं संतान थे। इससे पहले उनके चार बच्चों की मृत्यु हो चुकी थी। सीताराम जी बदरका का अपना घर–बार छोड़कर नौकरी के लिए मध्य प्रदेश के झाबुआ ज़िले के भाबरा गाँव में जा बसे थे जो अलीराजपुर के नज़दीक था। आज़ाद का पालन–पोषण उसी जंगली इलाके में भीलों के बीच हुआ था। आज़ाद की जन्मतिथि के बारे में हिसाब लगाकर उनकी माँ ने ही बताया था कि उनके इस बेटे का जन्म 23 ज़ुलाई, 1906 को हुआ था। आज़ाद के पिता पं. सीताराम का जन्म ज़िला कानपुर के किसी गाँव में हुआ था परन्तु उनकी परवरिश उनकी ननिहाल बदरका, ज़िला उन्नाव में हुई थी। ऐसे में कुछ लोग आज़ाद की जन्मस्थली बदरका को मान लेते हैं। पं. सीताराम की तीन शादियाँ हुईं। पहली मौजा सिकन्दरपुर, ज़िला उन्नाव में, लेकिन पत्नी के निधन के बाद दूसरा विवाह हुआ

मौजा मौरवा, उन्नाव में। इसके बाद उन्होंने अपना तीसरा विवाह चन्द्रमनखेर, उन्नाव में जगरानी देवी से किया जो आज़ाद की माँ थीं। सीताराम जी बदरका आए तब उसी वर्ष आज़ाद के बड़े भाई शुकदेव (सुखदेव प्रसाद) का जन्म हो चुका था जिनकी उम्र ढाई वर्ष की थी। भाबरा में आज़ाद के जन्म के संबंध में वहाँ के निवासी दौलत शेर खां का दिनांक 27 फरवरी, 1965 को दिया गया बयान इस प्रकार है, "मैं दौलत शेर खां (पिता का नाम मुन्ने खां) निवासी भाबरा इस समय अट्ठाइस वर्ष का हूँ। मैं श्री सीताराम तिवारी को तभी से जानता हूँ जब वह सबसे पहले भाबरा आये थे। कुछ समय बाद उनकी पत्नी अपने पुत्र को लेकर आईं जिसका नाम शुकदेव था। श्री चन्द्रशेखर का जन्म यहीं भाबरा में इसी झोंपड़ी में हुआ जहाँ मैं बैठा हूँ।" इस बयान पर वहाँ के अन्य ग्रामवासियों के भी हस्ताक्षर हैं। दरअसल यह विवाद तब हुआ जब कुछ लोगों ने बदरका को आज़ाद की जन्मस्थली कहना शुरू कर दिया। क्रांतिकारी विश्वनाथ वैषम्पायन कहते हैं, "यदि बदरका में आज़ाद का जन्म माना जाए तो उस हिसाब से 1921 में आज़ाद की अवस्था बाईस से चौबीस वर्ष की होनी चाहिए। इसी अवसर पर वे असहयोग आंदोलन में जेल गए थे और उनकी उम्र चौदह-पन्द्रह वर्ष की होने के कारण ही उन्हें केवल बेंतों की सज़ा दी गई थी। यदि वे बालिग होते तो उनको कठोर कारावास की सज़ा दी जाती। उस समय उनका एक चित्र भी प्रकाशित हुआ था जो बनारस के उनके संबंधी श्री शिवविनायक मिश्र से हमें प्राप्त हुआ जो अनेक पत्र-पत्रिकाओं में प्रकाशित भी हो चुका है। उस चित्र को देखकर भी उनकी अवस्था चौदह-पन्द्रह वर्ष से अधिक नहीं मालूम होती। इन सब प्रमाणों से यह सिद्ध हो जाता है कि आज़ाद का जन्म भाबरा में ही हुआ था। बदरका में उनके बड़े भाई शुकदेव का जन्म हुआ था और वे ही जगरानी देवी की गोद में थे जब वे भाबरा आई थीं।"

चन्द्रशेखर आज़ाद जब कुछ बड़े हुए तो किसी के साथ बम्बई जाकर मज़दूरी करने लगे। फिर वहाँ से काशी चले आए जहाँ ब्राह्मण बच्चों को संस्कृत की नि:शुल्क शिक्षा दी जाती थी। जीवन ऐसे ही चलने लग गया था कि अचानक देशव्यापी असहयोग की आँधी आ गई और वे उसमें बह गए। पिकेटिंग करते हुए पकड़े जाने पर सज़ा में उन्हें बेंत लगाए गए जिसके हर प्रहार पर वे 'महात्मा गाँधी की जय' बोलते रहे। कहा जाता है कि इसी समय से आज़ाद खूब मशहूर हो गए।

कुछ ही समय व्यतीत हुआ कि देश की आज़ादी के गाँधी मार्ग से उनका मोहभंग हो गया और उनके मन में क्रांतिकारी आंदोलन की ओर आकर्षण जगा। उन्होंने 9 अगस्त, 1925 को काकोरी में ट्रेन के सरकारी खज़ाने की लूट में रामप्रसाद बिस्मिल के नेतृत्व में हिस्सा लिया लेकिन पकड़े नहीं गए। काकोरी की फाँसियों के बाद दल के नेतृत्व की ज़िम्मेदारी उनके ऊपर आ गई जहाँ सर्वसम्मति से उन्हें सेनापति का दायित्व दिया गया। यह उनके जीवन की बहुत बड़ी छलांग थी। इसके बाद उन्होंने एक बार भी पीछे मुड़कर नहीं देखा। साण्डर्स-वध, गादोडिया स्टोर डकैती, दिल्ली षड्यंत्र केस, असेम्बली बम कांड, भगतसिंह को जेल से छुड़ाने की योजना जैसे कितने ही खतरनाक कार्यों के वे अगुआ बने और आखिर 27 फरवरी, 1931 को इलाहाबाद के अल्फ्रेड पार्क में ब्रिटिश पुलिस से घिर कर गोलीबारी में शहीद हो गए।

माँ जगरानी देवी को खबर नहीं थी कि उनका बेटा क्रांतिकारी संग्राम का सिरमौर बन चुका है। वे तो बस भाबरा के अपने घर में इस सब से बेखबर किसी तरह अपनी ज़िन्दगी की नाव खे रही थीं। मुक्तियुद्ध से सर्वथा अपरिचित वह स्त्री बस अपने बेटे आज़ाद की माँ थीं जो उनकी प्रतीक्षा में हरदम आँखें बिछाये रहती थीं। हर सबेरे आँख खुलने के साथ ही उनके भीतर एक उम्मीद सिर उठाती कि आज बेटा घर लौटेगा, पर ऐसा कभी नहीं होता। तब दिन अधिक लंबे और रातें भारी हो जातीं। इतनी कि काटे नहीं कटतीं। क्रांतिकारी जीवन में आज़ाद एक बार अपने भरोसेमेंद साथी सदाशिवराव मलकापुरकर के साथ भाबरा आये लेकिन जल्दी ही लौट गए। वे सदाशिव को अपना घर-परिवार दिखाने लाये थे। माँ अपने बेटे के क्रांतिकारी कार्यों से पूरी तरह बेखबर थीं। बाद में जब उन्हें आज़ाद की शहादत का समाचार मिला और उन्होंने 'शहीद चन्द्रशेखर आज़ाद ज़िंदाबाद' के नारे सुने और साथ में अपना भी जयगान उनके कानों तक पहुँचा तब भी माँ को कुछ समझ में नहीं आया। हाँ, आज़ाद की प्रतीक्षा में रोते-रोते और सिर पटकते उनकी एक आँख फूट गई थी। अंतिम संतान के विछोह का दुःख उनके लिए असहनीय था। वह सीधी-सादी माँ थीं जिनकी चार संतानें चल बसी थीं और पाँचवें आज़ाद को भी उन्होंने खो दिया था। यह बेटा वापस घर आ जाये इसके लिए मनौती के रूप में अपने दाहिने हाथ की दो उँगलियाँ धागे से बाँध रखी थीं। किसने देखा होगा अलीराजपुर के पास भाबरा गाँव में एक टूटी-फूटी झोपड़ी

के नीचे कोदों की खिचड़ी खाकर अपनी गुज़र-बसर करते पं. सीताराम की इस जीवनसंगिनी को जो बाद में अपने शहीद बेटे की माँ कहलायी। पति चल बसे तब तो और भी अंधेरा छा गया उनके इर्द-गिर्द। वे सचमुच बेसहारा हो गईं। आज़ाद का तो तब पता भी न था कि वे कहाँ हैं।

आज़ाद की शहादत को लंबा समय बीत गया। देश स्वतंत्र होने के बाद पं. बनारसीदास चतुर्वेदी को माँ जगरानी देवी की चिंता हुई कि वे कहाँ हैं? उन्होंने उनका पता लगाया और कई पत्र-पत्रिकाओं में लेख लिखे। जानकारी मिलते ही इस संबंध में उन्होंने सदाशिव जी को भी कई पत्र लिखे। हिन्दी लेखिका बहन सत्यवती मल्लिक को उन्होंने एक पत्र आज़ाद की माँ के बारे में विस्तृत विवरण के साथ भेजा, जिसकी नकल करके सत्यवती जी ने जवाहरलाल नेहरू को भेज दिया और दूसरा दैनिक *हिन्दुस्तान* में भिजवा दिया जहाँ उस समय मुकुट बिहारी वर्मा संपादक थे। वह पत्र वहाँ प्रकाशित हुआ, फिर कुछ और जगहों पर भी। यह 1948 की बात है। परिणाम यह हुआ कि जवाहरलाल जी ने तुरन्त 250 रुपए अपने पास से भेज दिए। फिर उत्तर प्रदेश और मध्य प्रदेश की सरकारों ने उन्हें पेंशन दी। आज़ाद की माँ की ज़िन्दगी के शेष दिनों को सुखमय बनाने के लिए चतुर्वेदी जी ने कई प्रयास किए। बाद में उन्होंने सत्यवती जी को टीकमगढ़ से 8 जनवरी, 1949 को सूचित किया, 'प्रिय बहन, आपकी सेवा में जो चिट्ठी मैंने भेजी थी, उसके शुभ परिणाम से तो मैं चकित रह गया। उक्त पत्र के फलस्वरूप आज़ाद की माता जी की सेवा में दो हज़ार रुपए से अधिक पहुँच चुके हैं। उनकी तीर्थयात्राएँ हो चुकी हैं। शेष वे संभवतः अपनी झोंपड़ी में एक कमरा स्मारक-स्वरूप बनाने में खर्च कर देंगी। सचमुच वह पत्र बड़े शुभ मुहूर्त में लिखा गया था। आपने बहुत ही उपयुक्त समय पर उस पत्र को प्रकाशित करा दिया। बन्धुवर मुकुट जी *हिन्दुस्तान* के तत्कालीन संपादक तक मेरा धन्यवाद पहुँचा दीजिए। पूज्य पंडित जी से 250 रु. की सहायता बहुत ही आनंदप्रद तथा उत्साहोत्पादक सिद्ध हुई।'

इंडियन एक्सप्रेस ने अपने 1 अप्रैल 1949 के अंक में पृष्ठ-8 पर एक समाचार छापा, 'मदर ऑफ़ ए हीरो' जिसमें लिखा था, 'झाँसी, मार्च 30: पंडित नेहरू हैज़ सेंट रु. 250 टु द 74 ईयर्स ओल्ड मदर ऑफ़ द लेट चन्द्रशेखर आज़ाद, ए रिवोल्यूशनरी लीडर ऑफ़ झाँसी, हू वाज़ किल्ड इन

एन इनकाउण्टर विद द पुलिस इन 1931 एट इलाहाबाद। भाइल सेंडिंग द चेक टु मि. बनारसीदास चतुर्वेदी, ए हिन्दी राइटर, टु वि फ़ॉरवर्डेड टु हर, द प्राइम मिनिस्टर रोट दैट ही वाज़ टेकिंग फ़रदर स्टेप्स टु ब्रिंग रिलीफ़ टु द एजेड वुमेन।—ए.पी.एल.

आज़ाद के साथी भगवानदास माहौर ने यह भी बताया था कि एक बार उनके (आज़ाद के) सहायक श्रीप्रकाश जी ने कुछ रुपए आज़ाद को इसलिए दिए थे कि वे अपनी माँ के लिए घर भेज दें जो उनकी तीर्थयात्रा के लिए हैं, पर आज़ाद ने वे पैसे पार्टी के काम में व्यय कर दिए। यहाँ हम चतुर्वेदी के उस लिखे को उद्धृत कर रहे हैं जो आज़ाद की माँ जगरानी देवी की उन दिनों की स्थितियों को जानने के लिए सर्वाधिक प्रामाणिक आधार है—

"माता जी आ गईं! चलो, उनका स्वागत कर लें।" यह सुनते ही जल्दी से हाथ-मुँह धोकर घर से बाहर आया और पूज्य माताजी के चरण स्पर्श किए। उनके साथ आज़ाद के पुराने सहयोगी मास्टर रुद्रनारायण जी तथा बन्धुवर भगवानदास जी माहौर के भी दर्शन हुए। मानो घर बैठे तीर्थ आ गए हों! वह दिन हमारे लिए चिरस्मरणीय रहेगा। पर श्रद्धेया माता जी का यह शुभागमन कोई आकस्मिक घटना नहीं थी।

दस वर्ष पहले की बात है। जिस दिन हमने *विप्लव* में श्री वैषम्पायन जी द्वारा लिखित आज़ाद के जन्मस्थान की तीर्थयात्रा का वृत्तान्त पढ़ा था और उस झोंपड़ी के साथ माता जी के चित्रों को देखा था, हमारी आँखें डबडबा आई थीं और हमने यही कहा था—"यदि हम लोग अल्फ्रेड पार्क, प्रयाग से (जहाँ आज़ाद शहीद हुए थे) भाबरा (अलीराजपुर) तक की पैदल यात्रा करके माता जी के चरण स्पर्श करें,तो शायद हम आज़ाद को सच्ची श्रद्धाँजलि देने के कुछ अधिकारी बन सकते हैं।"

पर अपने बहुधन्धेपन तथा प्रमाण के कारण हम पैदल तो क्या रेल द्वारा भी भाबरा न पहुँच सके। और वह 70-75 वर्ष की वृद्धा आज हमारे यहाँ स्वयं ही आ पहुँची थीं। माता जी ने चार दिन तक इस भूमि को पवित्र किया और उन चार दिनों में हमने समझा कि इस साधनहीन भोली-भाली बुढ़िया के हम कितने ऋणी हैं।

माता जी पुराने विचारों की हैं। आते ही वे लड़कियों से इस प्रकार

मिलीं-भेंटीं मानो वे चिरपरिचित हों और अपने घर में ही आ रही हों। दो दिनों में ही माता जी इतनी घुल-मिल गईं कि लड़कियों को उचित आदेश भी देने लगीं। पुत्री देवकी से बोलीं—''भोजन करने के बाद तुम हमारे पास क्यों नहीं बैठीं?'' लड़की ने सकपकाकर उत्तर दिया—''माता जी, हमें नींद लगी थी सो दूसरे कमरे में जाकर सो गई।'' माता जी ने कहा—''नहीं, तुम्हें हमारे पास आना ही चाहिए था। हमारा हुक्म मानो।''

दरअसल, माता जी में वात्सल्य की अतृप्त भावना प्रबल मात्रा में विद्यमान है। जिस बुढ़िया के पाँच बच्चे एक के बाद एक चल बसे हों उसके मन में यह भावना आना सर्वथा स्वाभाविक है कि कोई तो हमारी बात बच्चों की तरह सुने, किसी पर तो हम प्रेमपूर्ण 'हुकुम' चला सकें! आज़ाद को शहीद हुए अठारह वर्ष हो चुके और उनके पिता जी पंडित सीताराम जी तिवारी भी ग्यारह वर्ष पहले चल बसे! भाबरा ग्राम के एक कोने पर भीलों के बीच एक झोंपड़ी में माता जी अपने वैधव्य के ग्यारह वर्ष बिलकुल एकान्त में काटती रही हैं। ब्राह्मण कुटुम्ब उस ग्राम-भर में शायद एक ही है। तीन-चौथाई बस्ती मुसलमानों और भीलों की है। पैसे की कहीं से आमदनी नहीं। कहीं से कुछ मिल गया, तो दोनों वक्त का भोजन एक वक्त बना कर रख लिया। कोदों और दाल ही उनका खाद्य रहा है। और वह भी कभी-कभी बासी ही खाती रही हैं। गरीबी में कौन किसको पूछता है? भला हो आज़ाद के साथियों का जिन्होंने माता जी की एकाध बार खोज-खबर तो ली! पर वे सब स्वयं अत्यंत साधनहीन और व्यस्त रहे हैं। अतएव माता जी के जीवन के पिछले ग्यारह वर्ष घोर संकट में बीते हैं और यह बात हम सबके लिए अत्यंत लज्जाजनक है।

पर दूसरों को दोष न देकर हम स्वयं अपने को ही अपराधी मानते हैं। यदि हम वैशम्पायन जी का लेख पढ़ने के बाद तुरन्त भाबरा चले गए होते, तो शायद कुछ-न-कुछ सेवा उनकी हो ही जाती। पर हम सोचते-विचारते रहे और यह आवश्यक कर्त्तव्य हमसे न बन पड़ा।

माता जी के दर्शन करते समय हमें ख़याल आया कि आज भी देश में सैकड़ों शहीदों के निराश्रित कुटुम्ब सहानुभूति के दो शब्दों के भूखे हैं। आज भी वे प्रतीक्षा कर रहे हैं कि कोई कृतज्ञतापूर्ण हृदय से दो-चार बातें उनके स्वर्गीय प्राणी के विषय में सुनावे, उन्हें कुछ सान्त्वना दे, उनकी कुछ सुने, उन्हें आँसू बहाने का कुछ मौका दे।

माता जी अपने बच्चे चन्द्रशेखर की बातें किसी को सुनाना चाहती थीं। अमर शहीद आज़ाद को तो वे तब भी नहीं समझ सकी थीं, आज भी नहीं समझ पातीं। वे तो उसी चन्द्रशेखर को जानती हैं, जो उनके पेट में नौ महीने रहा था, जो बर्फ़ी का बड़ा प्रेमी था, जो उनसे झगड़-झगड़कर पैसा लिया करता था और जो पिता जी (तिवारी जी से) बोलता भी न था।

माता जी लड़कियों को अपनी बातें सुनातीं और आज़ाद का ज़िक्र आते ही उनका गला भर आता और वे फूट-फूट कर रोने लगतीं। माता जी ने कहा—"बेटा चन्द्रशेखर जब पैदा हुआ था, तब कमज़ोर-सा था। हमारे यहाँ गाय-भैंस तो थीं, पर वे दूध बहुत थोड़ा देती थीं, इसलिए दूध हम घी के लिए जमा देती थीं और थोड़े से दूध में बहुत-सा साबूदाना मिलाकर खीर बना देती थी और दिन में कई बार वही खीर बच्चे (चन्द्रशेखर) को दिया करती थीं, ज़्यादा दूध हमारे यहाँ होता ही न था, पर बच्चा साबूदाना खा-खाकर ही मोटा-ताज़ा बन गया। पास-पड़ोस की स्त्रियाँ कहने लगीं—'बच्चा तो बहुत सुन्दर लगता है।' कहीं उनकी नज़र न लग जाय, इसलिए चन्द्रशेखर को काजल लगाकर उसके माथे पर डिठौना लगा दिया करती थीं। बच्चा खूब तन्दरुस्त हो गया था। हाय! क्या मैंने उसे इतनी फिकिर से इसलिए पाला-पोसा था कि वह किसी दिन गोली से मारा जाय!" इतना कहते-कहते माता जी का गला भर आया और फिर उनके आँसू रुकते न थे! लड़कियाँ भी विह्वल हो गईं! उन आँसुओं को पोंछने की शक्ति भला किसमें है?

फिर माता जी सुनाने लगीं—"चन्द्रशेखर अपने पिता जी से ज़्यादा नहीं बोलता था। जो कुछ उसे लेना होता, मुझसे ही माँग लेता था, और मैं भी उसके पिता जी के पैसों से चोरी करके उसे दे दिया करती थी। जब वह बाहर चला गया था, तब भी चिट्ठी मेरे पास भिजवाकर रुपए मँगाया करता था और मैं तिवारी जी की चोरी से उसे दो-चार रुपये भेज ही देती थी! बच्चे के लिए मैंने बाप की चोरी की!" ऐसा कहते-कहते माता जी फिर रोने लगीं। जब चोरी का पता चल जाता, तिवारी जी नाराज़ होकर कहते—"तुम्हीं ने लड़के की आदत खराब कर दी है।"

शहीद आज़ाद के पूज्य पिता जी पंडित सीताराम तिवारी बगीचे की रखवाली करते थे और उनका वेतन था 5 रुपये महीना! पर, वह बुड्ढा अजीब आनबान का आदमी था। क्या मजाल कि कोई आदमी का बच्चा एक आम

भी बाग से ले जाय! खुद तो कभी लेने से रहे! एक बार स्थानीय तहसीलदार साहब ने बगीचे से छाँटकर बढ़िया बैंगन अपने घर के लिए मँगाए, तो तिवारी जी ने बगीचे की ताली ही उन्हें वापिस भेज दी और कहला दिया कि यह बेईमानी हमसे नहीं होगी! अच्छे बैंगन आप छाँट लेंगे तो बाज़ारों में बाकी का भाव गिर जायेगा। रियासत को घाटा रहेगा। मुझसे यह पाप न होगा। आप ही बगीचा सँभालिए। तहसीलदार साहब घबरा गए। उन्होंने ताली तिवारी जी को लौटा दी।

मास्टर रुद्रनारायण जी ने यह घटना सुनाई और कहा—"जब वह बुड्ढा बड़े स्वाभिमान से कहता—इस तिवारी ने छदाम के लिए भी किसी का अहसान नहीं लिया, तो उनका चेहरा गौरव की अनुभूति से लाल हो जाता था।"

और जिस समय चन्द्रशेखर आज़ाद कहते थे—"पार्टी से हमें कुल छह पैसे भोजन के लिए मिलते हैं। इतने में पेट नहीं भरता, पर क्या किया जाय? ज़्यादा पैसे हमारे पास हैं ही नहीं। हमारे कुछ साथी डबलरोटी और मक्खन क्यों खाना चाहते हैं, समझ में नहीं आता!" उस समय तिवारी जी की स्वाभिमानी आत्मा ही उनके आत्मज आज़ाद में बोलती थी।

हमारे निकटस्थ वन के रक्षक भगवानदास (मिठई) को आज़ाद के साथ ओरछे के जंगल में भ्रमण करने का सौभाग्य प्राप्त हुआ था। मिठई ने माता जी से कहा—"माता जी आपकी भेजी हुई बर्फ़ी हमने भी खाई थी। उसमें इलायची पड़ी थी।"

सुनते ही माता जी ने कहा—"हाँ हमारे बच्चे को बर्फ़ी अच्छी लगती थी और जब वह भाबरा आया था, तब हमने बर्फ़ी बनाकर उसको दी थी। उसके बाद बच्चे को फिर नहीं देखा। वही आखिरी मिलना था।"

माता जी की अश्रु-धारा फिर बहने लगी। आज़ाद की जीवित अवस्था में जब मास्टर रुद्रनारायण जी भाबरा गए थे, तो चलते-चलते माता जी ने ज़बरदस्ती एक रुपया उनकी लड़की के लिए दिया था और एक अठन्नी यह कह कर दी थी कि इसकी बर्फ़ी लेकर बेटा चन्द्रशेखर को खिला देना। मेरे बच्चे को बर्फ़ी बहुत भाती है।"

आज़ाद ने भारत की स्वाधीनता के लिए क्या-क्या वीरतापूर्ण कार्य किए इसका पता माता जी को अभी तक नहीं है। कोई आज़ाद की बातें करता है तो माता जी चुप-छिप कर उसे सुन लेती हैं और फिर बीमार पड़ जाती हैं!

उनके हृदय के घाव ताज़े हो जाते हैं, उन्हें ज्वर हो आता है और वे खाना-पीना छोड़ देती हैं। यही नहीं, वे कुछ विक्षिप्त भी हो जाती हैं। ऐसी हालत में वे यह ख़याल करने लगती हैं कि आज़ाद ज़िंदा है और जान-बूझकर हमें तंग कर रहा है, मिलने नहीं आता। आज़ाद की बाल्यावस्था की झलक उनके नेत्रों में (नेत्र में कहना चाहिए, क्योंकि माता जी आज़ाद के लिए सिर पटक-पटक कर अपनी एक आँख खो चुकी हैं) अब भी विद्यमान है, जब वह एक ओर से पीछे से आकर कन्धा पकड़ कर 'ता' किया करता था और फिर दूसरी ओर से कन्धा पकड़कर 'ता' किया करता था।

माता जी कहती हैं—"सब जगह देख आई चन्द्रशेखर नहीं मिला। सातार नदी के किनारे नहीं मिला। ओरछा में नहीं मिला। त्रिवेणी पर नहीं मिला। मुझे आशा लगी थी कि वह कहीं-न-कहीं से निकलकर आ जायेगा, पर जब मैं अल्फ्रेड पार्क में गई और वहाँ मुझे वह जगह बताई गई, जहाँ मेरा बच्चा गोलियों से मारा गया था, तब मेरी यह आशा भी टूट गई कि बच्चा कहीं मिल जायेगा!"

माता जी का स्वास्थ्य दिनों-दिन बिगड़ रहा है। बची हुई आँख में मोतियाबिन्द हो रहा है। साल-भर चल जायें, तो चल जायें! गनीमत यह है कि अभी-अभी संयुक्त-प्रान्तीय तथा मध्य-भारतीय सरकारों ने 25-25 रुपए महीने की पेन्शन कर दी है और इस प्रकार छह सौ रुपये दान करने का पुण्य लूट लिया है। पर, दुर्भाग्य की बात यह है कि अठारह वर्ष भूखों मरने के बाद जब यह पेंशन आई है, तो माता जी की भूख जाती रही है। वह पहले से तिहाई-चौथाई रह गई हैं और बूढ़े आदमी की भूख घटना अंतिम दिनों के आगमन की सूचना है।

माता जी के भोलेपन की हद नहीं। उनकी बस दो इच्छाएँ बाकी हैं—एक तो वे किसी लड़के के विवाह में 'बन्ना' गाना चाहती हैं और दूसरे द्वारिका जी के दर्शन करना चाहती हैं। यह बात ध्यान देने योग्य है कि आज़ाद का बड़ा भाई, जो पोस्टमैन था, इक्कीस वर्ष की उम्र में जाता रहा। माता जी कहती थीं—"मैं उसका विवाह करने के लिए उन्नाव जाने वाली थी।" माता जी 'बन्ना' नहीं गा सकीं। चार बच्चों को और अन्त में चन्द्रशेखर को खोकर माता जी की गोद तो बिलकुल सूनी हो गई, पर वात्सल्य का स्रोत जहाँ का तहाँ बना रहा। वह नहीं सूखा। माता जी के मुख से कभी-कभी बड़े मर्मभेदी वाक्य

निकल पड़ते हैं—"बेटा लोहा भट्टी में जल जाता है, पत्थर भी टूट-टूटकर राख बन जाता है, पर मेरा जी तो देखो कि वह पत्थर और लोहे से भी कड़ा है, अठारह-अठारह वर्ष से भट्ठी में जल रहा है और अभी तक नहीं टूटा।"

चलते समय माता जी ने तीनों लड़कियों को एक-एक रुपया दिया। "माता जी, एक ही रुपए में हम तीनों बाँट लेंगी।" पर माता जी बोलीं—"तुम हमारी बिटिया नहीं हो? बोलो!" लड़कियों ने कहा—"तुम्हारी बिटिया हैं!" माता जी ने कहा—"तो फिर हमारा हुकुम मानो। अपने मन की मिठाई मंगा के खा लेना।" इस तर्क का उत्तर भला क्या हो सकता था? मिठई को जब माता जी ने चवन्नी दी तो उसने भी मना किया। माता जी ने तुरंत कहा—"तुम हमारे बेटे नहीं हो?" चवन्नी लेनी पड़ी।

चलते वक्त मास्टर रुद्रनारायण जी बोले—"चौबे जी, एक काम तुम करा दो, तो माता जी को कुछ सन्तोष हो सकता है। भाबरा में जहाँ आज़ाद का जन्म हुआ था, कोई स्मारक बनवा दो, एक कमरा और बरामदा हो और आज़ाद के कार्यक्षेत्र झाँसी में या अलफ्रेड पार्क प्रयाग में उनकी एक मूर्ति।"

मास्टर जी स्वयं अत्युत्तम चित्रकार तथा श्रेष्ठ मूर्तिकार भी हैं। मैंने कहा—"मास्टर जी, किसे इतनी फ़िक्र है कि माता जी के अंतिम दिनों में उन्हें सन्तोष दे? हाँ, पंडित जवाहरलाल जी ने ढाई सौ रुपए माता जी के नाम भेजे हैं और भविष्य में भी प्रबन्ध करने का वचन दिया है, पर ऐसी सहृदयता तथा कर्त्तव्यशीलता क्या हमारे अन्य नेताओं अथवा धनाढ्यों में भी है? 'इन्डिया रिपब्लिक' बनने जा रही है, पर इन्डियन रिपब्लिकन आर्मी के संचालक चन्द्रशेखर आज़ाद को लोग भूल गये हैं! और फिर इधर कोने में पड़े हुए पत्रकार की बात सुनेगा कौन?"

मोटर तैयार थी, माता जी चल दीं। आँखों के सामने आज़ाद का और उनके माता-पिता का जीवन चलचित्र की भाँति एक साथ घूम गया।

आज़ाद का साबूदाना खाना। माथे पर डिठौना। बर्फ़ी का प्रेम। पिता जी का अक्खड़पन। माता जी की कोमलता। चन्द्रशेखर का घर से भागना। काशी पहुँचना। जेल में बेतों की सज़ा। आज़ाद की वह भीष्म प्रतिज्ञा—"सरकार मुझे ज़िन्दा न पकड़ सकेगी।"

आज़ाद का पण्डित जवाहरलाल जी से मिलना और उसके बाद वे सब घटनाएँ, जो भारतीय स्वतंत्रता संग्राम का अध्याय ही बन चुकी हैं।

और अल्फ्रेड पार्क में माता जी का वह करुण विलाप!

आज़ाद फ़रवरी 1931 में शहीद हुए और तब से 18 वर्ष तक हम लोगों द्वारा माता जी की घोर उपेक्षा।

क्या कोई कृत्रिम सिनेमा इस सजीव चित्र का कभी मुकाबला करेगा?

...हम जानते हैं कि जिन दिनों आज़ाद की माँ की खबर दल के पुराने साथियों को मिली थी तब उन्होंने परामर्श करके सदाशिव जी को माँ से भेंट करने भाबरा भेजा था। माँ उस रोज़ उन्हें देखकर ऐसी खुश हुईं मानो उनका 'चन्दू' ही घर आ गया हो। सदाशिव को भी जैसे 'भुसावल बम केस' में छूटने के बाद 'माँ' मिल गईं और जल्दी ही वे उनके 'बच्चा' और 'बचवा' बन गए। सदाशिव जी उन्हें जल्दी ही झाँसी ले आए और माहौर जी के घर में रखा। झाँसी शहर से आज़ाद की सघन स्मृतियों का रिश्ता है। यहाँ उनके सहयोगी मास्टर रुद्रनारायण सहित अनेक लोग थे जिनके संग-साथ से वे झाँसी केन्द्र पर रहकर दल का संचालन करने के साथ सुरक्षित जीवन जीते रहे। झाँसी के निकट सातार तट पर एक कुटिया है जहाँ फरारी के समय में साधु वेश में आज़ाद बहुत दिन तक रहे। सातार किनारे अब 'आज़ाद कुटिया' कही जाने वाली इस जगह पर माँ जगरानी देवी को ले जाने का विचार बना तो उनके साथ सदाशिवराव, भगवानदास माहौर, मास्टर रुद्रनारायण और बनारसीदास चतुर्वेदी थे। माँ के वहाँ जाने का वर्णन भगवानदास जी के शब्दों में, "इस कुटिया में आज़ाद की स्मृतियाँ ही नहीं, आज़ाद की माता जी की वह हृदय-विदारक धाड़, हाय व पछाड़ भी गूँज रही है, जो उनकी छाती से तब निकली थी, जब वे वहाँ स्वराज्य-प्राप्ति के बाद सन् 1948 में श्री सदाशिवराव मलकापुरकर, श्री बनारसीदास चतुर्वेदी और मास्टर रुद्रनारायण के साथ गई थीं। आज़ाद के निवास से पुनीत इस कुटिया का धरणी-तल उस तपस्विनी की तड़प से, फूट-फूट कर रोने, लोटने, पछाड़ खाने से और उनकी अश्रुधारा से सिक्त होने से पावन हो गया है। बिना जल के मछली जैसा तड़पना काव्य में पढ़ा बहुत था, परन्तु तब तक उसको जीवन में अनुभव नहीं किया था। बस देखा उसी दिन, सो भी कहाँ देखा। मैं तो देख सका, न सुन सका, आँखें और कान बंद करके मैं तो भाग खड़ा हुआ सातार के परले सिरे पर दूर। मुझे लगा, मानो माता जी के क्रन्दन की धमक से ही मेरा कमज़ोर दिल तो बस फट ही जायेगा। वह

तो भाई सदाशिव का ही कलेजा था कि वह माँ को अपनी गोद में समेटते रहे, मास्टर साहब ही थे कि कुटी में आज़ाद की जीवनचर्या बखान करते खुद रोते रहे और माता जी को रुलाते रहे, और बनारसीदास जी ऐसा करने से मास्टर साहब को अपने रुद्ध कंठ से रोकते रहे और अपने आँसू पोंछते रहे।''

आज़ाद की माँ के झाँसी में रहते हुए सभी लोग उनकी तीर्थयात्रा कराने का प्रबन्ध कर ही रहे थे कि अचानक मज़दूर संगठन के काम करने के चलते गिरफ़्तारी से बचने के लिए सदाशिव जी को भूमिगत होना पड़ा। ऐसे में तीर्थ जाने का संयोग नहीं बना लेकिन इससे बड़ा कष्ट यह रहा कि माँ को सदाशिव जी के बिना एक पल का चैन नहीं। यद्यपि वे कई बार छिपकर माँ से मिलने आ जाते और थोड़ी देर रुक कर चले जाते कि किसी को पता भी नहीं चलता। उनकी चारपाई घर की निचली मंज़िल के दरवाज़े पर पड़ी रहती और जैसे ही सदाशिव जी हल्के-से कुंडी खटकाते कि माँ उठकर किवाड़ खोल देतीं। फिर 'माँ' और 'बचवा' में देर तक बातें होती रहतीं। सदाशिव जी उस समय गिरफ़्तार होने से बचते ही रहे ताकि माँ से मिलने में व्यवधान न हो। अब वे तीर्थयात्रा पर जायें तो कैसे। सदाशिव जी उन दिनों इस आयोजन को सम्पन्न नहीं कर सकते थे। भगवानदास जी बताते थे कि ऐसे में कानपुर के मणिलाल शर्मा और राजाराम शर्मा ने बड़ी मदद की। मणिलाल जी झाँसी आए और उन्होंने माँ को तीर्थयात्रा के लिए मना लिया और वे उन्हें प्रयाग, काशी, मथुरा और कुरुक्षेत्र में घुमा लाये। कानपुर तक उनके साथ भगवानदास और सदाशिव जी भी गए। माँ जहाँ गईं उन जगहों पर उनका स्वागत हुआ, पर आज़ाद से जुड़े सवालों पर वे बहुत असहज हो जातीं। वह उनके लिए दुःख का कारण बनता। लोग उनके चरण स्पर्श करके जय-जयकार करते जिसका उनके लिए कोई अर्थ नहीं था। जिन तीर्थस्थलों पर वे श्रद्धा से अपना सिर झुकाने आई थीं वहाँ उन्हें ही पूजा जा रहा है। यह तो उनके लिए अनर्थ हुआ। ज़्यादातर लोग माँ के मुख से आज़ाद की कथा सुनना चाहते जो किसी तरह संभव नहीं था। कानपुर का ही किस्सा है जहाँ मिलने वालों ने उनके साथ ज़्यादती करना शुरू कर दिया। यह सब होते और बढ़ते देख बालकृष्ण शर्मा 'नवीन' ने लोगों को समझाया और फटकारा भी। वे माँ की मन:स्थिति को भले से जानते थे सो नवीन जी उनके सामने तो बोलते, हँसते लेकिन बाद में उनके चरणस्पर्श कर दूसरे कमरे में जाकर रो लेते। उन्होंने तब माँ के खर्च के लिए

पाँच सौ रुपए दिए। वह भी उन्होंने अलग से भगवानदास जी को थमा दिए।

माँ तीर्थयात्रा कर झाँसी लौट आईं। मणिलाल जी उन्हें भगवानदास के घर छोड़ गए। इस लंबे सफ़र में माँ के साथ रह कर मणिलाल जी को भी तमाखू खाने की लत पड़ गई। माँ खुद खातीं तो सामने बैठे किसी को भी आग्रहपूर्वक खाने को कहतीं। ऐसे में कोई मना नहीं करता भले ही थोड़ी देर में वह बाहर जाकर चुपके से उसे थूक दे। एक बार तो ऐसा हुआ कि उन्होंने बनारसीदास चतुर्वेदी को भी तमाखू का स्वाद चखा दिया। कोई नौसिखिया उसे खाकर परेशान हो उठता तो माँ यह दृश्य देखकर हँसने लगतीं।

द्वारका और जगन्नाथपुरी की तीर्थयात्राओं पर माँ को सदाशिव जी अंडरग्राउण्ड रहते हुए लेकर गए। उन दिनों चतुर्वेदी जी के प्रयत्न से उत्तर प्रदेश और मध्य भारत की सरकारों ने आज़ाद की माँ के लिए राजनीतिक पेंशन की व्यवस्था कर दी थी। कुछ धनराशि जवाहर लाल नेहरू, बाबू श्रीप्रकाश और सम्पूर्णानन्द जी ने भी भेजी जो उन दिनों उनके लिए सहूलियत देने वाली थी।

माँ कट्टर ब्राह्मण परिवार की थीं। जनेऊ-चौका और नेम-कर्म जैसे पुराने ज़माने के ख़यालों-रीतियों को मानने वाली। भगवानदास जी के घर रहकर भी वे अपना खाना स्वयं पकाती थीं। वे उनके घर का पक्का खाना, पूड़ी-साग तो खा सकती थीं, रोटी-भात नहीं। भगवानदास जी कहते हैं, ''वे बड़े प्रेम से खाना बनातीं लेकिन उनका 'बचवा' (सदाशिव)न हो तो उन्हें भूख ही नहीं लगती थी। जब मैं कहता कि माता जी, आपको खाना बनाने में कष्ट होता है, आपके लिए रोटियाँ दूध में माँड़ कर बन जाया करेंगी उसमें तो कुछ दोष नहीं, तो माता जी बड़े प्रेम से कहतीं—''बेटा, तू मन छोटा न कर, सारे दिन निठल्ली बैठी करूँगी क्या? ऐसे कुछ समय भी कट जाता है। रही तेरे हाथ की रोटी खाने की बात सो तू ब्याह कर ले, तेरी बहू के हाथ की खा लूँगी।'' भगवानदास जी बताते थे कि आज़ाद की माँ यह ताड़ गई थीं कि उनका विवाह होगा और किसके साथ होगा। उन्हीं के शब्दों में, ''मेरी भावी वधू (क्रांतिकारी मास्टर रुद्रनारायण की पुत्री) को वे घंटों अपने पास बड़े प्रेम से बैठाये रखती थीं। एकान्त में वे मुझसे कहतीं—''क्यों रे! बचवा (सदाशिव) तो तुझसे बड़ा है। है न? पहले उसका विवाह नहीं होना चाहिए? कुछ उसके लिए भी तो कर!'' जब मैं हँसी में बातों को टाल देता तो माता जी कहतीं—''चल-चल, मैं जानती हूँ कि तूने किसे देख रखा है। ऐसी ही

कोई उसके लिए भी ला। ब्याह का खर्च मैं करूँगी। तू उसका ब्याह करा दे, मेरी छाती ठंडी हो जाएगी। मैं बन्ने गाऊँगी, मुझे बन्ने बहुत आते हैं, तू सुनना। मैं बहू के हाथ की रोटी खाऊँगी, बस यहीं रहूँगी फिर कहीं नहीं जाऊँगी।''

और एक दिन यानी 1951 के 22 मार्च को झाँसी में भगवानदास जी के घर पर शहीद चन्द्रशेखर आज़ाद की इस माँ ने अंतिम साँस ली तो सदाशिव जी के हाथों से ही उनकी अंत्येष्टि हुई। कैसी सीधी और ममता से भरी थीं वह माँ जिन्होंने ठेठ ग्रामीण परिवेश में रहते हुए विकट अभावों भरी ज़िंदगी जी और जिन्हें हम एक बार भी आज़ाद की क्रांतिकारी चेतना और देश की आज़ादी के लिए उनकी महान शहादत के गौरवबोध से परिचित नहीं करा पाए। वे थीं तो सिर्फ़ 'चन्दू' की माँ जो आखिरी साँस तक अपने बेटे के लौटने की बेसब्री से प्रतीक्षा करती रहीं।

भगवानदास जी कहते भी थे, ''हमें आज़ाद से अधिक आज़ाद की माता जी की याद आना स्वाभाविक है। 'आज़ाद' भारत को आज़ाद करने के लिए शहीद हुए थे, तो अब भारत आज़ाद हो भी चुका है, उनकी शहादत सफल हो चुकी है। यह ठीक है कि समाजवादी प्रजातंत्र सेना के प्रधान सेनानी आज़ाद की धारणा का भारत अभी तक नहीं बन पाया, परन्तु उस ओर देश बढ़ता जा रहा है और इस काम को पूरा करना अब हम लोगों का काम है। जब आज़ाद क्रांतिकारी दल के एक सैनिक मात्र थे तब भी, और जब वे दल के नेता बने तब भी, और जब शहीद हुए तब भी, अपने काम के महान और गौरवपूर्ण होने की सुखद अनुभूति पूरी-पूरी उनके हृदय में सदैव रही। यह अमृतमयी अनुभूति सभी सचेत शहीदों के हृदय में सदा रही है और वही तो उनकी शक्ति का वास्तविक स्रोत रही है। आज यदि भारत स्वतंत्र न भी हुआ होता, तो भी इस स्वर्गिक अनुभूति से उन्हें कभी वंचित नहीं किया जा सकता था। परन्तु माता जी की अनुभूति? आज़ाद की माता होने का राष्ट्रीय गौरव क्या होता है, इसकी अनुभूति न उन्हें तब थी जब आज़ाद के कार्यों से बिलकुल बेखबर वे एक ऐसी अज्ञ, निरक्षर, निर्धन माता का जीवन बिता रही थीं। जिसकी चार संतानें मर चुकी हों ओर पाँचवीं संतान (चन्द्रशेखर आज़ाद) घर छोड़कर कहीं भाग गयी हो, न ऐसी कोई गौरवमयी अनुभूति उन्हें तब हुई जब आज़ाद भाई सदाशिवराव मलकापुरकर के साथ एक बार उनसे मिलने उनकी झोंपड़ी में पहुँचे, और न तब हो सकी जब उनको आज़ाद

की शहादत का समाचार लोगों ने सुनाया और 'चन्द्रशेखर आज़ाद ज़िंदाबाद' के नारे उन्हें सुनाते हुए लगाए और स्वयं उनके लिए भी 'ज़िंदाबाद' के नारे लगाए। अपनी इस अंतिम संतान की मौत का समाचार सुनकर उस दु:खिनी ने सिर पटक-पटक कर अपनी एक आँख ही फोड़ ली। वह तो केवल एक सीधी-सादी माँ थी, ऐसी माँ जिसके सभी बच्चे मर गये थे—शहीद की माँ होने की गौरवमयी अनुभूति से बिलकुल अपरिचित। उसका बेटा घर वापस आ जाये, इसके लिए वह भोली माँ अपने दाहिने हाथ की दो अंगुलियाँ मनौती के रूप में बाँधे रखती थी। अलीराजपुर के पास भाबरा ग्राम की भील बस्ती में एक टूटी-फूटी बाँस के ठट्ठरों की झोंपड़ी में कोदों की खिचड़ी खाकर माता जगरानी देवी अपने समान दु:खी पति पं. सीताराम तिवारी के साथ अपने दिन काट रही थीं कि उन पर वैधव्य का भी वज्रपात हुआ।....कौन वर्णन कर सकता है उनकी दु:खानुभूति को!''

विगत दिनों झाँसी में आज़ाद की माँ का बुत लग गया है जिसे प्रणाम करने पहुँच कर हम उस पीड़ा से मुक्त नहीं रह पाते जिसे वे आजीवन सहती-झेलती रहीं। माँ, तुम्हारी एक दुर्लभ तस्वीर हमारे पास सुरक्षित है जिसमें तुम क्रांतिकारिणी सुशीला दीदी, उनके पति श्याम मोहन तथा अन्य लोगों के साथ बैठी हो। पता नहीं वह घर कौन-सा है? शायद सुशीला दीदी का दिल्ली का आवास हो जहाँ उतारी गई तुम्हारी यह छवि थोड़ा सुकून देने वाली है।

क्रांतिकारी
भगतसिंह

वह इन्कलाब सचमुच अद्‌भुत था जिसने क्रांतिकारी आंदोलन की दिशा बदल दी। स्वतंत्रता से लेकर प्रजातंत्र के अपने लक्ष्य के बाद समाजवाद की स्थापना के लिए भगतसिंह का संघर्ष इतना पैना और चमकीला है कि उस पर गर्व किया जा सकता है। यह हमारे ऐतिहासिक संघर्ष की सर्वाधिक चेतनासम्पन्न थाती है जो हमें हर पल समृद्ध बनाती है। 28 सितम्बर 1907 को पंजाब के गाँव बंगा में जन्मे भगतसिंह कम उम्र में ही क्रांति की राह पर चल पड़े। उनका परिवार प्रारम्भ से ही देशभक्ति की पृष्ठभूमि रहा था। 1919 में हुए जलियांवाला बाग हत्याकांड का भगतसिंह के मस्तिष्क पर बहुत असर पड़ा। यह ऐसा प्रस्थान बिंदु था जहाँ से फिर भगतसिंह की राह को मोड़ा नहीं जा सका। इन्कलाब की धुन उन्हें उत्तर भारत के कानपुर शहर ले आई जहाँ वे सुरेश चन्द्र भट्टाचार्य और गणेश शंकर विद्यार्थी के संपर्क में आकर अपने मार्ग को अधिक सुगम बनाते चले गए। पंजाब में 'नौजवान भारत सभा' का गठन और संचालन उनकी शुरुआती जीवंत गतिविधियाँ थीं। वे पहली बार दशहरा बम केस में गिरफ़्तार किए गए और ज़मानत पर छूटे। इसके बाद 1928 में क्रांतिकारी दल के पुनर्गठन और उसे वैचारिक जामा पहनाने में उनकी प्रमुख भूमिका थी। उनकी पहल पर ही दल के नाम में 'समाजवादी' शब्द जोड़ा गया जो क्रांतिकारियों के लक्ष्य का बड़ा सूचक है। साइमन कमीशन का विरोध करते हुए लाला लाजपत राय पर लाठियाँ पड़ीं जिसमें उनकी मृत्यु हो गई। देश के इस अपमान का बदला लेने के लिए

क्रांतिकारी आगे आए जिसमें राजगुरु और भगतसिंह ने लाहौर में साण्डर्स का वध किया। इसके बाद भगतसिंह छद्म वेश में दुर्गा भाभी के साथ कलकत्ता चले गए। 8 अप्रैल, 1929 को दो अत्यधिक दमनकारी कानूनों के विरुद्ध भगतसिंह और बटुकेश्वर दत्त ने दिल्ली की केन्द्रीय असेम्बली में बम का विस्फोट करते हुए दल की नीतियों और आदर्शों के पर्चे फेंकते हुए अपनी गिरफ़्तारी दी। 'लाहौर षड्यंत्र केस' में उन्हें अपने साथी राजगुरु और सुखदेव के साथ 23 मार्च, 1931 को फाँसी पर चढ़ा दिया गया। माँ विद्यावती और पिता सरदार किशन सिंह ने अपनी संतान के रूप में एक भगतसिंह को देश के लिए सौंप दिया। हम उनके ऋणी हैं। किशन सिंह जी का निधन 30 मई, 1951 को हुआ जबकि माँ विद्यावती हमारे मध्य 1 जून, 1975 तक जीवित रहीं। भगतसिंह को याद करते हुए माँ विद्यावती का स्मरण करना हमारे लिए नितांत ज़रूरी है। स्फूर्ति देने वाला भी। भगतसिंह के चाचा सरदार अजीत सिंह देश के बड़े क्रांतिकारी और 'पगड़ी सँभाल ओ जट्टा' के मुख्य स्तम्भ थे जिन्हें अंग्रेज़ सरकार ने देश निकाला दिया। वे 'भारत माता सोसाइटी' में सूफ़ी अम्बा प्रसाद के सहयोगी रहे। उनका निधन 15 अगस्त, 1947 को हुआ जब वे आज़ादी का सवेरा अपनी आँखों से देख सके।

शहीद भगतसिंह की माँ विद्यावती

भगतसिंह की माँ बेशक बनेओ

अपने विवाह के समय वे ग्यारह वर्ष की थीं। स्वयं ही बताती थीं कि उस समय सब कुछ अच्छा-ही-अच्छा था। नये कपड़े मिले, अच्छे-अच्छे गहने मिले। तब उनका नाम 'इन्दी' था। अजीब बात है कि नए रिश्तों में बँधने वाले दोनों परिवार सिक्ख थे लेकिन आर्य समाज का अधिक प्रभाव होने के चलते शादी *गुरुग्रंथ साहब* से न होकर आर्यसमाजी ढंग से हुई। और देखिए कि फेरे वेदों के अनुसार हुए। पति सरदार किशनसिंह ने स्वयं भी सभी मंत्र पढ़े। सब तरफ़ चर्चा रही कि सरदार बरयामसिंह के घर ऐसा दामाद आया है जो मंत्र भी खुद पढ़ता है।

विद्यावती का विवाह 1898 में हुआ था। तब गौने का चलन था जो दो साल बाद हुआ। वे अपनी ससुराल लायलपुर के घर में जाकर रहीं। दरअसल यह जो घर था वह एक तरह से मुक्ति योद्धाओं का अड्डा था। कब कौन बाहर चला या जेल में इसका किसी को कुछ पता न था। वे कहती भी थीं, "उन दिनों सूफ़ी अम्बाप्रसाद अक्सर हमारे घर आया करते थे और कमरे में बैठे कुछ-न-कुछ लिखते ही रहते थे। हमें वे ज़रा भी अच्छे न लगते थे, क्योंकि उनके आने पर सब लोग उनमें ही उलझे रहते थे। एक बार हमने उन्हें खाने को भी नहीं पूछा। जब-जब हमने रोशनदान से उनके कमरे में झाँककर देखा,

उन्हें कुछ लिखते ही पाया। हमें देख-देखकर आश्चर्य हो रहा था कि यह कैसा आदमी है जिसे अपने खाने-पीने का भी ध्यान नहीं और फिर भी लिखता जा रहा है। दो-तीन दिन के बाद जब सरदार जी आए, तो उन्होंने पूछा—मास्टर जी को खाना खिलाया? हमने कहा नहीं, तो वे बहुत नाराज़ हुए। फिर जाकर उनसे पूछा, तो मास्टर जी ने बड़ी सादगी और शान्ति से, जैसे कोई बात ही न हुई हो, उत्तर दिया—''न किसी ने खाना दिया और न मैंने खाया।''

दादा अर्जुनसिंह को लायलपुर में ज़मीन मिल जाने के चलते वे परिवार सहित वहीं आ बसे। विद्यावती जी वर्ष 1900 में यहाँ आईं तो विद्यावती को पढ़ाने का विचार किया जाने लगा। श्वसुर ने कहा कि उन्हें मायके से लाकर जालंधर में पढ़ाने की व्यवस्था की जाएगी जो उन दिनों सामान्य बात न थी। विद्यावती जी बताती थीं, ''जब-जब मुझसे यह कहा जाता कि तुम्हें जालंधर बोर्डिंग में रखकर पढ़ाया जाएगा, मैं अपनी माँ के गले लिपट कर बिलख-बिलखकर रोने लगती और इस कल्पना से ही कि मैं दूर चली जाऊँगी, इतनी सहम जाती कि मुझे बुखार आ जाता। कुछ दिन बाद सरदार जी मुझे लेने आए। मेरे माता-पिता मेरी हालत को समझ चुके थे। इनकार का कोई और रास्ता न सूझा तो कह दिया कि तुम्हारी माता भी तो पढ़ी-लिखी नहीं हैं। इस पर सरदार जी को गुस्सा आ गया और वे नाराज़ होकर लौट आए। उनका लौटना था कि हमारे घर में सबको चिंता हुई और पढ़ाई का क्रम आरम्भ करने की बात सोची गई। स्कूल वहाँ कोई था नहीं। कोई साधु-सन्त आता, तो मेरी माँ झट कायदा लेकर मुझे उसके पास बैठा देतीं और विनयपूर्वक कहतीं—संन्यासी जी, मेरी बेटी को दो-चार अक्षर सिखा दो। हमारे गाँव में एक जुलाहिन थोड़ी पढ़ी-लिखी थी। कभी मुझे उसके पास पढ़ने को भेजा जाता, कभी गुरुद्वारे के ग्रन्थी के पास और कभी गाँव के ब्राह्मण के पास। बस, इतनी ही शिक्षा हो सकी मेरी कि थोड़ी-बहुत हिन्दी-पंजाबी सीख ली।''

लायलपुर में घर का माहौल विद्यावती जी के लिए तो विचित्र था। यहाँ परिवार के लोगों—किशनसिंह, अजीतसिंह और स्वर्णसिंह जैसे भाइयों ने स्वातंत्र्य-योद्धाओं की गतिविधियों और उसके विमर्ष का केन्द्र बना दिया था। विद्यावती ने 1904 या 1905 में बड़े बेटे जगतसिंह को जन्म दिया, फिर उसके बाद 1907 में भगतसिंह इस दुनिया में आए। अजब माहौल था परिवार में। एक दिन पहले ही भगतसिंह के पिता एक मुकदमे से छूटे थे।

स्वर्णसिंह जेल में थे और अजीतसिंह भी माण्डले (बर्मा) में देश निकाला भुगत रहे थे। कोई सभा-सोसाइटियों में जाता तो किसी का आना-जाना अदालत और जेल में होता। यह आये दिन की बात थी। ग़दर आंदोलन चला तो और भी संकट। लेकिन उसकी असफलता के बाद सरकार का दमनचक्र शुरू हो गया। ऐसे में विद्यावती जी को उनके पिता के घर भेज दिया गया और किशनसिंह अपने गाँव बंगा चले गए। सारा काम-धाम ठप। आखिर घर-परिवार कैसे चले? इस स्थिति में किशनसिंह अपनी पत्नी को बुलाने नहीं गए। दीवाली आने को थी तभी विद्यावती जी के पिता ने उन्हें भाई के साथ ससुराल भेज दिया। वे बंगा पहुँचीं कि किशनसिंह जी बाहर ही मिल गए। बोले, "मेरी रोटी की तो व्यवस्था नहीं, तुम क्यों चली आईं?" यह सुनकर वे हैरान। करें तो क्या करें। वापस जाना भी उचित नहीं। मायकेवाले देखकर क्या कहेंगे। वे भीतर गईं तो सास उन्हें देखकर खुश हुईं, पर किशनसिंह जी फिर भी कह रहे थे कि वापस चली जाओ। पर वे अपनी सासू माँ के आग्रह पर वहीं रुक गईं। लेकिन ससुराल के दरवाज़े पर ही पति की ओर से वापस जाने का हुक्मनामा? कितना कठिन समय और निर्णय लेने के लिए किस ऊहापोह से गुज़री होंगी वे, इसका अनुमान कौन कर सकता है। दिन कटे तो किशनसिंह लाहौर चले गए। वहाँ उन्हें जीवन-बीमा का काम मिल गया तो वे विद्यावती जी को वहीं ले आए, लेकिन अपने तीनों बच्चों जगतसिंह, भगतसिंह और अमर कौर को वहीं दादा-दादी और चाचियों के पास बंगा में छोड़ दिया। कुलबीर सिंह का जन्म यहीं लाहौर में हुआ। यहाँ जीवन कुछ ठीक-ठाक चलने लगा। सुकून के कुछ पल नसीब हुए। कुछ खेती का काम भी चलने लगा। भगतसिंह बड़े हो रहे थे। इतने कि अब उनके विवाह की बात चलने लगी। दादी जयकौर ने उनके पिता किशनसिंह से कहा कि अब उनका विवाह कर देना चाहिए। इस वास्ते कुछ लोग उन्हें देखने आए। सभी को लग रहा था कि भगतसिंह इसके लिए मना कर देंगे। पर ऐसा उन्होंने ज़ाहिर नहीं होने दिया। दादी के आग्रह के चलते सगाई की तारीख़ भी तय हो गई, पर भगतसिंह ने किया यह कि घर छोड़कर कहीं जाने से पहले अपनी मेज़ की दराज में एक पत्र छोड़ गए जो उनके दृढ़ निश्चय का सबूत है। लिखा था—

पूज्य पिता जी, नमस्ते।

मेरी ज़िन्दगी मकसदे-आला आज़ादी-ए-हिन्द के असूल के लिए वक्फ़ हो चुकी है। इसलिए मेरी ज़िन्दगी में आराम और दुनियावी खाहशात वायसे-कशिश नहीं है। आपको याद होगा कि जब मैं छोटा था तो बापू जी ने मेरे यज्ञोपवीत के वक्त ऐलान किया था कि मुझे खिदमते-वतन के लिए वक्फ़ कर दिया गया है। लिहाज़ा मैं उस वक्त की प्रतिज्ञा पूरी कर रहा हूँ। उम्मीद है, आप मुझे माफ़ फ़रमायेंगे।

आपका ताबेदार—भगतसिंह

माँ इस पर चिंतित हो उठीं। पर भगतसिंह तो कानपुर निकल गए थे। इसी समय दादी जयकौर सख़्त बीमार पड़ीं। वे भगतसिंह को एक बार देखना चाहती थीं। वे अक्सर सोचतीं कि यदि भगतसिंह से विवाह का आग्रह न किया जाता तो वह न भागते। अब भगतसिंह की खोज होने लगी। माँ विद्यावती लाहौर की ग्वालमण्डी के प्रसिद्ध ज्योतिषी के पास गईं। उसने भगतसिंह का कोई कपड़ा माँगा। उनकी पगड़ी पेश की गई, तो कुछ पढ़कर ज्योतिषी ने कहा—"तुम्हारा बेटा कुछ दिन बाद आएगा लेकिन फिर चला जाएगा। इस लड़के का भाग्य अद्‌भुत ढंग का है। या तो यह तख़्त पर बैठेगा या फिर तख़्त पर झूलेगा।" सुनकर वे उलझन में पड़ गईं। सरदार किशनसिंह ने *वंदेमातरम* में एक विज्ञापन छपवा दिया—'भगतसिंह जहाँ भी हों, घर लौट आयें। दादी सख़्त बीमार हैं।' भगतसिंह दादी को बहुत प्यार करते थे। इसी समय कानपुर के प्रसिद्ध नेता मौलाना हसरत मोहानी के ज़रिए उन्हें पिता जी का एक पत्र मिला जिसमें लिखा था कि अब कोई विवाह के लिए आग्रह नहीं करेगा। घर लौट आओ। गणेशशंकर विद्यार्थी ने भी उन पर घर लौट जाने का दबाव डाला। दादी की बीमारी का समाचार सुनकर वे विचलित हो उठे और छह महीने के बाद घर जा पहुँचे। अब सब तरफ़ खुशी का माहौल बन गया। भगतसिंह सब कुछ भूलकर दादी की सेवा में जुट गए। दादी सचमुच अच्छी हो गईं। अब भगतसिंह कभी-कभी काम पर निकल जाते। उस समय दशहरा बम केस हुआ। 1927 में। इसमें भगतसिंह को गिरफ़्तार कर लिया गया। इससे पहले घर के अनेक सदस्य इस रास्ते पर जा चुके थे, पर माँ इससे चिंतित हो गईं, "मैंने एक-एक पल अंगारों पर काटा। सरदार जी रात-दिन कोशिश कर रहे थे। वे बार-बार मुझे सांत्वना देते थे, पर मेरा मन अशुभ कल्पनाओं से इतना भर गया था कि

मुझे उनका कहा एक बहकावा ही लगता। मुझे लगता था कि मेरी ज़िन्दगी बिखर रही है और अब यह बिखराहट रुकेगी नहीं।''

माँ विद्यावती के वे दिन सचमुच बहुत कठिन थे। उनका हर पल आशंकाओं में बीत रहा था। कल न जाने क्या होगा। उनका बेटा भी उसी राह पर चल पड़ा था। बड़ी मुश्किल से साठ हज़ार रुपए की ज़मानत पर भगतसिंह को छुड़ाया गया। काफ़ी सोच-समझकर उन्हें डेरी के काम में लगाया गया। वे तांगे से दूध लेकर लाहौर जाते। काफ़ी दिनों तक यह रोज़गार ठीक-ठाक चला, लेकिन बाद में भगतसिंह जाकर कई-कई दिन वापस नहीं आते। इससे माँ के भीतर फिर से आशंकाएँ पनपने लगीं। अनेक बार उनकी आँखों में आँसू आ जाते। देखकर भगतसिंह हँसने लगते तो माहौल तब्दील हो जाता। एक दिन ऐसा हुआ कि भगतसिंह को देखने माँ विद्यावती लाहौर पहुँच गईं। देखा कि वह सुखदेव के साथ ताँगे में बैठकर कहीं जा रहे थे। बोलीं, ''अच्छा तो यही है जो तुम्हें इधर-उधर ले जाता है, इसको मैं आज ज़रूर थप्पड़ लगाऊँगी।'' भगतसिंह बहुत प्यार करते थे अपने इस दोस्त सुखदेव को। माँ की डाँट सुनते ही वे बोले, ''ना बेबे जी, इसे मत मारना, यह बड़े घर का बेटा है।'' और यह कह उन्होंने सुखदेव को साइकिल से नीचे उतार दिया। माँ चाहती थीं कि भगतसिंह डेरी का काम भले से करें, पर वे तो इस काम के लिए नहीं बने थे। उन्हें तो माँ के प्यार से बहुत आगे देश के प्यार को निभाना था और इस मार्ग पर चलने का वे दृढ़ निश्चय कर चुके थे। वे डेरी का काम छोड़कर नई राह पर निकल गए थे। उन्होंने क्रांतिकारी दल में सम्मिलित होना स्वीकार कर लिया जहाँ भविष्य में उन्हें बड़ी भूमिका का निर्वहन करना था। काकोरी की फांसियों के बाद चन्द्रशेखर आज़ाद के नेतृत्व में जब 'हिन्दुस्तान प्रजातंत्र संघ' का पुनर्गठन हुआ तब भगतसिंह के सुझाव पर ही दल के नाम में 'समाजवादी' शब्द जोड़ा गया। तत्पश्चात साइमन कमीशन के विरोध में हुए प्रदर्शन में जब लाला लाजपतराय की लाठी के प्रहार से मृत्यु हो गई तो उसका बदला लेने के लिए अपने साथी राजगुरु के साथ उन्होंने साण्डर्स-वध में हिस्सा लिया और फ़रार होकर कलकत्ता चले गए। लौटे तो फिर नई ऊर्जा और विचार के साथ उन्होंने दल के निर्णयानुसार अपने साथी बटुकेश्वर दत्त के साथ 8 अप्रैल, 1929 को दिल्ली की केन्द्रीय असेम्बली में मज़दूर विरोधी कानूनों के पेश होने के विरोध में क्रांतिकारी नीतियों और सिद्धांतों को स्पष्ट करते

हुए लाल रंग के घोषणापत्र फेंके तथा बम विस्फोट करते हुए वहीं गिरफ़्तारी दे दी। अब तक के क्रांतिकारी संग्राम में यह सर्वथा नया प्रयोग था। उन्होंने किसी पर प्रहार नहीं किया, न मारा।

भगतसिंह की गिरफ़्तारी पर देश भर में चर्चा हुई। माँ विद्यावती तक भी यह खबर किसी महिला के ज़रिए पहुँची—''हाय, भगतसिंह गिरफ़्तार हो गया!'' सुना तो कलेजा मुँह को आ गया। यह क्या हुआ? कैसे हुआ? उनकी आँखों में अब भगतसिंह का चेहरा और फाँसी का फंदा घूमने लगा। वे बहुत असहज हो गईं। आशंकाओं ने बुरी तरह घेर लिया। लगता कि सब तरफ़ अंधेरा है। ऐसे में उन्हें रोशनी की किरण दिखाई नहीं पड़ रही थी।

कुछ दिन बाद दिल्ली जेल से पिता के नाम भगतसिंह का पत्र आया। मुलाकात के लिए आने को लिखा। चलो हाल-चाल तो मिला कि वह कहाँ है। खत में यह भी लिखा था, 'बेबे जी को साथ न लावें, वे ख्वामखाह रो देंगी और मुझे भी दु:ख होगा।' माँ नहीं गईं अपने बेटे से मिलने। दूसरे लोग गए। वे तड़प कर रह गईं। क्या करतीं। दिल्ली केस में भगतसिंह को उम्रकैद की सज़ा मिलने के बाद उन्हें मियांवाली जेल भेज दिया गया। फिर कुछ दिन बाद वे दूसरे मुकदमे यानी साण्डर्स वाले मामले में लाहौर लाए गए। भगतसिंह उन दिनों भूख हड़ताल पर थे। उस समय उनके हालात और माँ विद्यावती की मन:स्थिति को जानने के लिए हमें माँ का कहा सुनना होगा—''उन दिनों कुछ खाने को मेरा मन नहीं करता था। हर समय ख़याल आता था—भगतसिंह भूखा है, मैं कैसे खा लूँ? फिर थोड़ा-बहुत खाती थी यह सोचकर कि हमें पैदल चलकर लाहौर पहुँचना है।...उन दिनों भगतसिंह और बटुकेश्वर दत्त केवल कंकाल-मात्र रह गए थे। दोनों को स्ट्रेचर पर डालकर अदालत लाया जाता था। विद्या नाम की एक लड़की शहीद रामप्रसाद बिस्मिल की बहिन बनकर हमारे साथ अदालत में जाती थी। वह कमर में लम्बी तलवार पहने रहती थी। एक दिन जब उसने भगत और दत्त को स्ट्रेचर पर लाते देखा तो छाती पीट-पीट कर कहने लगी—'हमारे भाई भूखे मार दिए, ओह, इन ज़ालिमों ने हमारे भाई भूखे मार दिए।' उसकी आवाज़ सुनकर अन्य दर्शक भी चिल्लाने लगे और इस तरह अदालत में कोहराम मच गया। अदालत बर्खास्त करनी पड़ी। उस शोरगुल में कुछ मिनट तक भगत को वे ले जाना ही भूल गए। मजिस्ट्रेट ने कहा—'पकड़ लो, इस लड़की को।' तब भगत ने ज़ोर से चिल्ला

कर कहा था—'यह मेरी माँ है, चाचियाँ हैं, किस-किस को पकड़ेंगे आप?' जितने क्षण भगत का स्ट्रेचर नहीं उठाया गया, दुर्गा (भाभी नाम से प्रसिद्ध एक क्रांतिकारिणी) उनसे बातें करती रहीं। मैं भी पास ही खड़ी थी। भगत उस समय मुझे बच्चा ही लग रहा था और मेरा जी चाह रहा था कि उसे गोद में उठाकर भाग चलूँ, लेकिन यह मुमकिन भी कहाँ था, मैं बेबस थी।"

कैसा कठिन समय था वह इस परिवार का। बताया गया कि पिता किशनसिंह जो कुछ था उसे बेचकर मुकदमे का खर्चा जुटाते। मकान के खिड़की-दरवाज़े तक उतार कर बेच दिए गए। घर कंगाल हो गया। गुज़र-बसर कठिन हो गई, लेकिन किसी ने हिम्मत नहीं हारी। माँ के शब्दों में, "बापू जी (सरदार अर्जुनसिंह), कुलबीर सिंह और मैं एक बार भगत से मुलाकात को गए। दोपहर को ही जेल के दरवाज़े पर पहुँच गए थे, लेकिन साँझ घिर आई, हमें मिलने को नहीं बुलाया गया। हम भगत के बहुत पास थे। बस, एक दीवार हमारे बीच में थी, पर जिसे देखने को हमारी आँखें तरस रही थीं उसे हम न देख सके। प्यासे ही गए, प्यासे ही लौटे। वहाँ से पैदल चल पड़े। जाते समय हमारे पैरों में जो उत्सुकता थी, लौटते समय वह निराशा का बोझ बन गई थी। मन भी बोझिल हो चुका था। फिर भी मैं किसी तरह मन का बोझ ढोती हुई चल रही थी। अंधेरा घिर आया था और हम झाड़-झंखाड़ भरे रास्ते में जा रहे थे। मैंने देखा, झाड़ियों के पीछे कुछ आदमी हैं और वे एक-दूसरे को इशारा कर रहे हैं। मैं समझ गई कि चोर हैं, इसलिए मैं ज़ोर से बोली—"भगतसिंह का वकील तो कुछ बोलता नहीं, सरकारी वकील बहुत बोलता है, कुलबीर! हमें दूसरा कोई वकील करना चाहिए। सुनते ही वे पीछे हट गए। भगतसिंह चोरों के भी पूज्य हो गए थे!"

इसी तरह माँ एक बार और मुलाकात के लिए गईं, तो भगतसिंह ने कहा, "बेबे जी, आप भी जेल में आ जाइए। यहाँ साथ ही रहेंगे, आपको चलकर आना नहीं पड़ेगा।" माँ बोलीं, "कैसे आ जाऊँ बेटा? लेक्चर मुझे देना नहीं आता, पिकेटिंग करके आ जाऊँ क्या?" भगतसिंह बोले, "नहीं, वह हमारा काम नहीं है।" उन्होंने कहा, "तो किसी को ढेला मार कर आ जाऊँ?" सुनकर भगतसिंह खिलखिला कर हँस पड़े और निकट खड़े दूसरे लोग भी। कैसा क्षण रहा होगा वह जब भगतसिंह जेल में माँ की बात सुनकर और अपनी बात उनसे कहने के बाद उन्मुक्त हँसी हँसे थे।

बात उन दिनों की है जब भगतसिंह का मुकदमा चल रहा था। माँ चिंतित तो थीं ही। न जाने क्या हो। वे कहती थीं, ''उन दिनों हमारे गाँव के बाहर एक साधु आकर बैठ गया और उसने धूनी जला ली। दो-चार दिन में ही उसकी सिद्धि की चर्चा गाँव-भर में होने लगी। किसी ने मुझसे कहा—'उस साधु के पास जाओ, तो भगतसिंह बच जाएगा।' मुझे ऐसी बातों पर बहुत विश्वास नहीं था, फिर भी मेरी ममता ने बहुत ज़ोर मारा और मैं रात के समय कुलबीर सिंह को साथ लेकर उस साधु के पास गई। उसने कुछ पढ़कर एक पुड़िया में राख मुझे दी और कहा कि इसे भगतसिंह के सिर में डाल देना। जब मुलाकात का दिन आया तो मैं राख साथ ले गई और भगतसिंह के पास बैठकर उसके सिर पर हाथ फेरने की कोशिश करने लगी, जिससे धीरे से राख उसके सिर में डाल सकूँ। मेरा हाथ अभी उसके सिर तक न गया था। मैं अभी कमर ही थपथपा रही थी कि वह बोला—'जो राख मेरे सिर में डालना चाहती हो, वह कुलबीर के सिर में डालो ताकि यह हमेशा आपके पास रहे।' मेरे लिए यह आश्चर्यजनक घटना थी। मैं बहुत दिनों तक यह बात सोचती रही कि उसे मेरे मन की बात का कैसे पता चला। उन्हीं दिनों मैंने इस कामना से अखण्डपाठ कराया कि मेरे बेटे को फाँसी न लगे। अंत में ग्रंथी ने अरदास करने के बाद कहा—'हे प्रभु, माता जी चाहती हैं कि उनका बेटा बच जाए, पर इनका बेटा चाहता है कि उसे ज़रूर फाँसी हो जाए। दोनों बातें मैंने आप जी के सामने रख दी हैं, इसलिए हे सच्चे पातशाह, अब आप ही न्याय करें।' और इस पाठ के बाद जब मैं मुलाकात करने के लिए गई, तो भगतसिंह ने बड़े गहरे भाव से पूछा—'सच बताइए, अरदास में ग्रंथी जी ने क्या कहा?' मैंने बताया, तो बोले—'आपकी बात तो गुरु साहब ने भी नहीं मानी, अब मुझे कौन बचा सकता है!' अपने न बचने की बात उन्होंने इतने उत्साह से कही, जैसे किसी के नाम लॉटरी खुलने की बात तय हो गई हो। मुझे किसी ने बताया कि किसी जेठे बच्चे का पहला झिंगोला लेकर जाना और उसे उन्हें दे देना। वे उसे अपने पास रखें, फ़ैसला ठीक हो जाएगा। मैं झिंगोला साथ ले गई और उन्हें देने लगी तो पूछा—'क्या है यह?' मैंने कहा—'यह छोटा झिंगोला है, इसे अपने पास रखना।' उन्होंने उसे वापस करते हुए कहा—'इसे आप सँभाल कर रखिए। अंग्रेज़ों की जड़ें काटने के लिए कुछ समय बाद मैं फिर जन्म लूँगा, तब इसे पहनूँगा।' यह कह कर वे इतने ज़ोर से हँसे कि

आस-पास के लोग देखने लगे।''

माँ जेल में मिलने पहुँचतीं तो भगतसिंह खूब बातें करते।

तय था कि 24 मार्च,1931 को भगतसिंह, राजगुरु और सुखदेव को लाहौर षड्यंत्र मामले में फाँसी की सज़ा दी जाएगी, लेकिन इन तीनों क्रांतिकारियों को एक दिन पहले ही संध्या समय मौत की नींद सुला दिया गया। माँ कहती हैं, ''सुनते ही मेरा कलेजा टुकड़े-टुकड़े हो गया। भीतर से आँसुओं का समुद्र उमड़ता, पर आँखों तक आते-आते मेरी बुद्धि उसे रोक देती। हँसते-हँसते प्राण न्योछावर करने वाले मेरे बेटे भगत के कहे अंतिम शब्द मेरे कानों में बार-बार गूँज रहे थे—'बेबे जी, रोना मत। ऐसा न हो, आप पागलों की तरह रोती फिरें। लोग क्या कहेंगे कि भगतसिंह की माँ रो रही है। मेरा कलेजा मुँह को आने लगता, पर मैं भीतर-ही-भीतर घोलती रही उन आँसुओं को।''

कितने मुश्किल पल थे माँ विद्यावती के लिए वे। उनके भीतर एक साथ दो-दो माँएँ—एक अपने बेटे को जन्म देने वाली और दूसरी भगतसिंह जैसे जांबाज़ क्रांतिकारी शहीद की माँ। कभी एक माँ दूसरे पर भारी पड़ती तो अगले ही क्षण दूसरी माँ पहली वाली को दबोच लेती। रोने और न रोने के बीच अथाह कारुणिक विवशता! सो माँ का चेहरा बार-बार रुंध-बिंध जाता।

घर गईं वे, पर यहाँ तो वह बेटा ही नहीं था। उन्हें उसका मासूम चेहरा याद आता तो दूसरे ही पल फाँसी का क्रूर फंदा। सब कुछ जैसे ठहर गया था भीतर और बाहर। भरा-पूरा किसानी का घर सूना हो गया। हवा शूल-सी चुभने लगी। सामने जो संकट था उसकी नाप-जोख करना किसके बूते की बात थी। भगतसिंह की शहादत के बाद का समय भी सामान्य नहीं हुआ उनके लिए। दोनों बेटे कुलबीर और कुलतार देश की आज़ादी के लिए जेलों में जा पहुँचे। पति फ़ालिज का शिकार होकर अशक्त हो गए थे। किशनसिंह अब वैसे नहीं रह गए थे जिस तरह पहले का उनका ज़माना था। थक गए थे वे भी। बेटे को खोने का गम उनके भीतर गहरे पैठ गया था। माँ जैसे-तैसे घर-बार सँभाल रही थीं यही क्या कम था। वे खेती-बाड़ी देखतीं और जलसों में भी शिरकत करतीं। एक जगह उन्होंने अंग्रेज़ी हुकूमत को सम्बोधित करते हुए अत्यंत उत्तेजनापूर्ण भाषण देते हुए कहा, ''मेरे एक बेटे को तुमने फाँसी पर लटकाया, मेरे छोटे देवर सरदार स्वर्णसिंह को जेल के अंदर अत्यधिक शारीरिक कष्ट पहुँचा कर तपेदिक का रोगी बनाया और इस दुनिया से विदा होने के

लिए मजबूर किया, मेरे दूसरे देवर सरदार अजीतसिंह को जलावतन होकर विदेशों में भटकना पड़ा और अब मेरे दो बेटों को बिना कोई मुकदमा चलाए गिरफ़्तार कर लिया है। क्या मैं इस सबसे डर गई? नहीं, मैं मिट जाऊँगी, पर झुकूँगी नहीं। मैं ब्रिटिश साम्राज्य को नई चुनौती देती हूँ और दूसरे दो बेटे भी देश सेवा के लिए पेश करती हूँ। ओ जालिमो, अगर तुम्हारी हवस अभी पूरी नहीं हुई, तो इनको भी ले जाओ।'' सभा में सनसनी फैल गई। लोगों ने 'शहीदे-आज़म भगतसिंह ज़िंदाबाद' के ज़ोरदार नारे लगाए। उनका हौसला देखकर वहाँ सब कोई नतमस्तक था।

माँ के दोनों बेटे जिन दिनों माण्टगुमरी जेल में बंद थे तब वहाँ भूख हड़ताल चल रही थी। उस समय उनके जेल में जाने का विवरण कुलतार सिंह की बेटी वीरेन्द्र सिन्धु के शब्दों में, ''वे (माँ) घी और मिठाइयाँ लेकर पहुँचीं। वहाँ बहुत सख्ती थी। फिर भूख हड़तालियों से किसी को मुलाकात करने की इजाज़त कैसे मिलती? वे सुपरिण्टेण्डेंट जेल की कोठी पर गयीं और कहा कि मुझे अपने बेटों से मिलने की इजाज़त दी जाए। सुपरिण्टेण्डेण्ट जेल बहुत घबराया हुआ था। उसने जवाब दिया—'मेरा नन्हा-सा बच्चा बहुत बीमार है, मैं बहुत परेशान हूँ, आप मुझे तंग न करें। वे भूख हड़ताल छोड़ दें, तभी आप मिल सकती हैं।' उन्होंने तमतमाहट में सुपरिण्टेण्डेण्ट की ओर देखा और जवाब दिया—'आप अपने नन्हे बच्चे के लिए परेशान हैं, तब मेरी क्या हालत होगी, जिसके दो नौजवान शेरों-जैसे बच्चे भूखे हैं?' सुपरिण्टेण्डेण्ट ने अपनी मजबूरी बयान करते हुए मुलाकात कराने से इनकार कर दिया, तब वहाँ उनकी अध्यक्षता में बड़ा भारी जलसा हुआ। उन्होंने सारे हालात वहाँ की जनता के सामने रखे, तो लोग जोश से भड़क उठे और वह जनसमूह जुलूस की शक्ल में सुपरिण्टेण्डेण्ट की कोठी के सामने आ पहुँचा। कोठी जेल के पास ही थी। बाहर से भीड़ ने नारे लगाए, तो उन नारों का जवाब नारों में जेल के अंदर से कैदी देने लगे। इस पर भीड़ में और जोश फैला। अब सुपरिण्टेण्डेण्ट बहुत घबराया और गिड़गिड़ाकर विद्यावती जी से माफ़ी माँगते हुए बोला—'सरदार कुलबीर सिंह (जो उस समय बीमार थे) को फ़ौरन लाहौर के मेयो अस्पताल भेज दिया जायेगा।'' ' वीरेन्द्र कहती हैं कि यह माँ के व्यक्तित्व की विजय थी। मैं उनके इस रूप की जब कल्पना करती हूँ तो मेरे अन्त:करण में एक सिंहिनी दहाड़ने लगती है और मैं रोमांचित हो सोचने लगती हूँ—'सचमुच वे

भगतसिंह की माँ होने के योग्य थीं और भगतसिंह उनके पुत्र होने के योग्य थे।'

इन दोनों बेटों के जेलों में छह-सात वर्ष बीते। यह कितना कठिन रहा होगा माँ विद्यावती के लिए। खेतीबाड़ी तो चौपट हो ही गई थी। घर-परिवार भी किसी तरह जुड़-बन नहीं पा रहा था, लेकिन वे सब साहस के साथ सहती-झेलती रहीं।

15 अगस्त 1947 की आज़ादी बँटवारे के साथ आई। दोनों बेटे कुलबीर और कुलतार घर पर लौट आए थे। सरदार अजीतसिंह लंबी प्रतीक्षा के बाद आए तो सिर्फ़ आज़ादी का सवेरा देख पाए। शायद वे देश की स्वतंत्रता का उजाला देखने के लिए ही ज़िंदा थे। धीरे-धीरे कुलबीर, कुलतार, रणवीर और राजेन्द्र सिंह अपने-अपने कामों में जुट गए। पंजाब से बाहर ज़मीनें लेकर वे जीवन को ढर्रे पर लाने की कोशिशों में संलग्न हो गए। 1951 में सरदार किशनसिंह का निधन हो गया तो माँ अकेली रह गईं। अब उनके सामने चार बेटे थे और भगतसिंह की आज़ादी का सपना उन्हें आवाज़ें देता खड़ा था जिसे वे खूब सुन पा रही थीं।

भगतसिंह को याद करते हुए उसके बचपन से लेकर जवान होने के लम्हा-लम्हा दिन जैसे माँ विद्यावती की आँखों में तैर-तैर जाते। एक रोज़ वे अपने दोहते जगमोहन सिंह को बताने लगीं तो मानो यादों का दरिया ही फूट पड़ा, ''भगतसिंह कहता था—वह दुल्हन लाऊँगा जो तुझे काम न करने दे, तेरी सेवा करे। फिर दुल्हन ब्याह के लाया आज़ादी की।...उससे मेरी आखिरी मुलाकात 3 तारीख (1931 का मार्च महीना)। हुकुम कौर आगे बैठ जाती थी। उसने कहा, 'चाची जी थोड़े एक तरफ़ हो जाओ, मुझे बेबे (मुझसे) से बात करनी है।' मैं चुपचाप पीछे बैठी रहती थी। वह (चाची) बात करती रहती। वह हँसता रहता। सबसे बातें करता रहता। सबको देखता रहता। कहने लगा—'बेटे, तू अब खसारियां मत रहना।' तब हुकुम कौर ने कहा—'ना।' उसने (भगतसिंह ने) कहा—'क्यों बेबे को बंगे में रोटी नहीं है?' फिर दादा जी से कहा—'बापू जी, बेबे के लिए रोटी नहीं है बंगे में?' उन्होंने (दादा जी) रोते हुए कहा—'हाँ, क्यों नहीं, है, रोटी है।' फिर वह कहने लगा—'बेबे, तू गश खाकर मत गिर जाना। लाश लेने मत आना। तू गिर गई तो लोग तुझे उठाने में लग जाएँगे, मुझे कोई नहीं उठाएगा। बात यह है कि अब भी लोग मेरी ही लंबी उम्र की दुआ माँगते हैं।' कहते हैं—'माँ तेरी ज़रूरत है, अभी नहीं

मरना।'...फिर (उसने) कहा—'कुलबीर को भेज देना मेरी लाश ले जाएगा।' ये बातें हुईं। अकेले मत रहना, जब भी कहीं जाओ तो किसी को साथ रखना। वो खत्राणी थी, उसकी दुकान खुलवा रखी थी, उसे मैं साथ ले जाती थी।... (वह) मेरी बहुत फ़िक्र करता था। आखिर में भी उसे मेरी फ़िक्र थी जब हुकुम कौर ने कहा, 'मेरा वहाँ (बंगा में) गुज़ारा नहीं।' वह बोली कि यह (बेबे) तो वैसे भी परिवार वाली है। उससे उसके दिल में बहुत दुःख हुआ। उसका चेहरा कुछ और हो गया। यह क्या कह दिया कि इसके (बेबे के लिए) वहाँ रोटी नहीं है। मेरी फ़िक्र बहुत करता था वह। पहले जब छोटा-सा, इतना-सा था तो मक्खन रख के रोटी देते तो बापू (दादा) उसे साथ बिठा लेते। जब आधी रह जाती तो धीरे-धीरे मेरे पास आ जाता। दादी कहती—बिल्ला ले के चला माँ को पाल रहा है, माँ को मक्खन दे रहा है, आप नहीं खा रहा। दादी यह कहती रहती और बाबा (दादा) हंसते रहते। दादी कहती—बिल्ले दे आया बेबे को रोटी। बेबे को पाला कर।

''वे (भगतसिंह) जब पहली-दूजी में थे, स्कूल से पढ़कर लौटते तो हरनाम कौर (बड़ी चाची) कहती—चिट्ठी आई तुम्हारे चाचा (अजीत सिंह) की? वे कहते—कोई नहीं आई। अच्छा चाची जी, तुम मत रोओ। अंग्रेज़ों को निकाल कर (चाचा जी को) यहीं ले आएँगे। तुम रोओ ना। छाती पर हाथ मार कर कहते थे। जब रोज़ आते स्कूल से तो चाची की गोद में बैठ जाते थे तख्ती बस्ता रखकर। तब वो पूछती—'बताओ आप, किस-किस की चिट्ठी आई, तुम्हारे चाचा जी की आई?' वे कहते—'चिट्ठी नहीं आई, हम खुद चाचा को ले आएँगे। बेबे बंगा चली जाएगी, तू अनाज वहीं दे आया करना।' वह (नौकर भी) रो पड़ा और बोला—'अच्छा जी। वह भी मुलाकात के लिए गया था।'...वो (भगतसिंह) मुजारों (खेत में काम करने वाले मज़दूरों) से बहुत प्रेम करता था। बहुत करता था, चीज़ें बाँटता रहता था। ताँगा भर कर मिठाई लाया दिवाली पर। सबको बाँटी—'ले, ओ मंगलसिंह तेरा टब्बर (परिवार) बड़ा है।' उसे 5 रुपए और दे दिए। फिर उसका दोहता (नाती) था। (उसे देखकर) हँस कर बोला—'लो, राजेन्द्र तो कमज़ोर है, वह सरदार लगता है।' उसके दोहते को खिलाने लगा। बहुत हँसता। फिर मोमबत्तियाँ सारी मुंडेरों पर जलाईं। कहने लगा—'बेबे, इस दिवाली पर मुझे मत रोकना। मैं दब के दिवाली मनाऊँगा।' मैंने कहा—'ठीक है, जो तेरी मर्ज़ी है कर ले।' उस दिवाली पर

मज़दूरों की लड़कियों को लाकर बाहर बैठकर वहाँ मोमबत्तियाँ जलाईं, घर में भी जलाईं। फिर आई लोहड़ी। लोहड़ी पर गन्नों का रस निकलवा कर दूध के ड्रमों में भर कर ले गया सभी मिलने वालों के लिए। मुजारों के लिए नहीं, लाहौर ले गया। मेहता, आगे जिसकी दुकान थी, भल्ला आदि सभी मिलने वालों के यहाँ भगतसिंह इस तरह लोगों को बाँटता फिरता है। किसी के लिए गन्ने, किसी के लिए साग ज़रूर लेकर जाता।

''उसके ब्याह, रिश्ते की बात होती तो मखौल करने लग जाता। कहता—'बेबे जी, मानां वाले तो हाथी दे रहे हैं, हमारे यहाँ कुमाद (गन्ना) भी नहीं होता।' मैं कहती—'जिनके घर हाथी होगा, वे कुमाद बो लेंगे।' तब कहने लगता—'बेबे जी, वह तो बड़ी भारी (मोटी) है, कुर्सी पर बैठी रहती है, वहीं बैठ कर भैंसों का दूध निकलवाती है।'...देख भी आया होगा उसे? कहता—'वह तो बैठी रहती है, उसने काम नहीं करना। उसने तेरा काम नहीं करना। हमने वो रिश्ता नहीं लेना। वो हाथी लेकर आएगी, हम कहाँ बाँधेंगे? ज़्यादा सेवा वाली दुल्हन लानी होगी उसको। हाँ, ज़्यादा सेवा करने वाली।' जब उसका (मानां वाली लड़की का) ब्याह हो गया तब यह (भगतसिंह) जेल में था। हमने जाकर बताया—'उन्होंने चाँदी का पलंग दिया दहेज में।' वो बोला—'बेबे, अब तेरा दिल करता होगा कि चाँदी वाला पलंग हमारे घर पर होता।' फिर दो साल बाद हम गए तो हमने बताया—'उसके घर लड़का हुआ है।' तो कहने लगा—'ये भी तू अपने बारे में सोच रही है।' यूँ हँसता, मखौल करता और कहने लगा—'वो मुंडा भी तो अपना ही है।' घर छोड़कर जाने से पहले मेरा घाघरा रंगवाने के लिए कह कर उठाया था। साइकिल उठाई, कपड़ों की गठरी उस पर रखी, कहने लगा—'बेबे जी, तुम मत जाओ।' सब कहते हैं, एक सगाई अच्छे से करनी है, बाकी तो हो जाएगा। तेरी सगाई है, मैं तो ज़रूर जाऊँगी।' कपड़े रख गया दफ़्तर में। मेज़ की दराज में रुपए रखे थे, वो निकाल कर ले गया। चिट्ठी लिख के रख गया कि मेरा पता नहीं कहाँ जा रहा हूँ। हम तीन दिन इंतज़ार करते रहे। हमारे पास इंजन था, वह खराब हो गया था। उसके लिए मिस्त्री लेने जाना था। उसका भाईया (पिता जी)घर पर इंतज़ार कर रहे थे। आया नहीं, सौरा आया नहीं। फिर आए। दफ़्तर गए तो चिट्ठी पढ़ी। अपने साथ मज़दूर को भी लेकर गए थे। उसने आ के बताया—'बेबे जी, भगतसिंह का तो कहीं पता ही नहीं चल

रहा।' मैंने सोचा, 'यह क्या हुआ?' जब लौटकर आए, तो मैं बात कहे जा रही थी, साथ-साथ रोए जा रही थी। मेरी भाभी बोली—'कैसा शैतान है, माँ को रुला रहा है और खुद हँस-हँस कर बातें कर रहा है।' वो आगे हँसे जा रहे थे। मैं भी हँस रही थी और साथ-साथ में रो भी रही थी—'किसी की बात नहीं मानता है, घर पर नहीं रुकता है।' फिर एक बार उसे उसके भाईया (पिता जी) ने कूटा। दूध लेकर गया था शहर। हमारे पास ऊँटनी होती थी। ऊँट गाड़ी पर दूध लेकर गया था। मेहता के यहाँ चला गया, वहाँ पिता जी के हाथ लग गया। "तू चार-पाँच दिन से कहाँ था?" वो कई दिन से बाहर था ना। उनके (पिता जी के) हाथ में खुंडा था, लगे मारने। भगतसिंह कहने लगा—'भाईया जी, शांति करो।' उन्होंने (पिता जी ने) जूड़ा पकड़ लिया। वो आगे से हँसे जा रहा था। उन्हें बहुत गुस्सा आता था। उसी खुंडे से कूटा (पिटाई की)। जो ठाकर जुलाहा (उस दिन) दूध लेकर गया था, उसने आकर मुझे सब बता दिया। मैंने (उससे) कहा—'तू मुझे ले चल (वहाँ)। कहाँ है, मुझे ले चल।' मैं (कपास) बेल रही थी। बेलती-बेलती उठी। वो कहने लगा—'आज नहीं ले जाऊँगा, कल ले चलूँगा।' उसने जाकर उसको (भगतसिंह को) बता दिया। वो आया, भूखा-प्यासा ताँगे पर बैठा। अंदर आ गया। इधर उसकी मौसी दौड़ी, उधर मैं उठी। पिता जी ने तुझे किससे मारा? बोला—'बेबे जी, मुझे कब मारा?' हँसे जाए, हँसे जाए। मुझे तो कभी नहीं मारा। ये सौरा ठकार, इसने यूँ ही तुझे कह दिया, मुझे तो मारा नहीं। अच्छा मामी, रोटी है? वह अपने चौके से आधी रोटी और गुड़ ले आई, उसने ताँगे पर बैठे-बैठे वह खा ली और चला गया।

उसे किताबों से बहुत प्रेम था। किताबें लाता था। हाँ, वह पढ़ता था। सँभाल कर रखता था। घर उसने कोई चीज़ नहीं रखी तलाशी के कारण।

सराभा (करतार सिंह) के बारे में हमसे बातें करता था। मैं और हुकुम कौर बैठी थीं। कहने लगा—'बेबे जी, करतार सिंह, हाँ, वो' (हुकुम कौर दूध निकाल रही थी, मैं बैठी थी, वो भी बैठा था, किताब थी, उसमें सारे बब्बरों की तस्वीरें थीं जो होशियारपुर ज़िले के थे) कहने लगा—ये जो सराभा था ये छोटी-सी उम्र का था। इसे देख इसका बाबा मिलने जेल गया और कहने लगा—'बच्चे तूने यह क्या किया तुझे फाँसी का हुक्म हुआ?' तो वो (सराभा) पूछने लगा—'फलाँ बाबा कहाँ है, फलाँ कहाँ है? ऐसे ही सबको

चले जाना है।' बस उसने (अपने बाबा को) यह जवाब दिया। हुकुम कौर कहने लगी—'क्यों, उसकी भी तो बहन-माँ थीं, उसे किसी ने नहीं रोका।' उसे भी (हुकुम कौर को) कहाँ पता था कि एक दिन इसे भी फाँसी लग जाएगी। यह भी ऐसे ही काम कर रहा है। बचपन में कहाँ पता चलता है कि इसे आगे चलकर किधर जाना है। वो भी ऐसे ही रोती होंगी। तस्वीरें दिखाईं, सराभा की भी दिखाई। वह फिर साथ ही ले गया। घर पर उसकी कोई चीज़ नहीं थी। सराभा से तो उसका बड़ा प्रेम था क्योंकि वे भी नौजवान थे। वह बाहर के देशों से (होकर) आया था। छोटी उम्र में उसने कोई लोभ-लालच नहीं किया कि मैं कमाने आया था (अमेरिका)। वह लौटकर आ गया कि अपना देश भी ऐसा ही होना चाहिए, जैसा कि वह (अमेरिका) है।

"जब बीबी अमर कौर का जन्म हुआ तब चिट्ठी आई कि लड़की हुई है तो आस-पास की सब महिलाएँ इकट्ठी हो गईं। भगतसिंह बात सुन, तुम्हारे घर तो तेरी बहन का जन्म हुआ है। कोई बात नहीं जो बहन हुई, अगर रुपया होगा चौबारे पर चढ़कर उसकी शादी करेंगे, अगर गरीब होंगे तो एक चवन्नी से ब्याह कर देंगे। अब तो तुम्हें काम करना पड़ेगा।...जब जेल में मिले थे भगतसिंह वहाँ मुलाकात की थी हमने। बातें करते रहे। कहने लगा—'जब दिल्ली के मुकदमे का फ़ैसला हुआ, मुझे मियांवाली (जेल) ले गए। मियांवाली लाकर (जेल अधिकारी) एक डराने वाला आदमी ले आए। वह अपने केश खोलकर आँखें निकालकर मुझे डराने लगा। मैंने क्या किया, मैंने भी आँखें निकालकर उसकी ओर देखा। वह मेरे आगे-पीछे घूमने लगा कि मैं डर जाऊँ। मैं उसे डराने लगा। मैंने भी आँखें निकाल रखी थीं। तब वे कहने लगे कि यह नहीं डरता।' ये बात उसने हमें बताई थी। एक अंग्रेज़ और एक मेम गई। वो देखने गए जब वह (भगतसिंह) कोठरी में था। दरवाज़ा खोला। देखा और कहने लगे—'तुम्हारी इतनी सुंदर जवानी है, तुमने क्या किया, क्या कमाया?' मैंने एक पौधा लगाया है, यदि कोई होगा तो उसमें पानी डालता रहेगा, यह हरा होगा, आबाद होगा।...तो उसने एक बूटा लगा दिया आज़ादी का, पर अब लोगों ने बर्बादी करनी शुरू कर दी है।"

1963 में 23 मार्च को खटकड़कलां गाँव में शहीद भगतसिंह की प्रतिमा का अनावरण करने माँ पहुँचीं। वहाँ हज़ारों की भीड़ थी। सबकी निगाहें माँ के चेहरे पर टिकी थीं। बेटे के बुत को सबसे पहला हार माँ ने ही पहनाया

तो वे उसका हाथ थाम बैठीं। वे एकटक मूर्ति का चेहरा निहार रही थीं। इस बेटे को उन्होंने जन्म दिया था और बड़ा होकर देश की आज़ादी के लिए वह फाँसी के फंदे पर झूल गया। इस आयोजन की खबर पटना में रह रहे बटुकेश्वर दत्त को मिली तो वे एकाएक बोले उठे, "माँ, अभी ज़िंदा हैं?" फिर उन्होंने शहीद जतिनदास के भाई किरण दा से संपर्क किया और खटकड़कलां आना तय किया। दत्त करीब छह महीने बाद 9 सितम्बर को उस गाँव में पहुँचे तो हल्ला हो गया। भगतसिंह के साथ दिल्ली की केन्द्रीय असेम्बली में बम फेंकने वाले दत्त उस रोज़ पंजाब में थे तो वहाँ जनमानस का रोम-रोम फड़क रहा था। एक समय इस सरहदी सूबे में लोग 'भगतसिंह-दत्त' को एक ही नाम समझते थे। थे भी वे दो शरीर एक प्राण। वे 32 साल बाद अपने शहीद साथी के गाँव आए तो भावुक भी थे। लोग सड़कों के किनारे खड़े उन्हें देख रहे थे। उनके स्वागत में बैण्ड बज रहा था। घर का मुख्य दरवाज़ा सुबह से खोल दिया गया था। माँ दत्त जैसे अपने इस बेटे के लिए प्रतीक्षारत थीं। दोपहर को कुलतार सिंह, दत्त को लेकर पहुँचे तो अजब दृश्य था। माँ और दत्त ने एक दूसरे को बाँहों में भर लिया। सबकी आँखें नम हो गई थीं। कैसा अभूतपूर्व मिलन था यह। वे वर्षों बाद मिले थे पंजाब की धरती पर। दत्त ने माँ के पैर छुए तो माँ ने उनके माथे को होंठों से चूम लिया और कहने लगीं, 'बेटे, तुम वही पहले जैसे दत्त हो!' सुनकर दत्त की आँखें छलक पड़ीं। बहुत मुश्किल से बोल सके वे, 'सचमुच तुम मेरी माँ हो।' उस रोज़ माँ और दत्त का संवाद जैसे समय के पृष्ठ पर उतरता चला गया। वे बोलीं, 'दत्त मैं तुम्हारे चेहरे में भगतसिंह को देख रही हूँ।' फिर तो यादों के जैसे बादल घुमड़ आए और रह-रहकर बरसने लगे। माँ जेल में मुलाकात करने जातीं तो उनके एक तरफ़ भगतसिंह बैठते और दूसरी ओर दत्त। वे खाने का डिब्बा खोलतीं तो वे दोनों चुपचाप उन्हें देखते रहते। फिर माँ एक टुकड़ा तोड़कर सब्ज़ी लगाती और दत्त के मुँह की ओर बढ़ातीं। इस पर दत्त कहते, 'पहले भगतसिंह को'...और माँ यह सुनकर अपना हाथ भगतसिंह की ओर करतीं तो भगतसिंह कहते, 'पहले बटुकेश्वर दत्त को।' थोड़ी देर यह खेल चलता रहता।

माँ को उस रोज़ यह सब याद आ रहा था जिसकी उन्हें स्मृतियाँ पीड़ा दे रही थीं तो ताकत भी। शायद दत्त के भीतर भी वही सब कुछ आ-जा रहा था किसी सपने की मानिंद।

इसके बाद दत्त पटना लौटकर बीमार पड़ गए। शरीर तो अंडमान में रहते ही जर्जर हो चुका था। अंजलि से उन्होंने विवाह कर लिया था और उनके एक संतान भारती दत्त थी। दत्त का वैवाहिक जीवन भी बहुत कठिनाइयों भरा रहा, लेकिन बाद में उन्हें कैंसर जैसी बीमारी ने आ घेरा तब इलाज के लिए वे दिल्ली लाए गए। यहाँ माँ विद्यावती हरदम उनके साथ रहीं। उनका एक पाँव पंजाब के गाँव तो दूसरा दत्त के साथ दिल्ली के अस्पताल में। उनसे दत्त की तकलीफ़ देखी नहीं जाती थी। एक दिन माँ की अनुपस्थिति में दत्त की हालत काफ़ी बिगड़ने लगी। उनका स्वर नहीं फूटता था। आँखें भी मुँद चली थीं। ऐसे में उनके मुख से 'माँ' शब्द निकला। उसी समय माँ को कार से लाने का प्रबन्ध किया गया। वे आईं तो दत्त का सिर गोद में लेकर बैठ गईं। दत्त अब कुछ ही समय के मेहमान थे। इस क्षण माँ को सघनता से भगतसिंह का कहा याद आ रहा था, ''मैं तो अब जाऊँगा ही, पर अपना एक हिस्सा दत्त के रूप में छोड़े जा रहा हूँ।'' फाँसी से पहले कहे गए भगतसिंह के ये शब्द जैसे उनके भीतर बजने लगे।

आखिर सघन चिकित्सा के बाद भी दत्त को बचाया नहीं जा सका और 20 जुलाई, 1965 को उनका निधन हो गया। दत्त की अंतिम इच्छानुसार उन्हें पंजाब की सरहद पर भगतसिंह, राजगुरु और सुखदेव की समाधियों के निकट ही जलाया गया। माँ के सीने पर यह एक और चोट थी। दत्त की इस शवयात्रा में माँ दिल्ली से फिरोजपुर तक साथ गई थीं। चिता को जलाए जाने से पहले उन्होंने एक बार दत्त के चेहरे को देखा और फफक पड़ीं। बोलीं, ''तुम चारों तो यहाँ इकट्ठे हो गए, अब मुझे भी अपने पास बुला लो।'' उस क्षण कौन था जो द्रवित नहीं हुआ वहाँ।

और फिर 1975 में जून की पहली तारीख को माँ विद्यावती भी अपने उन चारों बेटों के पास पहुँच गईं। ठीक उसी जगह उनका दाह संस्कार किया गया। पंजाब और पूरे देश में शोक की लहर दौड़ गयी। पंजाब सरकार की ओर से उन्हें 'पंजाब माता' की उपाधि के साथ हज़ार रुपए पेंशन और कार दी गई। नौजवान भड़क उठे। भारत की माता को पंजाब की माता बना दिया गया। ये राष्ट्रीय शहीद का अपमान है, उस शहीद का जिसने देश के क्रांतिकारी आंदोलन को विचार की सर्वोच्चता प्रदान की। प्रसिद्ध पंजाबी लोक कवि संतराम उदासी को उस समय लिखना पड़ा—

साडे वीरां नू वरज के घरां अंदर
जिऊँदी रोलेयो न साडी आव माता।
भगतसिंह की माँ बेशक बनेओ
पर हाड़े बनेओ न कोई 'पंजाब माता'।

माँ विद्यावती को याद करता हूँ तो उन दो घटनाओं के दृश्य भी मेरे सामने आ खड़े होते हैं जिनमें एक उज्जैन के कवि श्रीकृष्ण सरल के रचे महाकाव्य *भगतसिंह* के लोकार्पण के अनोखे समारोह से जुड़ा है और दूसरा नवयुवकों के नाम माँ विद्यावती के संदेश से जुड़ा है जिस पर माँ विद्यावती के हस्ताक्षर हैं। इस पर युवक केन्द्र, द्वारा श्रीमती विद्यावती, माता शहीद भगतसिंह, गाँव व डाकखाना खटकड़कलां, ज़िला जालंधर (पंजाब) का पता दर्ज है जिसे लुधियाना की प्रेस से छपवाया गया था। पहले इस पर्चे का अवलोकन कर लें—

नवयुवकों को संदेश

जब भगतसिंह को गिरफ़्तार किया गया उसके पास शहीद करतार सिंह सराभा की फ़ोटो थी, उसे वह हमेशा अपने पास रखता था। कई बार मेरे साथ बातचीत करते समय वह अपनी जेब से वह फ़ोटो निकाल कर मुझे दिखाता और कहता, "माता जी, ये हैं मेरे गुरु, भाई और साथी।" शहीद करतार सिंह सराभा 1914-15 के गदर पार्टी के शहीदों में आयु में सबसे छोटे थे लेकिन काम में सबसे आगे रहा करते थे।

घर का काम करते हुए और इधर-उधर घूमते हुए भगतसिंह यह शे'र गुनगुनाया करते थे—

सेवा देश दी जिन्दड़ीये बड़ी औखी, गलां करनीयां ढेर सुखल्ललीआं ने।
जिन्हां देश सेवा बिच पैर पाया, उन्हां लख मुसीबतां झल्लीयां ने।

(देश की सेवा बहुत कठिन, बहुत सुगम है बातें करना, जिन्होंने यह राह चुनी सिर पर लाखों कष्ट सहे हैं।)

बड़े प्यार से वह मुझे बताता, "माँ, ये शे'र शहीद करतार सिंह सराभा का है।"

जब भी भगतसिंह घर आता, उसकी जेब में दो-चार किताबें अवश्य होतीं। मैंने कई बार पूछा, "बेटा, तुम यों ही इन किताबों से अपनी जेबें फाड़ लाते हो—यह सब क्या है? वह मुझे बताता कि ये किताबें बहुत अमूल्य हैं।

ये उन शहीदों से सम्बन्धित हैं जो देश को आज़ाद कराने के लिये संघर्ष कर रहे हैं। इनमें से कुछ इटली, रूस और आयरलैण्ड के देशभक्तों के बारे में हैं।

बच्चो, आज तुम्हें भी देशभक्तों के अनुभवों को ध्यानपूर्वक पढ़ना चाहिए ताकि तुम भी समय के अनुसार अपने पथ की पहचान कर सको।

मेरा आशीर्वाद है—देशभक्त बनो!

हस्ताक्षर—विद्यावती

पाल प्रेस, लुधियाना

(यह पम्फ़्लेट नवम्बर, 1966 में जारी किया गया था—प्रो. जगमोहन सिंह)

दूसरा प्रसंग है कवि श्रीकृष्ण सरल के महाकाव्य *सरदार भगतसिंह* के विमोचन के अवसर का। यह कार्यक्रम 9 मार्च, 1965 को उज्जैन (मध्य प्रदेश) में आयोजित किया गया था जिसमें माँ विद्यावती उपस्थित थीं। वे वहाँ स्थानीय नागरिकों के निमंत्रण पर हिस्सेदारी करने पहुँची थीं। लोगों में बहुत उत्साह था। यहाँ भगतसिंह पर लिखी अनेक कविताएँ और गीतों का गायन हुआ जिन्हें सुनकर श्रोता रोने लगे। यह देखकर माँ ने कहा, ''तुम लोग रोते क्यों हो! आज तो भगतसिंह का विवाह हो रहा है। देखो, कितना अच्छा मण्डप है, फूलों की कितनी सुन्दर झालरें लटक रही हैं, बिजली जगमगा रही है, कवि लोग सेहरा पढ़ रहे हैं, घोड़ी गायी जा रही है। इसी से तो कहती हूँ, भगतसिंह का विवाह हो रहा है। फिर तुम लोग क्यों रो रहे हो, रोओ मत—सब लोग खुशी मनाओ...!''

जो लोग जलसे में माँ विद्यावती पर फूल फेंक रहे थे उन्हें श्रीकृष्ण सरल ने रोका। इनसे चोट लग सकती थी, लेकिन माँ ने कहा, ''लोगों को मत रोको, इनको अपने दिल की इच्छा पूरी कर लेने दो। ये तो फूल ही बरसा रहे हैं, अगर मेरे बेटे भगतसिंह की जय बोलकर कोई पत्थर भी मेरे ऊपर फेंके तो मुझे वे भी फूलों जैसे ही लगेंगे।''

कार्यक्रम में सरल जी के महाकाव्य का विमोचन भी विद्यावती जी के हाथों अनोखे ढंग से हुआ। यह पुस्तक उन्होंने माँ को ही समर्पित की थी। 'भगतसिंह ज़िंदाबाद' के नारों के बीच सरल जी ने अपना अंगूठा चीर कर अपने रक्त से माँ के माथे पर तिलक लगाया और उनके चरणों में अपना सिर रख दिया। सबकी आँखें नम हो गईं। पुस्तक की पहली प्रति स्थानीय माधव महाविद्यालय के छात्रों ने तीन हज़ार तीन सौ इकत्तीस रुपए में बोली लगाकर

खरीदी। समारोह के अंत में माँ विद्यावती को ग्यारह हज़ार रुपए की थैली भेंट की गई। वह सब धन उन्होंने बटुकेश्वर दत्त के इलाज के लिए दिल्ली भिजवा दिया।

एक प्रसंग और याद आता है। शायद 1969-70 के दिनों की बात होगी जब पंजाब में रोडवेज के ड्राइवरों की हड़ताल हो गई थी। माँ विद्यावती इससे चिंतित थीं। उन्होंने लोगों से कहा, ''ड्राइवरों को मारपीट कर जेल में डाल दिया है, लेकिन उनकी पत्नियाँ भूख हड़ताल कर रही हैं। उनके बच्चे भूखों मर रहे हैं, वे कैसे गुज़ारा कर रहे हैं, भूखे मर रहे हैं। ये आज़ादी का काम है? यह आज़ादी का काम नहीं है, यह बर्बादी का काम है। क्यों ऐसा किया जाए, उनकी माँगें मानी जाएँ। जो वे माँग रहे हैं, उन्हें दिया जाए। अपने बच्चों की खातिर, अपने पेट की खातिर उन्होंने कष्ट उठाया। इन मिनिस्टरों को चाहिए कि वे इतना ज़ुल्म न करें। वे लोग जो हक माँग रहे हैं वे इसलिए माँग रहे हैं, अपने पेट के लिए माँग रहे हैं और उनको भी चाहिए कि अपनी ईमानदारी से काम करें। उन ड्राइवरों को यह नहीं (करना चाहिए) कि जो देखा लूट लिया। किसी से ज़्यादा ले रहे हैं, किसी से कम ले रहे हैं। मेहनत व ईमानदारी से काम करें ताकि आज़ादी की रक्षा में अपना हिस्सा दे सकें। ईमानदारी से काम करते हुए वे अपनी आज़ादी को सँभालें। उनका भी फ़र्ज़ है देश की आज़ादी को सँभालने में। मेरा नौजवानों को यही संदेश है कि अच्छे काम करो, किसी का बुरा न करो, किसी के साथ ठगी न करो। मेरा तो यही मतलब है कि चंगे काम हों। नौजवानों को यह समझाना चाहिए लोगों को कि रिश्वत न दें, न लें। जो लोग कौंसिलों (विधान सभाओं) में बैठे हैं वे लड़ते हैं, यह आज़ादी को सँभालने का काम नहीं है। यह तो बर्बादी है। मतलब आज़ादी को सँभालने के लिए लोगों के पास जाकर उनकी मदद करें, लोगों से प्रेम करें। अपने देश को अच्छी तरह से सँभालें।''

क्रांतिकारी
सुभाषचन्द्र बोस

विश्व के मुक्तिकामी योद्धाओं में नेताजी सुभाषचन्द्र बोस का नाम सर्वोच्च है। उनका जन्म 23 जनवरी, 1897 को कटक उड़ीसा में हुआ था। पिता थे जानकी नाथ बोस। प्रभावती बोस उनकी माँ थीं। नेताजी कांग्रेस से जुड़कर उसके राष्ट्रीय अध्यक्ष बने लेकिन वहाँ से त्यागपत्र देकर उन्होंने अपना अग्रगामी दल बना लिया। इसके बाद छद्म वेश में देश से बाहर जाकर उन्होंने 'आज़ाद हिन्द फ़ौज' और 'आज़ाद हिन्द सरकार' का गठन किया जिसकी अपनी मुद्रा और झण्डा था। इसमें उन्होंने रानी झाँसी ब्रिगेड बना कर दुनिया को आश्चर्यचकित कर दिया जिसकी कैप्टन डॉ. लक्ष्मी सहगल थीं। सुभाष अपने इस अभियान में इम्फ़ाल के मोर्चे पर असफल हो गए। उनकी मृत्यु का कुछ अता-पता नहीं लगा। शायद 18 अगस्त, 1945 को वे हवाई दुर्घटना में मारे गए। वे एक दृष्टि सम्पन्न और दूरगामी सोच के नेता थे। उन्हें जापान पहुँचने पर रासबिहारी बोस का अपूर्व सहयोग मिला। उनमें अद्‌भुत संगठन क्षमता थी। उनका लोहा पूरी दुनिया ने माना। गांधी से मतभेद होने के बावजूद उन्होंने उन्हें 'राष्ट्रपिता' कहा। वे राष्ट्रभाषा हिन्दी के प्रबल पक्षधर थे। योजना आयोग उनकी सूझबूझ और समझ का परिणाम था। 'फ़ारवर्ड ब्लॉक ही क्यों' तथा 'स्वतंत्रता संग्राम और वामपंथ' जैसे उनके दृष्टि सम्पन्न और वैचारिक आलेखों को कम ही पढ़ा गया। अपने देश की जनता और उसकी शक्ति पर उनका पूरा भरोसा था। कम उम्र में ही देश के सर्वाधिक चहेते नेता बन कर बंगाल की सीमाओं को उन्होंने लाँघ लिया था। अपने राष्ट्रव्यापी

अभियान के तहत उन्होंने उत्तर भारत का सघन दौरा किया और फ़ारवर्ड ब्लॉक के प्रचार-प्रसार के लिए बड़ी भूमिका अदा की। उन्नाव के मकूर में उन्होंने 'मार्क्स नगर' बसाया। 'आज़ाद हिन्द फ़ौज' के सैनिकों पर जब दिल्ली में मुकदमा चला तब देश भर में राष्ट्रीयता की लहर दौड़ गई। उनके अभियान ने बड़े पैमाने पर भारतीय सैनिकों को विद्रोही बना दिया। साम्राज्यवाद के विरुद्ध यह उनकी बड़ी कामयाबी थी।

नेताजी सुभाष की माँ प्रभावती देवी थीं, पर वे देशबंधु चितरंजन दास की पत्नी बासंती देवी को अपनी दूसरी माँ मानते थे। वे भी उन्हें पुत्रवत स्नेह करती थीं। नेताजी सुभाष की ओर से समय-समय पर अपनी इन दोनों माँओं को लिखे गए पत्रों में हमने उस मातृमूर्ति की खोज की है जो हमारी आँखों से ओझल रहती आई है। बंगाल में एक समय देशबंधु दास और उनकी पत्नी बासंती देवी बड़ा प्रभामंडल था। देशबंधु ने 'स्वराज्य पार्टी' का भी गठन किया था।

सुभाषचन्द्र बोस की माँ प्रभावती देवी

पत्रों के बीच से झाँकता माँ का चेहरा

नेताजी सुभाष चन्द्र बोस ने 1912-13 में अपनी माँ प्रभावती देवी को 9 पत्र लिखे थे जिन पर तिथियाँ अंकित नहीं हैं। इस क्रम में जहाँ उन्होंने शरत् चन्द्र वसु, हेमन्त कुमार सरकार, चारु चन्द्र गांगुली, देशबंधु चितरंजन दास, दिलीप कुमार राय, हरिचरण बागची, शरत् चन्द्र चटर्जी, न. केलकर, अनिल कुमार बिस्वास, सन्तोष कुमार वसु, विभावती वसु, भूपेन्द्र नाथ बनर्जी, अनाथ बन्धु दत्त, जे.एम. सेन गुप्त, मोतीलाल नेहरू, गोपाल लाल सान्याल, सुनील चन्द्र वसु, जानकी नाथ वसु, कल्याणी देवी तथा बर्मा के गवर्नर और वहाँ के जेल महानिरीक्षक को बड़ी संख्या में पत्र लिखे, वहीं देशबन्धु चितरंजन दास की पत्नी बासंती देवी को भी वे निरन्तर चिट्ठियां लिखते रहे जिन्हें माँ तुल्य मानते थे। माँ प्रभावती देवी वसु जिन्हें नेताजी अपने पत्रों में 'माता ठकुरानी' लिखकर सम्बोधित करते थे, वहीं बासंती देवी को वे हर बार 'पूजनीया माँ, श्री चरणेशु' ही लिखकर भेजते रहे। इन पत्रों से गुज़रना हमें सचमुच रोमाँचित करता है जिनमें माँ-पुत्र के रिश्ते की सघनता के साथ नेताजी के चिंतन और कार्यों के साथ उनके राजनीतिक अभियान की कतिपय छायाएँ भी विद्यमान हैं। इनमें उनके धर्म सम्बन्धी विचारों में उस बंगाली मानस को भी चीन्हा जा सकता है जिस भूमि पर उन्होंने जन्म लिया था।

माँ प्रभावती के नाम कटक से लिखे पहले पत्र में 'परमपूजनीया श्रीमती माता ठकुरानी श्रीचरणकमलेशु!' लिखने के बाद सुभाष कहते हैं, 'माँ, आज नवमी है। इस समय आप देश में देवी की पूजा में संलग्न होंगी। इस बार पूजा सम्भवतः धूमधाम से सम्पन्न होगी। परन्तु माँ, धूमधाम से क्या प्रयोजन? जिनकी हम पूजा करते हैं उन्हें तो हृदय में स्मरण करना ही पर्याप्त है। जिस पूजा में भक्ति-चन्दन और प्रेम-कुसुम का उपयोग किया जाए वही पूजा जगत् में सर्वश्रेष्ठ है। आडम्बर और भक्ति का क्या साथ?' इस नितान्त व्यक्तिगत पत्र में माँ के प्रति उनका नेह फिर-फिर छलकता है, 'विजयादशमी के दिन मैं यहाँ पड़ा रहूँगा, परन्तु हृदय तो आपके पास वहाँ ही रहेगा। इस पवित्र दिवस पर इस प्रकार के आनन्द से वंचित रहूँगा। उपाय भी क्या है? कल विजया की सन्ध्या के उपरान्त हम यहाँ आप सबको प्रणाम करेंगे। आप और पिता जी प्रणाम स्वीकार करें। सब गुरुजनों को भी प्रणाम।'

अगला पत्र भी कटक से है जिसमें सुभाष लिखते हैं कि आज माँ का पत्र पाकर उन्हें विशेष प्रसन्नता हुई, जिसके साथ मनीऑर्डर से पचास रुपये भी प्राप्त हुए। घर-परिवार के सदस्यों की खैर-खबर की पूछताछ के बाद वे यह भी जानना चाहते हैं कि मटर जोवरा बाग में बोई जा रही है या शीघ्र ही बोई जाएगी। कहते हैं कि रघुया उनसे पाँच-छह दिन पहले मटर के दाने ले गया था और जोवरा बाग में उनका जाना नहीं हुआ। इस पत्र में बड़ी दीदी के बीमार होने पर चिन्तित होते हुए सुभाष माँ से जानना चाहते हैं कि उनको लंगड़ा बुखार हुआ था, अब कैसी हो? लेकिन विशेष बात यह है कि इस पत्र में वे लिखते हैं, ''माँ, मुझे आपसे कुछ कहना है। सम्भवतः आप जानती हों कि मांस-त्याग की मेरी प्रबल इच्छा है। किन्तु कोई कुछ कहे या इसका दूसरा अर्थ निकाले इसी कारण नहीं त्याग पा रहा हूँ। मैंने एक महीना पहले मछली के अतिरिक्त अन्य सभी मांस त्याग दिये थे, परन्तु दादा ने आज मेरी पत्तल में हठपूर्वक मांस परोस दिया। क्या करता? विवश होकर अनिच्छापूर्वक खाना पड़ा। मैं निरामिषभोजी बनना चाहता हूँ। कारण यह है कि हमारे शास्त्रकारों ने लिखा है—अहिंसा परमो धर्मः। केवल शास्त्रकारों ने ही नहीं अपितु स्वयं ईश्वर ने भी कहा है—हमें क्या अधिकार है कि हम ईश्वर की सृष्टि को नष्ट कर दें? इससे क्या घोर पाप नहीं होता? जो यह कहते हैं कि मछली न खाने से नेत्रों की दृष्टि क्षीण हो जाती है वह भूल करते हैं। हमारे शास्त्रकार इतने

मूर्ख नहीं थे कि लोगों की दृष्टि क्षीण करने के उद्देश्य से ही मछली खाने का निषेध करते। आपका इस विषय में क्या विचार है? आपके आदेश के बिना हमारी कुछ भी करने की इच्छा नहीं होती।'

माँ को लिखे तीसरे पत्र में वे कहते हैं कि गोपाली से सुना है कि आप काशीधाम नहीं गईं, पिता जी अकेले गए हैं। फिर वे अपने स्कूल के बंद होने और उसके बाद मिलने पर अपने अच्छे हो गए स्वास्थ्य का ज़िक्र करते हुए यह भी कहते हैं कि प्रतिदिन तीन से पाँच रुपये खर्च हो जाने के बाद आपके तीस रुपए खर्च हो चुके हैं तथा गोभी अभी तक नहीं बोयी गई है। दो रुपये के गोभी के बीज मँगवाए थे, अब पौध निकल आई है।

और चौथा पत्र भी माँ को कटक से किसी गुरुवार को लिखा हुआ है जिसमें वे ईश्वर पर अपने अत्यंत भरोसे को ज़ाहिर करते हैं, जबकि पाँचवें पत्र में वे कहते हैं, 'माँ, बताओ तो हमारी इस शिक्षा का उद्देश्य क्या है? मेरे लिए इतना धन व्यय कर रही हो, दोनों समय गाड़ी से स्कूल भेजती हो और लौटा लाने के लिए भी गाड़ी भेजती हो। एक दिन में चार-पाँच बार भरपेट भोजन कराती हो, सुन्दर वस्त्रों से मेरे तन को सज़ाती हो, नौकर-नौकरानी रखती हो। मैं सोचता हूँ कि तुम इतना श्रम, इतना कष्ट क्यों उठाती हो? इसका अर्थ क्या है? मेरी समझ में कुछ नहीं आता। विद्यार्थी जीवन समाप्त होने पर हमें कर्म-क्षेत्र में प्रवेश करना है। फिर हम जीवन भर गधे की भाँति श्रम करेंगे और अन्त में हमारा देहान्त हो जाएगा। माँ, आप जीवन में मुझे किस क्षेत्र में कार्य करता हुआ देखकर प्रसन्न होंगी? मुझे ज्ञात नहीं कि आपकी आकांक्षा क्या है। बड़े होने पर मैं किस पद पर नियुक्त होऊँ जब आपको प्रसन्नता होगी? माँ, क्या जज, मजिस्ट्रेट, बैरिस्टर अथवा किसी बड़े शासकीय पद पर मेरे नियुक्त होने से आपको सर्वाधिक प्रसन्नता होगी? जब धनकुबेर समझकर लोग मेरी पूजा करेंगे तब आपको आनन्द मिलेगा? बहुत-सा धन, गाड़ी, घोड़ा, मोटर होंगी, बहुत से नौकर-चाकर और विशाल भवन होगा, बड़ी ज़मींदारी होगी, तब आपको सुख मिलेगा अथवा दरिद्र होकर भी मैं विद्वान् और गुणी व्यक्तियों द्वारा सम्मानित होऊँगा तब आपको प्रसन्नता होगी? माँ, मेरी तीव्र इच्छा है कि आप मुझे बताएँ कि मुझे कैसा देखकर आपको प्रसन्नता होगी?' वे आगे माँ से यह भी कहते हैं, 'भगवान् ने इस कलियुग में एक नई सृष्टि का सृजन किया है। यह सृष्टि बाबू लोगों की है जो किसी अन्य युग में नहीं थी। हम भी बाबू

सम्प्रदाय के हैं। प्रभु के दिए हुए दो पैर हैं किन्तु हम 20–22 कोस पैदल नहीं चल सकते क्योंकि हम बाबू हैं। हमारी दो बाँहें हैं परन्तु शारीरिक श्रम नहीं कर सकते, हाथ से काम नहीं कर सकते। ईश्वर ने हमें बलिष्ठ शरीर दिया है परन्तु हम श्रम करना छोटे व्यक्तियों का कार्य समझकर श्रम से घृणा करते हैं। इसका कारण यही है कि हम बाबू हैं। हम सब काम नौकरों से करवाते हैं, हाथ–पैर चलाने में कष्ट होता है। हम बाबू हैं। गर्म देश में जन्म लेकर भी हम गर्मी सहन नहीं कर सकते, साधारण ठंड से हम इतने घबराते हैं कि सारे शरीर को वस्त्रों के बोझ से लाद लेते हैं क्योंकि हम बाबू हैं। हम प्रत्येक स्थान पर अपने को बाबू कहते हैं किन्तु वास्तव में हम मानवता से दूर हैं। मनुष्य के रूप में निरे पशु हैं। पशु से भी अधम हैं। क्योंकि हमारे पास ज्ञान है, विवेक है, पशुओं के पास वह भी नहीं। हम जन्म से ही सुख–विलास में पोषित होने के कारण तनिक–सा भी कष्ट नहीं सह सकते। इसी कारण हम इन्द्रियों पर नियन्त्रण नहीं रख पाते, उन्हें जीत नहीं पाते। जीवनभर इन्द्रियों के दास बनकर रहते हैं। बोझिल जीवन व्यतीत करते हैं। प्राय: मैं सोचता हूँ कि बंगाली मनुष्य कब बनेंगे? कब तुच्छ धन का लोभ त्याग कर ऊँचे विषयों के सम्बन्ध में सोचना प्रारम्भ करेंगे? कब अपने पैरों पर खड़े होंगे? कब सामूहिक रूप से शारीरिक, मानसिक और आध्यात्मिक उन्नति का प्रयास करेंगे? और कब अन्य जातियों की भाँति अपने पैरों पर खड़े होकर वास्तविक मनुष्य के रूप में अपना परिचय देंगे? आज पश्चिमी शिक्षा पाकर अधिकांश बंगालियों को नास्तिक और विधर्मी बनता देखकर बहुत दु:ख होता है। बंगालियों में बलवान् और स्वस्थ लोग बहुत कम हैं। और प्रतिदिन प्रात:काल जागकर ईश्वर का नाम स्मरण करने वाले तो और भी कम हैं। यह देखकर मानसिक वेदना होती है। माँ, यह सोचकर दु:ख होता है कि आजकल बंगाली विलासप्रिय, परनिन्दक, कुटिल–हृदय, दूसरों को सुखी देखकर द्वेष करने वाले और मानवीय गुणों से रहित हो गए हैं। हम पढ़ रहे हैं। आगे नौकरी का लालच और धन का लोभ रहने पर हमारी शिक्षा का क्या होगा? क्या हम वास्तव में मानवता के अधिकारी हो सकेंगे? माँ, क्या बंगाली कभी सच्चे मनुष्य बन सकेंगे? आपका क्या विचार है? हम और हमारा देश दिन–प्रतिदिन पतन के गर्त में गिर रहे हैं। कौन हमारा उद्धार करेगा? बंगालियों का उद्धार केवल बंग मातायें कर सकती हैं। बंगाली मातायें यदि बंगाली पुत्रों को नये साँचे में ढाल सकें

तो बंगाली फिर मनुष्य बन सकेंगे।' इस पत्र में सुभाष अंत में माँ को यह भी लिखते हैं कि इस बार तो पागल की तरह बहुत लिख गया। पढ़ने में कष्ट हो तो फाड़कर फेंक देना और क्षमा करना।

अगला पत्र और भी विस्तृत है जिसमें प्राय: भक्ति-मार्ग और ईश्वर की चर्चा करते हुए सुभाष ने फिर कहा है कि माँ, मैं जब तुम्हें पत्र लिखने बैठता हूँ तब मेरी दशा पागल से भी बुरी हो जाती है। मैं सोचकर पत्र लिखने नहीं बैठता, और न ही यह जानता हूँ कि क्या लिखूँगा। मन में जो भाव उठते हैं उन्हें ही व्यक्त करता हूँ, विचार नहीं रहता कि क्या लिख रहा हूँ और क्यों लिख रहा हूँ। मन करता है लिखने को, इसलिए लिखता हूँ। यदि कोई अनुचित बात लिख दी हो तो क्षमा करना।'

माँ के नाम सुभाष का छठा पत्र रांची से लिखा गया है जिसमें वे घर-परिवार का हालचाल पूछने के बाद सीधे देश की दशा-दुर्दशा पर अपनी जन्मदात्री से संवाद करने की कोशिश करते हैं, 'माँ, क्या इस युग में दु:खी भारत माता की एक भी सन्तान स्वार्थ रहित नहीं है? क्या भारत माँ इतनी अभागी है? हा! कहाँ है वह प्राचीन युग! वह आर्य वीर कहाँ हैं जो भारत माता के लिए अपना जीवन उत्सर्ग कर सकें? माँ, क्या आप केवल हमारी ही माँ हो अथवा आप सब भारतवासियों की माँ हो? यदि सब भारतवासी आपकी सन्तान हैं तो उनके कष्टों को देखकर क्या आपकी आत्मा रो नहीं उठती? माँ की आत्मा क्या इतनी कठोर होती है? नहीं, कभी नहीं हो सकती, माँ की आत्मा कभी कठोर नहीं हो सकती। अपनी सन्तान की इस चिन्तनीय दशा को देखकर माँ कैसे मौन है? माँ, आपने सम्पूर्ण भारत में भ्रमण किया है, भारतवासियों की दशा देखकर या उनकी दुर्दशा के सम्बन्ध में सोचकर क्या आपका हृदय रो नहीं उठता? हम मूर्ख और स्वार्थी हो सकते हैं किन्तु माँ को तो कभी स्वार्थ-भावना स्पर्श नहीं कर सकती। माँ का जीवन तो अपने बच्चों के लिए ही होता है। फिर माँ अपने बच्चों को संकट में देखकर भी क्यों मौन बैठी है? क्या माँ में भी स्वार्थ-भावना है? नहीं-नहीं, कभी नहीं हो सकती। माँ, यह कभी नहीं हो सकता।'

सुभाष बार-बार धर्म की ओर आ टिकते हैं। लगता है कि उनके लिए देश और धर्म एकमेव है। यह उनके बहुत प्रारम्भिक विचार हैं जिसमें वे अत्यन्त भावुक हृदय दिखाई पड़ते हैं। पर वे माँ के सम्मुख सम्पूर्ण हृदय खोलकर रख देते हैं। माँ भी उन्हें पत्र लिखती हैं लेकिन उनके पक्ष से हम परिचित नहीं हो

पाते। हमारे पास उनकी रची-लिखी पत्र-सम्पदा नहीं है जिसका अवलोकन कर उनके स्त्री-हृदय की ठीक से शिनाख़्त कर सकें। सुभाष का आठवाँ पत्र भी माँ के नाम रांची से किसी रविवार को लिखा गया है जिसमें वे घर की खैर-खबर के साथ मौसा के कलकत्ता जाने के साथ मंझले दादा के हालचाल जानने को बहुत उत्सुक हैं। यहाँ भी वे ईश्वर-स्मरण की ओर बार-बार लौटकर उसी में जीवन की सार्थकता को तलाश करते दिखाई देते हैं।

और यह नौवाँ पत्र भी माँ को रांची से ही सोमवार 1913 को लिखा गया है जिसमें उनका पत्र पाकर सुभाष ने अपनी प्रसन्नता ज़ाहिर करते हुए कहा है कि वे कल कलकत्ता पहुँच जाएँगे। फिर वे लिखते हैं, 'मुझे छात्रवृत्ति के जो 20 रुपये मिलेंगे, उसके सम्बन्ध में मुझे बहुत पहले से आशा थी। एक प्रकार से वह निश्चित ही था। इसका कारण यह है कि मैंने छात्रवृत्ति की कामना की थी। मैंने कामना अपने लिए नहीं की थी, क्योंकि रुपयों से मुझे बहुत भय लगता है। मैंने प्रण किया था कि छात्रवृत्ति की एक पाई भी अपने काम में व्यय नहीं करूँगा और मुझे आशा है कि मैं अपनी प्रतिज्ञा पर दृढ़ रहूँगा। मैं बहुत सोचने पर भी इस बात का निश्चय नहीं कर पाया कि मुझे परीक्षा में इतने अंक प्राप्त कैसे हो गए? परीक्षा से पूर्व एक प्रकार से पढ़ा ही नहीं था। और उससे बहुत पहले से ही पढ़ना बहुत कम कर दिया था। मैं भली-भाँति जानता हूँ कि मैं उस उच्च स्थान के योग्य नहीं जो कि परीक्षा में मुझे मिला है। मेरा विश्वास था कि मुझे सातवाँ स्थान प्राप्त होगा। यदि बिना पढ़े ही मैं इस स्थान को पा गया तो उन लोगों की क्या दशा होगी जो पढ़ने-लिखने में उपासना की भाँति व्यस्त रहते हैं? मैं प्रथम रहूँ या अन्तिम स्थान पाऊँ अब मैं निश्चित रूप से समझ गया हूँ कि पढ़ना ही छात्रों का प्रमुख लक्ष्य नहीं है। विश्वविद्यालय की उपाधि मिलने पर छात्र अपने आपको धन्य समझते हैं, किन्तु विश्वविद्यालय की उपाधि पाकर भी यदि कोई वास्तविक ज्ञान प्राप्त नहीं कर पाता तो मैं ऐसी शिक्षा से घृणा करता हूँ। ऐसी शिक्षा प्राप्त करने से तो मूर्ख रहना अच्छा है! चरित्र-निर्माण ही छात्रों का प्रमुख कर्त्तव्य है। विश्वविद्यालय की शिक्षा चरित्र-निर्माण में सहायता करती है। किसका चरित्र कितना उच्च है यह उसके कार्यों से ही ज्ञात होता है। कार्य ही शिक्षा और ज्ञान के परिचायक हैं। पुस्तकीय ज्ञान से मुझे हार्दिक घृणा है। मैं चाहता हूँ चरित्र, ज्ञान, कार्य। इस प्रकार के चरित्र में सब कुछ समाहित है—भगवत-

भक्ति, देश-प्रेम, भगवान के लिए तीव्र व्याकुलता, सभी कुछ। पुस्तकीय ज्ञान तो अत्यधिक तुच्छ, साधारण वस्तु है। परन्तु बहुत से लोग तो पुस्तकीय ज्ञान पाकर ही उसके अहंकार में डूबे रहते हैं। कटक में पढ़ने की कई सुविधाएँ हैं, और कलकत्ता में पढ़ने में भी कई हैं। मैं अभी तक यह निर्णय नहीं कर पाया कि कहाँ पढ़ा जाए। कलकत्ता जाना ठीक रहेगा। सम्भवत: प्रेसिडेन्सी में पढ़ना नहीं हो सकेगा। इसका कारण यह है कि जो विषय मैं पढ़ना चाहता हूँ उनके लिए वहाँ सुविधा नहीं है।

सुभाष माँ से हर मुद्दे, प्रत्येक प्रसंग पर मशविरा करते हैं। वे बहुत खुलकर धर्म, देश और अपने परिवेश की तत्कालीन समस्याओं पर उनके सघन विमर्श के लिए उत्सुक हैं। ये संवाद उन्हें स्वयं को संवारने और भविष्य का मार्ग निर्धारण करने में सहायक हैं। सुभाष स्वयं को माँ से तनिक भी छिपाते नहीं हैं, सब कुछ अनावृत्त कर देते हैं। यहाँ माँ उनकी मित्र हैं और बड़ी सहयोगिनी भी। क्या वे अपने पिता से भी इसी तरह का संवाद कर पाते होंगे? सुभाष आईसीएस की परीक्षा में सफल हो चुके तब उन्हें अपने मंझले दादा शरत् चन्द्र वसु का अभिनन्दन-सूचक पत्र मिला जिसके उत्तर में उन्होंने 22 सितम्बर, 1920 को लिखा, 'आईसीएस परीक्षा पास करके मेरा ऐसा क्या लाभ हुआ है? परन्तु इस संवाद से सब लोगों को जो प्रसन्नता हुई है और विशेष रूप से मेरे पिता जी और माता जी का हृदय इस दुर्दिन में कुछ हल्का हुआ, उसी में मुझे आनन्द है।' सुभाष उस समय विदेश में बेट्स परिवार के अतिथि थे और आईसीएस में अपनी कामयाबी पर किसी तरह प्रसन्न नहीं थे। दादा को वे लिखते हैं, 'यह मैं जानता हूँ कि नौकरी के जीवन में भारी वेतन और उसके पश्चात् पेन्शन मेरे लिए तैयार रहेगी। यदि दासत्व में कुशलता प्राप्त कर सकूँ तो एक दिन कमिश्नर के पद पर भी पहुँच सकता हूँ। योग्यता होने और दासता में प्रतिष्ठा प्राप्त करने से सम्भवत: किसी प्रदेश का चीफ़ सेक्रेटरी भी हो जाऊँ! परन्तु क्या नौकरी ही मेरे जीवन का उद्देश्य है? नौकरी में सांसारिक सुख मिलेगा, परन्तु क्या उसे आत्मा का सुख देकर खरीदूँ? मेरा यह विचार है कि आईसीएस गोष्ठी के प्रत्येक व्यक्ति को नौकरी के कानून से जिस तरह बँधकर चलना पड़ता है, उसके साथ जीवन के उच्चादर्श को स्थिर रखने की चेष्टा करना, अपने आपको धोखा देने के अतिरिक्त कुछ नहीं है।...सम्भवत: आप यह कहेंगे

कि इस नौकरी को ठुकराना नहीं चाहिए और इसमें प्रवेश करके इसके पाप को दूर करना चाहिए। ऐसा कहना असंगत भी नहीं है। किन्तु, यही किया जाय तो भी किसी दिन स्थिति असह्य बन सकती है और तब त्याग-पत्र के अतिरिक्त कोई उपाय नहीं रहेगा। यदि पाँच-दस वर्ष पश्चात् ऐसी परिस्थिति उत्पन्न हुई तो जीवन में नए मार्ग खोजने का उपाय नहीं रहेगा। अभी तो मेरे सम्मुख मार्ग खुला है। एक बार नौकरी कर लेने से मेरा सम्पूर्ण तेज समाप्त हो जाएगा। मैं यह विनाशकारी प्रभाव अपने ऊपर किसी भी दशा में नहीं पड़ने दूँगा। मैं इस विषय में दृढ़ प्रतिज्ञ हूँ। मैं विवाह नहीं करूँगा और जो सत्य समझूँगा उसका पालन करने के मार्ग में मुझे सांसारिक विवेचन के अधीन होकर नहीं रहना पड़ेगा। अपने मन को देखते हुए मुझे तो संदेह है कि मैं सिविल सर्विस के योग्य भी हूँ, या नहीं। मेरा अनुभव है कि मुझमें जितनी शक्ति है उसे मैं और तरह से अपने और देश के उपकार में लगा सकूँगा। इस सम्बन्ध में आपके विचार जानकर मुझे प्रसन्नता होगी। मैंने पिताजी को इस विषय में कुछ नहीं लिखा। कह नहीं सकता कि क्यों नहीं लिखा, किन्तु उनके विचार भी जान लेता तो ठीक रहता।'

सुभाष ने पिता को पृथक से पत्र लिखा लेकिन साथ ही मंझले दादा से कहा कि यदि आप मेरे साथ एकमत हों तो पिता जी को भी सहमत करने का प्रयास किया जा सकता है। वे कहते हैं, 'यदि चितरंजन दास इस आयु में संसार का सब कुछ त्याग कर जीवन की अनिश्चितता का सामना कर सकते हैं तो मुझ जैसे, संसार की समस्याओं से रहित तरुण व्यक्ति के जीवन में तो वह क्षमता और भी अधिक है। नौकरी छोड़ने पर भी मुझे तनिक-सा भी अभाव नहीं होगा। शिक्षण, समाज-सेवा, समवाय प्रतिष्ठान, ग्राम-संगठन आदि बहुत से कार्य हैं जिनमें हज़ारों कर्मठ तरुणों को व्यस्त रखा जा सकता है। व्यक्तिगत रूप से अब मैं शिक्षण और पत्रकारिता की ओर आकृष्ट हो रहा हूँ।...मैं आत्म-त्याग के आदर्श को लेकर ही जीवन प्रारम्भ करना चाहता हूँ। मेरे विचार में आडम्बर-रहित जीवन, उच्च विचार तथा देश के कार्यों में उत्सर्ग किया हुआ जीवन ही आकर्षक है। विदेशी शासक के अधीन नौकरी करना मैं घृणास्पद मानता हूँ।'

सुभाष यह भी बताते हैं कि माता जी और पिता जी को पत्र लिखकर मैंने दारिद्रय और सेवाव्रत ग्रहण करने की अनुमति माँगी है। इस पथ में भविष्य में

लांछित होने का भय है, इस कारण संभवतः वे व्यथित होंगे। मैं दुःख-क्लेश से भयभीत नहीं होता, उस प्रकार के दिन आने पर मैं भागूँगा नहीं, अपितु आगे बढ़कर दुःख सहन करूँगा।

अब हम उन पत्रों की संक्षिप्त चर्चा करेंगे जिन्हें देशबन्धु चितरंजन दास की पत्नी और अपनी माँ तुल्य बासन्ती देवी को सुभाष समय-समय पर लिखते रहे। इस संवाद की शुरुआत वे 'श्रीचरणेशु माँ' लिखकर करते हैं। पहला ही पत्र जो हमारे सामने है उसे उन्होंने देशबन्धु के निधन 16 जून, 1925 के पश्चात् लिखा है। इसमें वे उन्हें सांत्वना देते समय यह स्मरण दिलाते हैं कि जिस दिन बंगाल के इस वीर केसरी को कारागृह में डाल दिया गया था तब वे स्वयं निराशा और अंधकार को चीरकर एक अपूर्व मोहिनी मूर्ति, महाशक्ति के रूप में बंगाल के कर्मक्षेत्र में उतरी थीं। उस दिन बंगालियों ने उन्हें देश नायिका नहीं, देशमाता के आसन पर बैठाया था। उस आनन्द, गौरव और उन्माद को बंगाली कभी भूल नहीं सकते। उस दिन बंगालियों ने आपको जिस भक्ति और श्रद्धा से अपने हृदय-सिंहासन पर बैठाया था आज भी आपका वह स्थान ज्यों-का-त्यों है। उसी दिन से आप बंगमाता हैं। दरअसल, यह संयुक्त पत्र था जिसे माण्डले सेन्ट्रल जेल से 6 जुलाई, 1925 को लिखा गया था जिस पर सत्येन मित्र, विपिन बिहारी गांगुली, ज्योतिषचन्द्र घोष, जीवनलाल चट्टोपाध्याय, मदन मोहन भौमिक, सुरेन्द्र मोहन घोष, सतीशचन्द्र चक्रवर्ती, सुभाषचन्द्र वसु और हरिकुमार चक्रवर्ती की ओर से लिखकर श्रीमती सीआर दास 148, रूसा रोड, दक्षिण कलकत्ता के पते पर भेजा गया था।

सुभाष कारागार में रहते हुए अपनी इस माँ वासन्ती देवी के लिए बहुत बेचैन थे। वे फिर 10 जुलाई को जेल से डीआईजी आईबी, सीआईडी 133, एलिसियम रोड, कलकत्ता के माध्यम से माँ को एक पत्र भेज कर उनकी कुशल जानना चाहते हैं। इस पत्र में वे सीआर दास से अलीपुर जेल में हुई अपनी अंतिम भेंट का भी ज़िक्र करते हैं जब सुभाष का स्थानान्तरण बहरामपुर जेल को हो रहा था। इसी तरह वे माँडले जेल से 25 सितम्बर, 1925 को माँ को एक पत्र 2, बेलतला रोड, कलकत्ता के पते पर लिखते हैं। 6 फरवरी, 1926 को जेल में माँ का एक पत्र उन्हें मिला जिसमें वे बताती हैं कि मंझले दादा और भाभी उनसे मिलने आते हैं। इसके बाद माँ के नाम सुभाष का अगला पत्र

26 अप्रैल, 1926 का लिखा हुआ है जिसे डीआईजी आईबी, सीआईडी, बंगाल के निरीक्षणोपरान्त पास किया गया। इसके बाद 21 जुलाई 1926 का पत्र जो 28 जुलाई को सेन्सर के उपरान्त अनुमति प्राप्त पत्र के रूप में भेजा गया था। ऐसा ही एक पत्र रंगून सेन्ट्रल जेल से 20 दिसम्बर, 1926 को उन्होंने माँ के नाम लिखा जिसे भी निरीक्षणोपरान्त 11 जनवरी, 1927 को पास किया गया, जिसमें वे लिखते हैं कि उन्हें माँ का बहुत दिनों बाद 3 दिसम्बर, 1926 का पत्र पाकर बड़ी शान्ति मिली। माँ ने लिखा कि वे एकान्तवास करना चाहती हैं, जिसे पढ़कर सुभाष विचलित हो जाते हैं। लिखते हैं कि क्या एकान्तवास से ही आपको शान्ति मिल जाएगी? 30 दिसम्बर को वे फिर माँ को लिखते हैं कि उन्हें उनके स्वास्थ्य की चिन्ता है। वे कहते हैं कि अपने स्वास्थ्य का वे ध्यान नहीं रखतीं जबकि उनका स्वास्थ्य हम सबके और देशवासियों के लिए कितना मूल्यवान है, यह बात आपको ज्ञात नहीं। माँ के स्वास्थ्य का समाचार कई बार उन्हें मंझले दादा के पत्र द्वारा भी मिल जाता है। और माँ भी चिन्तित है कि 'न मालूम तुम सबसे इस जीवन में मिलना भी होगा अथवा नहीं।' सुभाष पत्र में ही अपनी इस भावना की अभिव्यक्ति करने से नहीं चूकते कि देशबन्धु जी का जीवन-चरित्र लिखने की उनकी कामना है, परन्तु एक-दो बार जब कुछ लिखने का प्रयास किया तो केवल निराशा ही हाथ लगी। वे कहते हैं कि उनके गम्भीर और अद्भुत चरित्र का जितना परिचय उन्हें मिला है, उतना बहुत से अन्य लोगों को नहीं मिला। सुभाष यह भी बताने से नहीं चूकते कि सत्येन बाबू कहते हैं कि उन्हीं (देशबन्धु) ने कहा था कि श्रीयुत गिरिजा प्रसन्न राय चौधरी महाशय उनकी सही-सही जीवनी लिख सकते हैं। वे माँ से कहते हैं कि यदि वे कुछ सामग्री दे सकें तो असमर्थ होने पर भी मैं इसके लिए प्रयास कर सकता हूँ। सुभाष माँ से कहते हैं कि वे एक कार्य और भी करने की सोचते हैं। वह है उनके द्वारा कारावास-काल में लिखे हुए नोट्स की सहायता से एक सम्बद्ध पुस्तक तैयार करना।

सुभाष जब केलसल लाज, शिलांग पहुँचते हैं तब 14 जून, 1927 को माँ को पत्र से सूचित करते हैं कि मैं परसों यहाँ आ गया था। वे फिर 17 जुलाई को लिखते हैं कि उनका 10 जुलाई का पत्र उन्हें 13 जुलाई को मिल गया था। माँ ने उन्हें लिखा था, 'इस संसार में मेरा साहचर्य और किसी को आनन्द नहीं दे सकता।' सुभाष उनसे कहते हैं, 'यह बात सत्य नहीं है। क्या

आप नहीं जानती हैं कि बंगाल के युवक आपको आज भी किस दृष्टि से देखते हैं? यदि आप उनको एकदम पराया समझें तो क्या यह उनके प्रति अन्याय न होगा? क्या उन्होंने अपने हृदय के श्रेष्ठ अर्घ्य का उपहार आपके चरणों में अर्पित नहीं किया? उन्हें कितनी आशा थी कि जब देशबन्धु नहीं रहे तो आप आगे बढ़कर उनका कार्य सँभालेंगी। किन्तु जब उनकी आशा पूर्ण न हुई तो उनके हृदय में असीम व्यथा और निराशा के अतिरिक्त और क्या रहा? देशबन्धु अपने जीवन काल में कहा करते थे कि उनके जीवित रहते समय जनहित के कार्यों में सम्मिलित होने पर भी आप उनकी अनुपस्थिति में उनके रिक्त स्थान की पूर्ति करेंगी। सम्भवतः आप कहेंगी कि हिन्दू महिला का स्थान परिवार के भीतर, पर्दे के पीछे है, जन-मंच पर नहीं है। मैं माँ को कर्त्तव्य के सम्बन्ध में उपदेश देने की धृष्टता नहीं करता परन्तु आज हमारा देश और समाज सामान्य स्थिति में नहीं है। आज हमारे घर-घर में आग फैल रही है। जब घर में आग लगती है तब तो पर्दे में रहने वालों को भी साहस के साथ मार्ग में आकर खड़ा होना पड़ता है। सन्तान को बचाने तथा बहुमूल्य सामान की आग से रक्षा करने के लिए उनको भी पुरुष पराक्रम के साथ परिश्रम करना पड़ता है। क्या इससे उनकी मर्यादा या सम्मान की हानि होती है? बंगाल की साधना प्रमुख रूप से मातृभूमि में ही प्रकट हुई है। क्या भगवान, क्या स्वदेश, हमारे आराध्य, जो कुछ हैं हमने उनकी कल्पना मातृभूमि के रूप में ही की है। परन्तु हाय! बंगाल के पुरुष निर्वीर्य और कापुरुष हो गए हैं। बंगाल के प्रत्येक ज़िले में स्त्रियों के ऊपर होने वाले अत्याचारों का प्रतिरोध करने में भी वे अशक्त हैं। उस दिन (कई महीने हुए) *संजीवनी* में लिखा था—'हे जननी, तुम अपनी मान-रक्षा के लिए स्वयं कृपाण धारण करती हो।' इन शब्दों से मुझे मार्मिक अनुभूति हुई। आज वास्तव में देश की स्थिति इसी प्रकार की हो रही है। केवल यही नहीं, सम्भवतः सन्तान की मान-रक्षा के लिए जननी को भी अग्रसर होना पड़ेगा। देश ऐसा ही श्रीहीन और हतवीर्य हो गया है। कभी-कभी मैं सोचता हूँ कि यदि आप अनेक प्रकार के जनहित के कार्यों में मन लगा सकतीं तो अन्तर्मन की जलन कुछ कम हो जाती। पारिवारिक जीवन के सुख-दुःखों के द्वारा अपने जीवन को नियंत्रित करना कहाँ तक उचित है? आप राजराजेश्वरी थीं, आज आप लौकिक दृष्टि से रिक्त हस्त हैं। जो कोई यह बात सोचता है, उसी के हृदय में तीव्र वेदना होती है। हमारे लिए सन्तोष

की बात यही है कि भारत के लोग अनादिकाल से राज ऐश्वर्य की अपेक्षा संन्यास के गौरव को श्रेयस्कर और पूज्य मानते आ रहे हैं। संभवत: आपको यह ज्ञात नहीं है कि संन्यास के गौरवमय प्रभाव के कारण आपके देशवासियों के हृदय में आपका स्थान कितना ऊँचा हो गया है। ज्ञात नहीं है कि ये बातें कहना मेरे लिए उपयुक्त है या नहीं किन्तु मेरा कहना तो केवल यह है कि जो तीव्र वेदना आपको निरन्तर दग्ध कर रही है वह अत्यन्त सामान्य रूप से मुझे भी समय-समय पर पीड़ित करती है। और सम्भवत: यह कहना अत्युक्ति न होगा कि बंगाल के असंख्य युवकों को भी पीड़ित करती है।'

माँ ने सुभाष को पत्र में लिखा था, 'अभिशप्त जीवन के सम्पूर्ण कार्य समाप्त हो चुके हैं। अब केवल शेष की प्रतीक्षा में चुपचाप बैठे रहने के अतिरिक्त कुछ खोजने पर भी नहीं मिलता। यह ज्ञात नहीं कि कितने युग-युगान्तरों में मेरा अभीष्ट मिलेगा।'

सुभाष फिर उन्हें लिखते हैं, 'मैं सोचता हूँ कि आप अत्यधिक बेचैनी के कारण कभी-कभी यह भूल जाती हैं कि हमारे और देश के हृदय में आपका आसन कहाँ है? यदि आप इस तथ्य को विस्मृत न करतीं तो अचानक पारिवारिक दुर्घटना होने पर भी अपने जीवन को अभिशप्त नहीं बता सकती थीं। जो भगवान को प्रिय हैं उन पर ही निरन्तर दु:ख की वर्षा होती है, क्या यह बात एकदम असत्य है? क्या यह बात भी एकदम झूठ है कि मनुष्य का हृदय जितना बड़ा होता है उसका दु:ख भी उतना ही बड़ा होता है? आप हमारी आशा पूर्ण कीजिए, आपका आसन सदैव देश के हृदय में अक्षुण्ण रहेगा। जितनी श्रद्धा-भक्ति और प्रेम देशवासी आपके चरणों में अर्पित कर रहे हैं और आगे भी करेंगे क्या उसका दशांश भी किसी तथाकथित भगवान को प्राप्त हो सकता है? कितनी आशा और आकांक्षाओं को हृदय में लेकर देशबन्धु हमें छोड़कर चले गए हैं। उनके वे स्वप्न ही उनकी सर्वश्रेष्ठ वसीयत थे। वही वसीयत हमारे साथ-साथ आपको भी प्राप्त हुई है। क्या आप वास्तव में हृदय से कह सकती हैं कि आपका कार्य समाप्त हो गया और आपके जाने का समय हो चुका है? यह कहना धृष्टता होगी फिर भी कहने का मन कर रहा है कि आपके जो इष्ट थे वह कभी भी आपकी बात का समर्थन नहीं करेंगे, अपितु मेरी ही बात का समर्थन करेंगे।'

माँ वासन्ती देवी उन्हें लिखती हैं, 'जड़ प्रकृति से मेरी अन्त:प्रकृति

की समानता है। यह घनघोर अन्धकार मुझे अच्छा लगता है।' इस पर सुभाष कहते हैं, 'सम्भव है कि आजकल हर समय आपको अन्धकार प्रिय लगता हो, परन्तु सभी को कभी-कभी तो अन्धकार प्रिय लगता ही है। अन्धकार प्रिय लगने पर भी क्या उसे अपने हृदय में छिपे हुए आलोक को प्यार नहीं करना चाहिए? क्या इस प्रकार का विचार एक अपराध है?...सम्भव है कि आप किसी प्रकार के बन्धन को स्वीकार करना न चाहती हों, वह बन्धन कार्य का या मनुष्य का ही क्यों न हो। परन्तु हमें तो बचने का कोई उपाय दिखाई नहीं देता। जब से 'माँ' कह चुके तभी से बन्धन स्वीकार कर लिया है। इस जीवन में तो यह सम्बन्ध नहीं टूटेगा। संसार की दीवार है, बाधाएँ हैं, लोकाचार हैं, परन्तु इन सबके होते हुए भी हृदय के सम्बन्ध तो झूठे नहीं हो सकते। मनुष्य जीवन में एक स्थान ऐसा चाहता है जहाँ तर्क, विचार और विवेचना न रहे, रहे केवल श्रद्धा। सम्भवत: इसी कारण माँ का सृजन हुआ होगा। भगवान करे मैं चिरकाल तक इसी भाव से मातृपूजा कर सकूँ।'

सुभाष शिलांग से 30 जुलाई, 1927 को फिर माँ को पत्र में लिखते हैं कि पिछले पत्र में मैंने आपको कर्त्तव्य के सम्बन्ध में समझाने की जो धृष्टता की थी उसे आपने स्नेह के कारण क्षमा कर दिया। हम आत्मविश्वास के अभाव के कारण माँ का मुँह नहीं जोह रहे हैं। आत्मविश्वास हममें यथेष्ट है, सम्भवत: कुछ अधिक ही होगा, फिर भी हम माँ को क्यों चाहते हैं? इसका कारण यह है कि माँ के अतिरिक्त अन्य किसी की भी पूजा नहीं होती। हमारा सामाजिक इतिहास इस तथ्य की पुष्टि करता है कि जब भी देश पर विपत्ति आई है तभी हमने माँ का आह्वान किया है। 'वन्दे मातरम्' गान से हमारा राष्ट्रीय अभियान प्रारम्भ हुआ था। इसी कारण आज माँ को इस भाँति पुकार रहे हैं। क्या अब भी पाषाणी का हृदय नहीं पिघलेगा? जब मैं अपना परिचय, आपकी सन्तान कह कर दे रहा हूँ तो आप यही आशीर्वाद दीजिए कि मेरे द्वारा आपका नाम कलंकित न हो। मैं आपका योग्य पुत्र साबित होऊँ, इससे अधिक मेरी कोई आकांक्षा नहीं है। मैं, जिस कंटकाकीर्ण मार्ग पर चल रहा हूँ, उस पर भविष्य में भी जीवन भर इसी प्रकार चल सकूँ, बस यही आशीर्वाद दीजिए। संन्यास के एकाकीपन में जीवन सूख न जाए, इस शून्यता में जो अमृत छिपा है, उसके स्पर्श से जीवन मंगलमय हो उठे, बस मैं तो आपसे यही आशीर्वाद चाहता हूँ। क्या यह भी मुझे बताना पड़ेगा कि मेरे लिए आपके आशीर्वाद का

कितना मूल्य है? असीम धृष्टता और अत्यधिक अयोग्यता की चिन्ता मुझे निरन्तर दग्ध करती रहती है। यह संघर्ष काल्पनिक नहीं है, बल्कि पूर्णरूपेण वास्तविक है। मैं भगवान से सदैव प्रार्थना किया करता हूँ—अपनी पताका जिसके हाथ में दी है उसे उसी के अनुसार शक्ति भी दो। फिर भी कभी-कभी शंका होती है, भय होता है कि देश जो चाहता है वह मैं नहीं दे पाऊँगा। मेरा प्रयत्न सम्भवत: उस बौने के समान है जो चन्द्रमा को स्पर्श करने की चेष्टा करे। माँ, क्या तुम मुझे अभयदान नहीं दोगी? एक बात और बताऊँगा, बहुत दिन से बताऊँ-बताऊँ कर रहा हूँ। परन्तु बता नहीं पाया। जहाँ सन्तान के कुछ कर्त्तव्य हैं, वहाँ उसके अधिकार भी हैं। क्या मैं सेवा करने के अधिकार से वंचित रहूँगा? क्या चिरकाल तक पराया बना रहूँगा? क्या इस असीम विश्व में मनुष्य द्वारा निर्मित उसकी छोटी-सी दुनिया ही सबसे बड़ा सत्य है? आप अभी बहुत कुछ दे सकती हैं। देश उसके लिए प्रतीक्षा कर रहा है। यह मेरी मनगढ़न्त बात नहीं है अपितु देश की आवाज़ है। आप देश को जो कुछ दे सकती हैं वह देंगी अथवा नहीं, इसका निर्णय तो आप स्वयं करेंगी। इसके अतिरिक्त और क्या कहा जा सकता है कि यदि देश ने आपसे इच्छित वस्तु नहीं प्राप्त की तो यह उसका दुर्भाग्य होगा।'

माँ उनसे कहती हैं, 'नए लोगों की और बुद्धिमान लोगों की कार्यप्रणाली और विचारधारा समान नहीं होती।' पर सुभाष उनकी बात का समर्थन करते हुए तर्क देते हैं कि 'तथाकथित नये लोगों के मध्य बहुत-से वृद्ध भी मिल जाते हैं और तथाकथित वृद्धों में बहुत से तरुण भी मिल जाते हैं। यदि तरुण आपको अपना ही एक साथी मान लें, और अपने नेतृत्व का बोझ आपके ऊपर डाल दें, तो इसमें आपको क्या आपत्ति है? कलकत्ते में सुभाष ने माँ से प्रश्न किया था कि यदि आप इस समय हमारा नेतृत्व नहीं करतीं तो सारे बंगाल में एक भी ऐसा व्यक्ति नहीं है, जिसका नेतृत्व हम हृदय से स्वीकार करें जिस भाँति किसी सभा में, किसी व्यक्ति को सभापति चुनकर नेता के रूप में स्वीकार कर लेते हैं, बंगाल में उस प्रकार के नेता तो असंख्य हैं, परन्तु आज वास्तविक नेता, जिसके आगे हृदय सहज ही भक्ति-भाव से झुक जाए, विरले ही हैं। यदि हम आपके नेतृत्व को प्राप्त न कर सके तो हम भाग्यहीन लोगों को आत्म-प्रतिष्ठा के मार्ग पर चलना पड़ेगा। आपका आशीर्वाद ही हमारे लिए अमूल्य सम्पदा है, इसमें संदेह नहीं, किन्तु हम तो आपसे कुछ उससे अधिक

चाहते हैं।' सुभाष का स्वास्थ्य अच्छा नहीं रहता था तो उस दिन माँ ने उनसे कहा कि उनकी बीमारी के सम्बन्ध में उन्हें स्वप्न में कोई औषधि मिली थी लेकिन फिर माँ ने वह दी नहीं, न ही उसे बताया। सुभाष पत्र के पश्च-लेख में माँ को बार-बार इसका उलाहना देते हैं।

माँ बासन्ती देवी के नाम सुभाष के कुछ और पत्र हैं। 12 सितम्बर, 1927 के पत्र में वे स्वयं पुरुलिया जाने की इच्छा व्यक्त करते हैं और माँ से भी पूछते हैं कि वे पुरुलिया कब जाएंगी जबकि 1 अक्टूबर, 1927 के पत्र में सुभाष बिहार की खादी के सम्बन्ध में माँ का पक्ष जानकर कहते हैं कि उनका लिखा सत्य है परन्तु केवल आलोचना करने से ही काम नहीं चलेगा, कर्मक्षेत्र में उतरे बिना कुछ भी नहीं होगा। माँ उन्हें एक पत्र में स्पष्ट रूप से लिख देती हैं कि किसी भी विषय पर तुम मेरी सहायता का भरोसा मत करना। इसे पढ़कर सुभाष अपने 15 अक्टूबर, 1927 के पत्र में माँ को लिखते हैं कि यह जानकर उन्हें दुःख हुआ। ध्यातव्य यह है कि वे अपने लिए दुःखी नहीं होते बल्कि देश की बात सोचकर उनके मन में पीड़ा होती है। माँ से उनका स्पष्ट कहना है, 'आजकल बंगाल के दुर्दिन हैं, जिसके कारण इस समय कार्य करने वाले व्यक्तियों का अभाव है। यह कहना अत्युक्ति न होगी कि मि. सेनगुप्त ने कांग्रेस का साथ छोड़ दिया है। किरण बाबू ने मुझे नोटिस दे दिया है कि अक्टूबर से वह मेरे ऊपर बोझ लाद कर अवकाश ले लेंगे। तुलसी बाबू का देश के कार्यों में अधिक उत्साह नहीं दिखाई देता। पाँच बड़ों को तो आप जानती ही हैं, तुलसी बाबू के अतिरिक्त वे सब पेशेवर लोग हैं, अतएव कांग्रेस के कार्यों के लिए वे अधिक समय नहीं दे सकते। इस समय केवल विधान बाबू ही बंगाल प्रान्तीय कांग्रेस कमेटी के कार्यों में रुचि लेते हैं। परन्तु उनके पास भी समय का अभाव है। कांग्रेस का भंडार एकदम रिक्त है। देशबन्धु के आत्मीय स्वजनों में से एक भी व्यक्ति देश का काम नहीं कर रहा। हमें तो एक आपका ही भरोसा था, परन्तु आप कोई उत्तरदायित्व नहीं लेना चाहतीं। यह सब देखकर मैं कई दिन से सोच रहा हूँ कि मुझे ही इतना सिरदर्द क्यों है? मैं क्यों भूत का सा यह बोझ ढोता फिरूँ? राजनीति का क्षेत्र मेरे लिए उपयुक्त कर्मक्षेत्र नहीं है, मैं तो घटनाचक्र के कारण राजनीति के भंवर में आ फँसा हूँ। इस स्थिति में मैं भी अपने उपयुक्त कर्मक्षेत्र में लौट सकता हूं। संसार में मेरी आसक्ति नहीं है इस कारण मैंने गृहस्थ-आश्रम में प्रवेश ही नहीं किया। क्या

मैं देश की वर्तमान दशा में शान्ति का मार्ग छोड़कर नए सिरे से संसार-जाल में लिप्त हो जाऊँ? कुछ समझ में नहीं आता।' वे माँ को लिखते हैं, 'आपको देश चाहता है, राजबन्दी चाहते हैं। सबने मिलकर बार-बार मुझसे कहा था कि मैं आपसे उनकी बात कहूँ। गर्व के साथ मैंने भी सोचा कि यदि मैं उनकी बात आपसे कहूँगा तो आप टालेंगी नहीं। भगवान ने मेरा वह अहंकार चूर्ण कर दिया। बहुत विश्वास लेकर मैं जेल से निकला था किन्तु अब देखता हूँ कि मेरी वह आशा निर्मूल थी। जिन पर बहुत भरोसा था उनमें से अधिकांश, देश के लिए कार्य करना तो दूर रहा, देश की समस्याओं के सम्बन्ध में सोचना भी नहीं चाहते। कांग्रेस की वर्तमान स्थिति को देखकर आँखों में आँसू आ जाते हैं। कांग्रेस का जो स्वरूप हमारे समक्ष है, क्या इसी स्वरूप के लिए देशबन्धु ने अपना अमूल्य जीवन उत्सर्ग किया था? देशबन्धु के आत्मीय स्वजन, बन्धु-बान्धव, सहयोगी और अनुचर, जिन्हें उनको भली-भाँति पहचानने और समझने का अवसर मिला था, उन्हीं की देश के कार्यों में अधिक अनास्था है, इसका क्या कारण है? देशबन्धु के देहान्त के पश्चात् जिन लोगों ने कर्त्तव्य की अवहेलना की है उनमें आपका पहला नम्बर है, क्योंकि उनके स्वर्गवासी होने के पश्चात् भी आपमें उनकी आत्मा, उनकी अतृप्त आशा-आकांक्षायें स्थित हैं। उस आत्मा का प्रतीक होते हुए भी, और आपका इतना प्रभाव होते हुए भी आप कुछ करना नहीं चाहतीं। बहुत दुखी होकर ही मैं ऐसा लिख रहा हूँ। इस धृष्टता के लिए क्षमा प्रार्थी हूँ। मैं अन्तिम बार अपना दुखड़ा आपको लिख रहा हूँ, आपको और अधिक परेशान नहीं करूँगा।'

मैं बासन्ती देवी के नाम सुभाष के लिखे इस पत्र का शेष हिस्सा भी यहाँ उद्धृत कर रहा हूँ जिसमें वे अपनी इस माँ से अपने दृढ़ संकल्प को रेखांकित करने के साथ अपनी और देशवासियों की उस आकांक्षा की बेचैन अभिव्यक्ति करते हुए उनसे नेतृत्व स्वीकार करने का बार-बार आग्रह करते हैं, 'मैं सोचता था कि इस महीने के अन्त में अथवा नवम्बर के प्रारम्भ में आपके पास एक बार जाऊँगा, परन्तु अब देखता हूँ कि आने से कोई लाभ नहीं होगा। अपना मार्ग स्वयं ही खोजना पड़ेगा। जो अपनी शक्ति के बाहर है उसके लिए प्रयास करने से कोई लाभ नहीं। बंगाल का दुर्भाग्य न होता तो थोड़े समय में कांग्रेस की यह दुर्दशा न हुई होती। एक बात और कहकर मैं पत्र को समाप्त करता हूँ। मैंने जीवन में कभी किसी की खुशामद नहीं की। दूसरों को अच्छी

लगने वाली बातें करना मुझे नहीं आता। अपने नेता के जीवन-काल में जब सब लोग उनको सन्तुष्ट करने के लिए मनचाही बातें किया करते थे तब भी मैं अप्रिय सत्य कहकर उनसे लड़ता रहता था। आपको सन्तुष्ट करने के लिए मैंने न तो कोई बात कही है और न कभी कहूँगा ही। देशवासी आपको चाहते हैं, आपके ऊपर उनकी अपार श्रद्धा है। सब दल आपकी बात मानेंगे, आपका स्वागत करेंगे। मैंने ये सब बातें सत्य समझकर और विश्वास करके आपको बता दी हैं। सन्तुष्ट करने या आपकी खुशामद करने के लिए ये बातें नहीं कही गईं और न ही कभी कहूँगा। आप यह समझ लें कि देशवासियों के हृदय में आपका क्या स्थान है, देश में आपकी क्या स्थिति है, इसीलिए आपको ये सब बातें लिखी हैं। मैं नहीं चाहता कि देश में कोई दल आपकी स्थिति का नाजायज़ लाभ उठाये। यदि ऐसी आशंका होती कि कोई भी दल ऐसा करके अपना प्रभाव जमाना चाहता है तो उसके सम्बन्ध में भी मैं आपको बता देता। आपको कोई दल विशेष ही नहीं अपितु सम्पूर्ण देश चाहता है। आप देश की अमूल्य सम्पत्ति हैं, अतएव हम आपको सदैव दलबन्दी से मुक्त रखना चाहते हैं। देश आपका अनुसरण करने के लिए ही आपका नेतृत्व चाहता है। आपका भी एक व्यक्तित्व है, देशबन्धु के जीवनकाल में भी आपका अपना व्यक्तित्व था, इसी कारण आपकी शक्ति पर जनसाधारण को इतना विश्वास है। देश का विचारवान वर्ग आपका नेतृत्व अकारण ही नहीं चाहता। वे आपके प्रति अन्याय भी करना नहीं चाहते। वे नहीं चाहते कि आपको प्रत्येक रास्ते और पड़ाव पर भाषण करते हुए घूमना पड़े। वे तो देश के कार्यों में आपकी आस्था और उत्साह चाहते हैं, आपका उपदेश और परामर्श चाहते हैं। वे तो संसार में यह घोषणा करना चाहते हैं कि देशबन्धु के आरम्भ किए हुए कार्य को आपने व्रत के रूप में ग्रहण कर लिया है। वे तो केवल यह देखना चाहते हैं कि देशबन्धु की आशाएँ और आकांक्षाएँ आपके जीवनकाल में ही पूर्ण हो जाएँ। जिन लोगों ने सुख-दुःख में देशबन्धु का अनुसरण किया है, वे आज भी उसी त्याग के साथ, आपका अनुसरण करने को तत्पर हैं। यदि आपको मेरे कथन का विश्वास न होता हो तो एक बार परीक्षा करके देख लीजिए। आपके संकेत पर बंगाल चलता है अथवा नहीं, इस बात की परीक्षा आप जब चाहें तब कर सकती हैं। जाने दीजिए, मैंने बहुत-सी बातें लिख दीं, कुछ मर्यादा के विरुद्ध भी कह गया हूँ, उसके लिए क्षमा कीजिएगा। मैं किराए का सैनिक

नहीं हूँ। सहज में ही कहीं आत्मसमर्पण नहीं करता परन्तु जहाँ करता हूँ वहाँ से सरलता से लौटता भी नहीं। मेरे त्याग और मेरी उदारता पर आपका सदैव अधिकार रहेगा। आप उसका उपयोग करें या न करें यह आपकी इच्छा पर निर्भर है। इस समय मुझे अपना मार्ग स्वयं ही निश्चित करना पड़ेगा। वह मार्ग मुझे कहाँ ले जाएगा यह मैं अभी तक निश्चित नहीं कर पाया हूँ।'

सुभाष के माँ के नाम 38/1, एलगिन रोड, कलकत्ता से बृहस्पतिवार, 20 अक्टूबर, 1927 तथा 24 अक्टूबर, 1927 के पत्र नितांत व्यक्तिगत हैं जिनमें वे शिलांग से मिले उनके पत्र का उत्तर देते हुए घर-परिवार की बातें करते हैं। इसके बाद ई. रोड, जमशेदपुर से 3 अक्टूबर और 15 अक्टूबर तथा 7 नवम्बर, 1928 के पत्रों में वे माँ को कुशलता का समाचार भेजने तथा उनका हालचाल जानने के सम्बन्ध में लिखते हैं। ऐसा ही एक पत्र 16 जून, 1929 को शिलांग से लिखकर माँ से आशीर्वाद माँगते हुए पुनः यही दोहराते हैं कि 'मेरे सामाजिक जीवन का एकमात्र आधार मेरे बन्धु, सखा और गुरु आज नहीं रहे। आज तो मैं एकदम अकिंचन हूँ। इस अकिंचन का एकमात्र आश्रय तुम्हीं हो। प्रतिकूल परिस्थितियों में, अनेक प्रकार के घात-प्रतिघातों में, सर्वस्व खो देने पर भी, कभी तुम्हारे स्नेह से वंचित न रहूँ बस यही कामना है।' वे यह भी पूछते हैं कि विचार करके बताना कि मैं किस मार्ग का पथिक बनूँ?

अंत में माँ बासन्ती देवी के नाम सुभाष के छह और पत्रों का उल्लेख करना चाहूँगा जिनमें पहला बंगाल प्रान्तीय कांग्रेस कमेटी के पते से भेजा गया है। इस पत्र पर तार का पता : 'बीपीसीसी' फ़ोन नं. 2952 बड़ा बाज़ार, कलकत्ता छपा है। 5 नवम्बर, 1929 को लिखे गए इस पत्र के मजमून में वे माँ को यह सूचित करते हैं कि जान पड़ता है कि 'इस बार तो महात्मा जी के प्रभाव में आकर जवाहरलाल ने स्वतंत्र रूप से विचार करना ही छोड़ दिया है।' वे यह भी लिखते हैं कि '16 और 17 नवम्बर को होने वाले निर्वाचन में सेनगुप्त और उनका दल उन्हें बीपीसीसी से खदेड़ने के लिए प्राणप्रण से प्रयास कर रहे हैं। देखिए क्या होता है। सम्भवतः हम पराजित नहीं होंगे।' वुडबर्न पार्क, कलकत्ता से 9 दिसम्बर, 1929 को लिखे अपने दूसरे पत्र में वे माँ को यह अवगत कराते हैं कि 'सेनगुप्त के दल का उन्हें अपदस्थ और ध्वस्त करने का झगड़ा पण्डित मोतीलाल जी को सौंप दिया गया है जबकि हमने

चुनाव में कोई अन्याय नहीं किया, फिर भी न जाने क्यों, पण्डित जी सेनगुप्त का समर्थन करते प्रतीत होते हैं।' वे लिखते हैं कि 'आपका स्नेहाशीर्वाद मुझे मनुष्य बना दे, बस यही कामना है।''

इसके बाद लाहौर जाते हुए वे फिर माँ को 24 दिसम्बर, 1929 को पत्र में अपने को 'आपकी अयोग्य सन्तान' लिखते हुए सूचित करते हैं, 'निश्चित रूप से यह नहीं कहा जा सकता कि अन्त में क्या होगा? परन्तु स्मरण रहे कि सन्तान की विजय का अर्थ माँ की विजय है, सन्तान की पराजय का तात्पर्य है माता की पराजय।' इसके बाद कलकत्ता लौटकर वे 6 जनवरी, 1930 के पत्र में लिखते हैं, 'माँ, मैं आज सवेरे यहाँ लौट आया हूँ। आज ही मुकदमा फिर शुरू हुआ है।' इसी मुकदमे में सुभाष को एक वर्ष के कारावास का दण्ड मिला तो अलीपुर कोर्ट से 23 जनवरी, 1930 के अपने पत्र में वे इसकी खबर देते हुए माँ की अस्वस्थता पर चिन्तित होकर उनसे कलकत्ता जाकर डॉ. राय से इलाज कराने का अनुरोध करते हैं।

माँ बासन्ती देवी के सब पत्र सुभाष को मिल जाते रहे और वे उनके प्रत्युत्तर में माँ को कुछ-न-कुछ ज़रूरी तौर पर लिखते। 7 नवम्बर, 1930 के कलकत्ता से लिखे अपने अंतिम पत्र में वे माँ से मिलने की इच्छा व्यक्त करते हुए कहते हैं कि आप कब आयेंगी?

यह अजब है कि सुभाष ने देश से बाहर जाने के लिए जब कलकत्ता में अपना घर छोड़ा तो इसकी खबर उन्होंने अपनी माँ प्रभावती देवी को भी नहीं दी। सुभाष 2 जुलाई, 1940 को देशद्रोह के आरोप में पकड़ लिए गए थे लेकिन 29 नवम्बर को उन्होंने अपनी गिरफ़्तारी के विरोध में भूख हड़ताल शुरू कर दी थी। तब एक सप्ताह के बाद 5 दिसम्बर को गवर्नर जॉन हरबर्ट ने एक एंबुलेंस में उन्हें घर भिजवा दिया ताकि अंग्रेज़ सरकार पर यह आरोप न लगे कि उनकी जेल में मृत्यु हुई। वहाँ घर पर पुलिस का पहरा था, लेकिन 16-17 जनवरी, 1941 को रात के अंधेरे में जब पूरा कलकत्ता सो रहा था, वे एलगिन रोड वाले अपने घर में चुपके से भेष बदल कर अपने भतीजे शिशिर कुमार बोस के साथ दाढ़ी बढ़ाए हुए जियाउद्दीन के रूप में वॉरडर कार बीएलए 7169 से गोमोह के लिए निकल गए। चलने से पहले अपने भतीजे का हाथ पकड़ कर उन्होंने सिर्फ़ यही कहा था, ''आमार एकटा काज कौरवे पारबे?'' यानी

‘‘क्या तुम मेरा एक काम करोगे?’’ और शिशिर ने इसके लिए हामी भर दी। धनबाद के निकट गोमोह स्टेशन के अपेक्षाकृत शान्त और छोटा होने से वहाँ रेल पर चढ़ना उनके लिए अधिक सुविधाजनक व सुरक्षित था। जिस माँ को वे घर पर छोड़ आए उनका 29 दिसम्बर, 1943 को निधन हो गया, लेकिन आज़ाद हिन्द फ़ौज के विराट अभियान के चलते सुभाष कब और कहाँ लापता हो गए यह किसी को पता नहीं चला। वे माँ के पास फिर कभी नहीं लौटे।

और सुभाष की दूसरी माँ बासन्ती देवी कलकत्ता में 7 मई, 1974 को नहीं रहीं। अपने पुत्र सुभाष के लिए उनकी प्रतीक्षा तो अनन्त थी।

क्रांतिकारी
खुदीराम बोस

बंगाल की धरती के उस तरुण शहीद ने अपने जीवन-संग्राम से भारतीय क्रांतिकारी आंदोलन के इतिहास में ऐसी अमिट इबारत रच दी जिसने एक समय पूरे देश को झंकृत कर दिया। नाम था उसका खुदीराम बोस। 3 दिसम्बर, 1889 को बंगाल के मिदनापुर ज़िले में पिता त्रैलोक्यनाथ बोस के घर जन्मे और 11 अगस्त, 1908 को मुज़फ़्फ़रपुर केन्द्रीय कारा में हँसते हुए फाँसी पर चढ़ने वाले इस बहादुर क्रांतिकारी ने अपनी उम्र के 18 वर्ष भी पूरे नहीं किए थे। उसने अपने साथी प्रफुल्ल चाकी के साथ मुज़फ़्फ़रपुर में तैनात ज़िला मजिस्ट्रेट किंग्स .फ़ोर्ड की गाड़ी पर बम फेंका जिसमें किंग्स बच गया। वे दोनों साथी इस घटना को अंजाम देने के बाद भाग निकले लेकिन बाद में खुदीराम को पूसा रेलवे स्टेशन के पास गिरफ़्तार कर लिया गया तथा चाकी मोकामा स्टेशन पर पुलिस से घिर कर 2 मई, 1908 को सन्मुख युद्ध में मारे गए। खुदीराम जेल में थे तब चाकी का सिर काट कर उनके सम्मुख शिनाख़्त के लिए पेश किया गया जिसे देखकर वे सन्नाटे में आ गए—"अरे, चाकी मारा गया।" बस पूरी हो गई शिनाख़्त की कार्यवाही। चाकी पूर्वी बंगाल के बोगरा में बिहर गाँव के रहने वाले थे और शहादत के समय उन्होंने 20 वर्ष भी पूरे नहीं किए थे। खुदीराम पर मुकदमा चला जिसमें उसने अपने जुर्म को स्वीकार किया, कोई कमज़ोरी नहीं दिखाई, न वकील के रहने पर बयान बदलने को तैयार हुए और घुँघराले बालों वाला वह तरुण मुस्कराते-खिलखिलाते हुए मुज़फ़्फ़रपुर जेल के

फाँसीघर के क्रूर फन्दे में झूल गया।

खुदीराम की माँ तो उसके बचपन में ही नहीं रही थीं। उसके बाद उसकी बहन अपरूपा ने उसे पाला और बड़ा करते हुए माँ का पूरा दायित्व निभाया। हमें तलाश करने पर भी शहीद खुदीराम की माँ का कोई चित्र नहीं मिल सका। बहन अपरूपा के चेहरे में ही हम उस अदेखी जननी का रंग-रूप और उसके नाक-नक्श ढूँढ़ते रहे।

अब मोकामा स्टेशन पर प्रफुल्ल चाकी का स्मारक है तो पूसा रेलवे स्टेशन खुदीराम के नाम से जाना जाता है। मुज़फ़्फ़रपुर में उस स्थान पर भी खुदीराम और चाकी की प्रतिमाएँ लगा दी गई हैं जहाँ से उन्होंने किंग्स फ़ोर्ड पर बम फेंका था।

खुदीराम बोस की माँ लक्ष्मीप्रिया देवी

एक बार बिदाय दे मा घुरे आसी

उस माँ की कोई तस्वीर हमारे सामने नहीं है जिसने खुदीराम बोस को जन्म दिया था। हम उस चेहरे-मोहरे की सिर्फ़ कल्पना कर सकते हैं जिसके दो बेटों की असमय मृत्यु के बाद घर में नवजात बेटे की खुशी आई जिसे 'खुदीराम' नाम दिया गया, लेकिन इस बच्चे की माँ लक्ष्मीप्रिया देवी सिर्फ़ छह वर्ष तक ही उसे पाल-पोस सकी। 17 अक्टूबर, 1895 को उनका निधन हो गया। उनके न रहने के बाद पिता ने दूसरा विवाह कर लिया। ऐसे में खुदीराम के लालन-पालन के लिए उनकी बड़ी बहन अपरूपा ने आगे आकर उन्हें माँ की तरह सँभाल लिया। खुदीराम के मन में इस बहन के प्रति बहुत अपनापा था। फिर उनकी एक और माँ बनी कलकत्ते की मुस्लिम महिला जिसने खुदीराम को कठिन समय में आश्रय दिया। लेकिन खुदीराम ने तो इस सबसे आगे बढ़कर मातृभूमि को ही अपनी माँ मान लिया था जिसे बंधनमुक्त कराने के लिए वे 11 अगस्त 1908 को मुज़फ़्फ़रपुर जेल में 'बिदाय दे माँ!' कहते हुए फाँसी पर चढ़ गए।

खुदीराम को जन्म देने वाली माँ के बारे में जानने के लिए हमारे पास बहुत कम सूत्र हैं जबकि उनके जन्म की कथा बड़ी विचित्र है। उनकी बड़ी बहन अपरूपा के लिखे विवरण में हमें यह मिलता है, 'मंगलवार 3 दिसम्बर, 1889 को शाम पाँच बजे के आस-पास खुदीराम पैदा हुआ था। वह हम लोगों

के लिए अपार खुशी का दिन था। उसके पहले हमारे दो भाई एक-एक करके मर चुके थे, लेकिन हम तीन बहनें ठीक-ठाक बची रहीं। सो जब वह हमारा भाई पैदा हुआ तो हम बहुत खुश हुए। मैंने अपने नवजात भाई को तीन मुट्ठी खुद्दी (चावल के छोटे-छोटे टुकड़े) देकर खरीद लिया। हमारे समाज में एक रिवाज था कि अगर किसी घर में लड़के जीवित नहीं रहते तो माँ उसे बेचने का स्वांग करती है। कोई भी उसे खुद्दी या कुछ ऐसी चीज़ देकर खरीद सकता है। सो मैंने ही अपने भाई को तीन मुट्ठी खुद्दी देकर खरीद लिया। इसलिए उसका नाम खुदीराम पड़ा। मेरे पिता त्रैलोक्यनाथ बोस अपने जन्म स्थान मोहबनी गाँव को छोड़कर मिदनापुर शहर के हबीबपुर मुहल्ले में आ बसे थे। वह नारजोल राजा के दरबार में तहसीलदार थे। हम सभी मिदनापुर में ही पैदा हुए थे। हमारी माँ लक्ष्मीप्रिया देवी का मायका कलाग्राम था। हम तीन बहनें थीं—सरोजनी, ननीबाला और मैं। बाद में मेरी शादी हो गई। खुदीराम के जन्म के कुछ दिनों के बाद मुझे अपनी ससुराल हाटगछिया जाना था। लेकिन जब भी ससुराल जाने की बात होती, दुबला-पतला, साफ़ रंग और सर पर मुट्ठी भर घुँघराले काले बालों (जिन्हें मुंडन करवाने के लिए रख छोड़ा गया था) वाला खुदीराम मेरी छाती से आ चिपकता और अपनी नन्ही-नन्ही बाँहों से जकड़ कर मुझे जाने नहीं देता। वह बुरी तरह रोता—इतना कि मुझे भी रुलाई आ जाती। खुदीराम के जन्म के एक वर्ष आठ महीने के बाद मेरा बेटा ललित पैदा हुआ। शुक्रवार 18 अक्टूबर, 1895 को हमारी माँ का देहांत हो गया। यद्यपि हमारे पिता ने दूसरी शादी कर ली, लेकिन माँ का सदमा उन्हें इतना गहरा लगा था कि कुछ महीनों के बाद वे चल बसे। उस समय तक ननीबाला की भी शादी नहीं हुई थी और खुदीराम करीब छह बरस का था। ये बच्चे असहाय हो गए। स्वाभाविक ही था कि उन बच्चों की ज़िम्मेदारी मेरे ऊपर आ जाती। तब हम लोग मिदनापुर से हाटगछिया आ गए। खुदीराम मेरे संरक्षण में पलने लगा। उस वक्त वह साफ़ रंग का, दुबला-पतला बच्चा था, जिसके माथे पर काले घुँघराले बालों की लटें थीं और जिसके घुटनों में लोहे का कड़ा था जो उसे बीमारी से बचाने के लिए था। हम लोग हाटगछिया में अधिक दिन तक नहीं रहे। मेरे पति का तबादला तामलुक हो गया। वहाँ खुदीराम और ललित, दोनों को तामलुक हैमिल्टन हायर इंग्लिश स्कूल में दाखिला दिलवा दिया गया।

'खुदीराम बचपन से ही बहुत शरारती था। उसका पढ़ाई की ओर ध्यान नहीं रहता था—सिर्फ़ खेल और खेल! फिर एक वक्त आया कि उसका ध्यान पढ़ाई की ओर मुड़ गया। लगता था कि वह समाधिस्थ हो गया है।

'1904 में हम लोग मिदनापुर आ गए। ललित और खुदीराम को मिदनापुर के लेजिएट स्कूल में सातवीं क्लास में दाखिला दिलवाया गया। इन्हीं दिनों खुदीराम में शारीरिक व्यायाम के प्रति आकर्षण पैदा हुआ। पैरेलल बार से उसे खास लगाव था। जब तत्कालीन गवर्नर मिदनापुर आए तब जिम्नास्टिक का प्रदर्शन हुआ। खुदीराम का प्रदर्शन सर्वश्रेष्ठ रहा। उसी प्रदर्शन की बदौलत गवर्नर ने खुदीराम के ड्रिल मास्टर रामचंद्र सेन के वेतन में पाँच रुपयों का इज़ाफ़ा कर दिया था। एक दिन वह हमें बिना बताए कहीं चला गया। काफ़ी दिनों तक उसकी कोई खबर नहीं मिली। फिर एक रोज़ उसकी चिट्ठी मिली, "मेरी प्यारी बहन, अब यह मेरे लिए संभव नहीं है कि मैं एक साधारण गृहस्थ की ज़िन्दगी जिऊँ, और न ही मेरी आगे की पढ़ाई जारी रखने की इच्छा है। तो क्यों मैं आप पर बोझ बन कर रहूँ? सो मैंने संन्यास लेने का फ़ैसला कर लिया है!"

'तो खुदीराम, मेरा प्यारा छोटा भाई, संन्यासी बनने निकल पड़ा! लेकिन नहीं, वह ईश्वर की खोज में नहीं निकला था। वह तो अपने देश के लोगों को निकट से जानने-समझने निकला था।

'काफ़ी दिनों बाद वह लौटकर आया। उसने बताया कि यहाँ से निकलने के बाद वह बांकुड़ा के एक बहुत गरीब किसान के घर रहने लगा था। उस घर का मुखिया बूढ़ा और अशक्त था। उसके पास ज़मीन तो थी, लेकिन काम करने वाले हाथ नहीं थे, सो वह परिवार भूखों मर रहा था। वहाँ कोई नहीं था जो उसकी मदद करता। खुदीराम से यह देखा नहीं गया। वह वहीं रहकर वह सब कुछ करने लगा जो उसने उसके पहले कभी नहीं किया था। पूरे एक महीने तक वह खेत की जुताई-बोआई करता रहा। उनके लिए और भी आवश्यक व्यवस्था करके वह मिदनापुर वापस आ गया। इस दौरान लगातार परिश्रम की वजह से उसका स्वास्थ्य चौपट हो गया था। जिस स्वास्थ्य को उसने बहुत परिश्रम और लगन से तैयार किया था, वह नष्ट हो गया था। पैरलल बार, डम-बेल्स, जिम्नास्टिक, ड्रिल और लाठी चलाने के साथ उसने अपने शरीर को बहुत शक्तिशाली बना लिया था। लेकिन इसकी उसे फ़िक्र

नहीं थी, क्योंकि उसने वह पा लिया था जिसकी उसे चाह थी।

'फिर कुछ ऐसी घटनाएँ घटीं जिनसे मैंने समझना शुरू कर दिया था कि वह मातृविहीन, लोहे के कड़े पहनने वाला, घुँघराले बालों वाला खुदीराम मेरी पकड़ से बाहर जा रहा है। तब मैं भयभीत, उसके ऊपर निगरानी रखने लगी। उसके बारे में कुछ भी सुनती तो बेचैनीपूर्वक सारी बातें जानने का प्रयास करती और उन सब बातों को अपने हृदय की गहराइयों में छुपा कर रखती, अपने पति से भी और पुलिस की पूछताछ से भी।

'बाद के दिनों में तलाशी के दौरान पुलिस उसकी आखिरी चिट्ठी मुझसे छीन ले गई। उसकी आखिरी निशानी—घर, जो कभी हमारा था, पंचेतगढ़ के ज़मींदार ने अपना बकाया वसूलने के लिए नीलामी में बेच दिया।

'खुदीराम को मैंने तीन मुट्ठी खुद्दी देकर खरीदा था। मेरे मन की दबी चाह यही थी कि वह सिर्फ़ मेरा होकर रहे। उस पर सिर्फ़ मेरा अधिकार रहे लेकिन मुझे इसका पता नहीं था कि वह तो देश के लोगों के हाथों खरीदा जा चुका है। मैंने उसे तीन मुट्ठी चावल के टुकड़ों से खरीदा था लेकिन देश के निर्भीक लड़कों ने उसे मुट्ठी भर खून से खरीद लिया था।'

ये उस बहन के उद्गार थे जो बचपन में उनकी माँ सरीखी बन गई थी...

खुदीराम की क्रांतिकथा शुरू होती है जब जज डगलस किंग्सफ़ोर्ड बंगाल में अदालत का हाकिम था जहाँ उसने अनेक देशभक्तों को कड़ी सज़ाएँ दी थीं। क्रांतिकारियों ने तय किया कि किंग्स से इसका बदला लिया जाए, जिसकी ज़िम्मेदारी खुदीराम और प्रफुल्ल चाकी जैसे दो किशोर विप्लवियों को सौंपी गई। इस बीच किंग्स का तबादला मुज़फ़्फ़रपुर हो गया, पर सत्रह वर्ष के खुदीराम ने हिम्मत नहीं हारी। वे मुज़फ़्फ़रपुर में मोती झील की किशोर मोहन बनर्जी धर्मशाला में ठहरकर किंग्स के आने-जाने का पता लगाने लगे। यहाँ उन्होंने अपने नाम दुर्गादास और दिनेश रख लिए थे। यूरोपियन क्लब (अब मुज़फ़्फ़रपुर क्लब) का रास्ता उन्होंने देख लिया था। दोनों युवाओं ने गाड़ी के रंग की शिनाख़्त कर उस पर बम फेंक दिया जिसमें किंग्स न होकर एक महिला श्रीमती कनेडी और उनकी बेटी मारी गईं। शराब के नशे में धुत किंग्स फ़ोर्ड उस दिन क्लब में ही पड़ा था। पुलिस के दो सिपाहियों ने दूर तक खुदीराम और चाकी को पकड़ने का प्रयास किया लेकिन वे इसमें

असफल रहे। दोनों क्रांतिकारी 25 कि.मी. निकल जाने के बाद एक जगह कुछ चना-चबेना लेने के लिए ठहरे कि किंग्स के बच जाने का उन्हें पता लगा। एकाएक उनके मुँह से निकल पड़ा, "अरे, डगलस बच गया।" लोगों को उन पर संदेह हुआ। वहाँ मौजूद सिपाही पकड़ने दौड़े तो खुदीराम उनके हाथ आ गए लेकिन चाकी गोलियाँ चलाते हुए भाग निकले। वे समस्तीपुर तक आए जहाँ एक सज्जन ने टिकट लेकर उन्हें ट्रेन में बैठा दिया। बाद में मोकामा स्टेशन पर पुलिस से घिरकर उन्होंने मुकाबला किया और आखिरी बची गोली खुद को मारकर शहीद हो गए। पुलिस उपनिरीक्षक एन.एन. बनर्जी उनका सिर काट कर मुज़फ़्फ़रपुर जेल में ले गए जहाँ खुदीराम ने देखते ही चाकी के चेहरे को प्रणाम किया। बस, शिनाख़्त पूरी हो गई। इसके बाद चाकी का सिर अदालत में पेश किया गया। मुकदमे में बम फेंकना खुदीराम ने खुद स्वीकार किया। अदालत में प्रफुल्ल चाकी के पास मिला छोटा रिवॉल्वर भी पेश किया गया जिसे खोलने के लिए कलकत्ता से एक विशेषज्ञ को बुलाया गया था। यह बेल्जियम का बना था। बताया जाता है कि ज़िलाधीश वुडमैन को खुदीराम से हमदर्दी हो गई थी। ऐसा होने के कारण का पता नहीं, पर उसके आदेश से जेल के भीतर खुदीराम को मिठाइयाँ और फल इत्यादि भेजे गए। वकीलों को भी उनसे मिलने की छूट मिल गई। उन्हें पढ़ने की चीज़ें भी मुहैया कराई जाने लगीं। जेल से वे मुकदमे के लिए अदालत जाते तो रास्ते में उन्हें देखने वालों की भारी भीड़ होती। फ़ैसले में उन्हें मृत्युदंड की सज़ा मिली।

वकील सतीशचन्द्र चक्रवर्ती रंगपुर से खुदीराम के मुकदमे की पैरवी करने आए थे। वे खुदीराम से मिले तो उनसे हुई बातचीत में उस क्रांतिकारी युवक ने जो कुछ कहा वह इस प्रकार है, "मेरा घर मिदनापुर शहर में है। मेरे माता-पिता, चाचा, सबों की मृत्यु हो गई है। सिर्फ़ मेरी एक बड़ी बहन है। उनके कई बच्चे हैं। बड़ा मेरी ही उम्र का है। मेरी बहन की शादी बाबू अमृतलाल राय के साथ हुई है। वे मिदनापुर के जज के दफ़्तर में हैड क्लर्क हैं। वे ही मेरे एकमात्र रिश्तेदार हैं। एक दूर का रिश्तेदार भी है अविनाश चन्द्र बसु। वे भाई लगते हैं किन्तु उन्होंने हम लोगों से कभी कोई रिश्ता नहीं रखा। मैंने इंट्रेंस स्कूल से दूसरी कक्षा (वर्ग नौ) तक की पढ़ाई की, किन्तु दो-तीन बरस पहले मैंने पढ़ाई छोड़ दी। इसके बाद मैंने

स्वदेशी आंदोलन के लिए काम करना शुरू कर दिया। मेरे बहनोई ने इस कारण घर से निकाल दिया।''

यह पूछे जाने पर कि क्या वे किसी से मिलना चाहेंगे? खुदीराम बोले, ''हाँ, एक बार अपनी बहन और उसके बच्चों से मिलना चाहता हूँ।'' उन्होंने कहा कि उनके मन में किसी तरह का कोई पछतावा नहीं है। एक प्रश्न के उत्तर में वे यह भी बोले कि मैं किसी को सूचना देना नहीं चाहता। अगर वे स्वयं आना चाहें, आ सकते हैं। खुदीराम ने अपने ऊपर लगाए गए सारे आरोपों को स्वयं स्वीकार कर लिया था।

मुकदमे के दौरान पूरे समय खुदीराम निडर और निश्‍चिंत रहे। कहा जाता है कि इस अवधि में वे सिर्फ़ एक बार थोड़े से उत्तेजित दिखे थे जब किंग्स फ़ोर्ड गवाही के लिए अदालत में आया। उस समय वे सीधी, खामोश निगाहों से उसे देखते रहे जिस पर किंग्स फ़ोर्ड नज़रें चुराने लगा था। मुकदमे में सज़ा सुनाए जाने के समय तो वे अत्यंत शांत और अविचल थे। फाँसी का निर्णय सुनकर उनके चेहरे पर कोई भय का निशान नहीं था। उस समय होंठों पर हल्की मुस्कान तैर रही थी जिसे देखकर सभी दंग रह गए। जज ने कहा कि वे सात दिनों के भीतर अपील कर सकते हैं, पर इस कहे पर ध्यान न देकर वे एकाएक बोले, ''मुझे यहाँ उपस्थित लोगों से कुछ कहना है।'' जज ने कहा, ''लेकिन तुम्हें मैं इसके लिए कोई वक्त नहीं दूँगा, और न ही मैं सुनना चाहता हूँ।'' इस पर खुदीराम ने शरारत से मुस्कराते हुए कहा, ''अगर आप मुझे इजाज़त दें तो मैं बता सकता हूँ कि वह बम कैसे बनाया गया था।'' निकट खड़ा ब्रिटिश सार्जेंट इस पर बोला, ''वाह, क्या बहादुरी है!''

खुदीराम की फाँसी से पहले एक मुस्लिम महिला उनसे मिलना चाहती थी जिसने उन्हें अपने बहनोई के घर से निकाले जाने के बाद शरण दी थी। वह वकील सैयद अब्दुल वहीद की बहन थी जिन्हें कलकत्ता से दौड़े आने पर भी खुदीराम से भेंट करने की अनुमति नहीं मिली। वह खुदीराम के लिए माँ सरीखी थीं।

मुज़फ़्फ़रपुर जेल में फाँसी-स्थल खुली जगह में था जहाँ सिपाही पहरे पर थे। मृत्युदंड के समय सिर्फ़ दो व्यक्तियों को जाने की अनुमति दी गई जिनमें एक *बंगाली* के संवाददाता उपेन्द्र नाथ सेन थे। अपनी रपट में उन्होंने लिखा था, '11 अगस्त को सुबह 6 बजे फाँसी होनी थी। हम लोगों ने फाँसी

के वक्त जेल के अंदर उपस्थित रहने की अनुमति माँगी थी। साथ ही खुदीराम का हिन्दू रीति-रिवाजों के अनुसार अंतिम क्रियाकर्म करने की भी। वुडमैन ने इसके लिए दो लोगों को अनुमति दी। उन्होंने बारह लोगों को मृत शरीर ले जाने के लिए और अन्य बारह लोगों को अंत्येष्टि में शामिल होने की अनुमति दी। शवयात्रा के लिए मार्ग का भी निर्धारण कर दिया गया था।

'मुझे और क्षेत्रनाथ बनर्जी को फाँसी के वक्त मौजूद रहने की अनुमति मिली। बहुत ही गुप्त रूप से मैंने अपने घर में एक अर्थी (मृत शरीर को ले जाया जाने वाला बाँस का बना ढाँचा) बनाई थी। उसके सिरहाने मैंने नुकीले चाकू से वंदेमातरम् गोद दिया था। करीब 5 बजे अंत्येष्टि से संबंधित सामग्रियों के साथ मैं जेल के गेट पर पहुँचा। मैंने देखा कि चारों ओर के रास्ते लोगों से भरे थे। बहुतों के हाथों में फूल-मालाएँ थीं। जैसे ही जेल के दूसरे दरवाज़े से हम अंदर आए, हमारी नज़र थोड़ी दूरी पर दाहिनी ओर, ज़मीन से करीब पंद्रह फ़ीट ऊँचे फाँसी के तख्ते पर पड़ी। लोहे के दो मोटे खंभों पर, लोहे की एक छड़ बँधी हुई थी। उस छड़ के बीचोबीच एक मोटी रस्सी लटकी थी जिसके दूसरे सिरे पर फंदा था। तभी हमने देखा कि चार सिपाही खुदीराम को अपने साथ ला रहे हैं। खुदीराम आगे थे। ऐसा लग रहा था कि वे ही सिपाहियों को अपने साथ फाँसी के तख्ते पर ले जा रहे हों। हमारी ओर देख वे मुस्कुराए। उन्होंने स्नान कर लिया था। अपनी अँगुलियों से अपने काले, लंबे घुँघराले बालों को, जो जेल में और ज़्यादा लंबे हो गए थे, संवार लिया था।

'एक बार फिर उन्होंने हम लोगों की तरफ़ देखा। फिर उनके कदम दृढ़ता के साथ फाँसी के तख्ते की ओर बढ़ गए। जब वे ऊपर चढ़े, उनके हाथ रस्सियों से पीछे की ओर बाँध दिए गए। एक हरी टोपी सिर पर डाल दी गई। अब उनका चेहरा गर्दन तक ढँक गया था। फंदे को गर्दन में डालकर उसे कस दिया गया। खुदीराम उसी तरह खड़े रहे—निश्चल, ज़रा भी नहीं हिले! वुडमैन ने जल्लाद को देखा और रुमाल हिला कर संकेत किया...जल्लाद ने वहाँ कोने में लगे हैंडिल को घुमा दिया। तख्ता खिसक चुका था। कुछ क्षणों में खुदीराम का शरीर आँखों से ओझल हो गया।

'हम जेल से बाहर आ गए। करीब आधे घंटे के बाद जेल के युवा डॉक्टर अर्थी और नए कपड़े, जो हम मृत शरीर के लिए लाए थे, हमसे माँग

कर ले गए। कानून के मुताबिक फाँसी के बाद मृत शरीर की ठुड्डी पर एक चीरा लगाया जाता था, ताकि यह देखा जा सके कि क्या मृत्यु नीचे गिरने के साथ ही हुई है? डॉक्टर ने चीरे को सिल दिया तथा जीभ और आँखों को सही स्थिति में ला दिया था। उन्होंने नए कपड़े बदल दिए थे और मृत शरीर को अर्थी पर डाल जेल के बाहर हमारे हाथों सौंप दिया।

'हम पूर्व निर्धारित मार्ग से श्मशान घाट की ओर चल पड़े। थोड़ी-थोड़ी दूर के अंतराल पर सड़क के दोनों किनारे पुलिस के सिपाही खड़े थे। उनके पीछे सुरक्षा-व्यवस्था को धता बताते हुए हज़ारों लोग उस बहादुर आत्मा की आखिरी झलक पाने को खड़े थे। श्मशान घाट पहुँचने तक फूलों की बारिश होती रही। एक जमादार के नेतृत्व में बारह कांस्टेबलों का एक दल श्मशान घाट पर अंत्येष्टि के वक्त मौजूद रहा।

'शरीर को चिता पर रखने के पहले हमने उन्हें बिठाकर नहलाने की कोशिश की, किंतु सिर रीढ़ की हड्डी से अलग हो छाती पर लटक गया था। गहरी पीड़ा के साथ मैंने सिर को नियम स्थान पर रखे रहने की कोशिश की। मित्रों ने नहलाने की प्रक्रिया पूरी की। शरीर को चिता पर रखा गया। उसे फूलों से ढँक दिया गया। सिर्फ़ खुदीराम का मुस्कुराता चेहरा भव्य आभा लिए बाहर दिख रहा था। चिता को आग लगाई गई। शरीर को राख बनते अधिक वक्त नहीं लगा।'

और देखते-ही-देखते खुदीराम शहीदों की उस बड़ी टोली में जा मिले। मृत्यु के समय वे मात्र 18 वर्ष के थे। उनके मरने से पहले शायद वहाँ यही शब्द गूँज रहे थे—'हांसी हांसी चोड़बो फाँसी, देखबे भारतबासी। एक बार बिदाय दे मा, आमि घुरे आसी।' कहा जाता है कि घुँघराले बालों वाला वह किशोर शहीद जनता के बीच इतना लोकप्रिय था कि उसकी चिता की भस्म लेने के लिए मुज़फ़्फ़रपुर में दाह स्थल पर लोगों की होड़ लग गई। माताओं ने अपने बच्चों के गले में उनकी राख के ताबीज बाँधे। तब बंगाल के जुलाहे एक खास किस्म की धोती बुनने लगे थे जिनके किनारे पर 'खुदीराम' लिखा होता था। वह युग था जब स्कूल-कॉलेज में पढ़ने वाले लड़के इन धोतियों को पहन कर सीना तान कर चला करते थे।

मुज़फ़्फ़रपुर में अब उस जेल को 'शहीद खुदीराम बोस केन्द्रीय कारा' का नाम दे दिया गया है जिसके भीतर खुदीराम को फाँसी पर चढ़ाया गया था।

यहाँ शहीद की काल कोठरी है और कारागार परिसर में अब उनकी प्रतिमा भी स्थापित है। प्राय: उस फाँसीघर और उनकी कोठरी को देखने की जेल अधिकारी अनुमति नहीं देते। मुज़फ़्फ़रपुर से 30 कि.मी. दूर वैनी (पूसा रोड) जहाँ खुदीराम पकड़े गए थे वहाँ आसपास के कुछ लोगों ने चंदा इकट्ठा करके उनका एक बुत लगवा दिया है लेकिन उसकी देखरेख की कोई व्यवस्था नहीं। इस रेलवे स्टेशन का नाम अब 'खुदीराम बोस पूसा' है।

अपने साथी प्रफुल्ल चाकी के साथ मुज़फ़्फ़रपुर में जिस जगह से 30 अप्रैल 1908 को ज़िला जज के बंगले के बाहर खुदीराम ने जज डगलस किंग्स फ़ोर्ड पर बम फेंका था वहाँ सड़क किनारे एक छोटी-सी छत के नीचे उनकी प्रतिमाएँ लगी हैं लेकिन वे उनके चित्रों से मेल नहीं खातीं। खुदीराम के चेहरे पर सुपरिचित बाल सुलभ कोमलता नदारद है और चाकी के खामोश और दृढ़ संकल्पों से बिंधे होंठों की भी हम शिनाख़्त नहीं कर पाते। एक साधारण यात्री शेड जैसे इस उपेक्षित-से स्मारक को देखना हमारे लिए पीड़ादायक भी है।

खुदीराम के जीवन, कार्यों और उनके बलिदान पर अनेक लोकगीत रचे गए। चन्द्रप्रकाश 'जगप्रिय' ने अपनी एक लोक रचना में कहा है—"खुदीराम के कथा सुनो/भारत माय के व्यथा सुनो। खुदीराम बच्चै सें वीर/दुश्मन के छाती में तीर..."

बांग्ला भाषा में इस शहीद पर कई पुस्तकें लिखी गईं, जिनमें शैलेश दे, हेमचंद्र कानूनगो, भूपेन्द्र किशोर, रक्षित राय, ईशानचंद्र महापात्र, दीपक राय, विप्लव चक्रवर्ती तथा नगेन्द्र कुमार गुहाराय का लिखा विशेष महत्त्व रखता है। इन पुस्तकों को हिन्दी में छापने के प्रयास नहीं हुए। ज़िलाधीश और मजिस्ट्रेट के समक्ष दिए गए खुदीराम के सब बयान बांग्ला में थे जो अब मूल रूप में उपलब्ध नहीं हैं। सरकारी रिकॉर्ड में उनका अंग्रेज़ी अनुवाद ही सुरक्षित है। बांग्ला में खुदीराम की शहादत पर जो गाना लिखा गया वह पूरे बंगाल और देश भर में गूँजा—

एक बार बिदाय दे मा आमि घुरे आसी।
हांसी-हांसी चढ़बो फाँसी, देखबे भारतबासी॥
कलेर बोमा तैरी करे,
दाड़िए छिलाम रास्तार धारे मा गो,

बड़ लाटके मारते गिए मा,
मारलाम इंगलैंड बासी॥
शनिवार बेला दसटार परे,
जजकोटेते लोक ना धरे मा गो,
होलो अभिरामेर दिप चालान मा,
खुदीरामेर फाँसी॥
चार लाख तेतीस कोटी,
रोइलो मा तोर बेटा-बेटी मा गो,
तादेर निए कोरिस मा,
बौदेर कोरिस दासी॥
दस मास, दस दिन परे,
तखन यदि ना चिनते पारिस,
देखबी गलाय फाँसी॥
एक बार बिदाय दे मा घुरे आसी॥

इस गीत की पंक्तियों ने देश की न जाने कितनी माँओं को रुलाया। खुदीराम की माँ लक्ष्मीप्रिया देवी और उनकी दूसरी जननी 'भारत माता' को समर्पित यह सबसे बड़ी काव्यमय श्रद्धाँजलि है। इसका रुदन हमें झकझोर देता है। इसे सुनते हुए हम संवेदना के उस धरातल पर जा पहुँचते हैं जहाँ मन द्रवित हो जाता है। खुदीराम का यह अप्रतिम बलिदान हमारे मुक्तियुद्ध की सबसे प्रेरक थाती है। बांग्ला के विद्रोही कवि काज़ी नज़रुल इस्लाम ने 18 वर्षों बाद खुदीराम की माँ को याद करते हुए एक मर्मस्पर्शी लेख लिखा जिसमें फाँसी चढ़ने वाला यह क्रांतिकारी अपनी माँ से कुछ कहता है—

> एक शांत, स्थिर किशोर अपनी नियति से मिलने जा रहा है। फाँसी का झूलता हुआ फंदा उसका इंतज़ार कर रहा है। वह अविचलित किशोर अपनी माँ से प्रार्थना करता हुआ गाता है—
> माँ अठारह महीनों के बाद मैं मौसी के घर जन्म लूँगा। उस समय अगर तुम मुझे पहचान नहीं पाओ—तो मेरे गले में जल्लाद के फंदे का दाग देख लेना।
> इस हृदयविदारक गीत से किसी भी माँ की आँखों में आँसू आ

सकते हैं। इस किशोर शहीद का पुनर्जन्म कहीं ज़रूर हुआ होगा। और फिर से जन्मा खुदीराम भारत माता की सेवा की तैयारी कर रहा होगा। क्या मैं इस देश की माताओं से पूछ सकता हूँ—तुममें से कौन खुदीराम की माँ है? क्या तुम अपने बेटे की गर्दन पर कसे फाँसी के फंदे की कल्पना कर सकती हो? खुदीराम ने अपनी माँ को उस वक्त खो दिया था—जब वह मात्र छह वर्ष का था, किंतु वह उस वक्त की हर माता में अपनी माँ का चेहरा तलाशता था। माँ की ममता की उसकी लालसा अधूरी ही रही।

'मैं फिर जन्म लूँगा,' उसने विदा लेते वक्त कहा था—किंतु वह संवेदनशील बालक मूर्ख था। अपने आसपास के लोगों की उपेक्षा से आहत उस लड़के ने आत्म बलिदान का रास्ता चुना था और उसकी आँखों में एक बूँद आँसू तक नहीं दिखा। दुख है कि किसी ने भी उसके हृदय की पीड़ा को समझने का प्रयास नहीं किया। सबों ने सिर्फ़ उसका मुस्कराता हुआ चेहरा ही देखा। जब फाँसी का वक्त आया उस वक्त भी खुदीराम फाँसी के फंदे की प्रशंसा ही कर रहा था। वह बालक इतना दुस्साहसी था कि उसने अपने अंदर की भावना को बाहर प्रकट नहीं होने दिया।

ओ माताओ! क्या तुम उस दुस्साहसी बालक के बारे में सोच सकती हो जो तुम्हारे अपने प्यारे बेटे से भिन्न है—क्या तुम एक मातृविहीन बच्चे को फाँसी पर चढ़ते हुए देख सकती हो? तुम अपने बेटे की मंगलकामना के लिए तैंतीस करोड़ देवी-देवताओं की पूजा-अर्चना करती हो। किंतु क्या तुमने उन देवताओं से यह प्रार्थना भी की कि वे खुदीराम की हिफ़ाज़त करें—क्या तुम इसके लिए शर्म महसूस करती हो? मुझे मालूम है—तुम्हारे पास मेरे इन सवालों का जवाब नहीं है। हम एक माँग लेकर तुम्हारे दरवाज़े पर खड़े हैं—हम अपने खुदीराम को वापस चाहते हैं, क्योंकि वह उन लोगों का नहीं था जिनकी माताएँ हैं—वह हम लोगों का था जो मातृविहीन हैं। खुदीराम वापस लौटने के लिए गया था, देश के हर घर में पैदा होने के लिए। उसे अपने घर की सुख-सुविधाओं में कैद मत करो—उन्हें बाहर निकलने दो, क्योंकि वे सिर्फ़ अपने माँओं या अपने घरों के

लिए नहीं हैं—वे पूरे देश के लिए हैं—वे तुम्हारे लिए नहीं हैं, न मेरे लिए—वे देश के लिए हैं—देश पर बलिदान होने के लिए, देश की पूजा करने के लिए।

खुदीराम! तुम कहाँ हो—मेरे भाई! तुमने वादा किया था कि तुम अठारह महीनों के बाद फिर से पैदा होगे। किंतु अठारह लंबे बरस बीत गए, अपने गीतों को याद करो और कृपया आकर हमारा नेतृत्व करो—ताकि हम देश के लिए फाँसी के फंदे को गले लगा सकें।

❑❑❑